疑問解消！

Wordで作った
Wordの本

しくみから
よくわかる

Word再入門

［Word2013/2010/2007対応］

西上原裕明●著

技術評論社

本書は以下の環境で作成されています。
◎Windows 8
◎Word 2007
◎本文のフォントはダイナコムウェア株式会社の「ＤＦ華康明朝体 Std」、見出しのフォントは同社の「ＤＦ平成ゴシック体 Std」を使用しています。

免責事項

●本書に記載された内容は、情報の提供のみを目的としています。したがって、本書を用いた運用は、必ずお客様自身の責任と判断によって行ってください。これらの情報の運用の結果について、技術評論社および著者はいかなる責任も負いません。

●本書記載の情報、ソフトウェアに関する記述などは 2013 年 8 月現在のものを掲載しています。それぞれの内容については、ご利用時には変更されている場合もあります。

●以上の注意事項をご了承いただいた上で、本書をご利用願います。これらの注意事項をお読みいただかずにお問い合わせいただいても、技術評論社および著者は対処しかねます。あらかじめご承知おきください。

Word のバージョン、読者対象について

●本書は Microsoft Windows 8 上で Microsoft Word を使用する場合を例に解説しています。Windows 7/Vista/XP をお使いの場合、表示される画面や操作方法が異なることがありますので、あらかじめご了承ください。また、Word のバージョンについては、とくに理由がない場合には Word2013 の画面例を掲載し、Word2010/2007 については必要に応じて補足説明を加えています。

●本書は Word の基本的な操作はひととおりマスターしている方を対象としています。まったくの初心者の方は、本書の前に別途、初心者向けの書籍を読まれることをお勧めします。

商標について

はじめに

こんな経験はないでしょうか？

・基本は理解したはずなのに、いざ文書を作ろうとするとつまずいてばかり
・Word の資格試験にも合格したのに、実践では初心者並み
・うっかり Word を使えると口を滑らしたら会報作りを頼まれて四苦八苦

アプリケーションは一般に、「直感的」に操作できることが求められます。学習せずに理解できるなら、怠け者の筆者も大歓迎です。しかし、Word の現状は「直感的」にはほど遠く、解説書を読まずに使いこなすのは困難です。

しかし、入門書を読めば Word を使いこなせるかというと、それもまた疑問です。Word の場合、一見シンプルでわかりやすそうな解説書ほど、「実用性に乏しい」と断言できます。そのような解説書を何冊読んでも、Word を使いこなせるようにはならないでしょう。理由は、表面的な手順解説ばかりで「肝腎なことが書かれていない」からです。

では、「肝腎なこと」とは……それが本書の「テーマ」です。「いつまで経っても Word がよくわからない」という方は、本書に寄り道してみてください。きっと Word の視界が開け、見通しがよくなるに違いありません。

なお、本書は Word の手順解説書ではありません。Word の基本操作についてはある程度理解している方を対象としているのであらかじめご了承ください。

本書は「Word で作った Word の本」シリーズの 11 作目です。画面例には Word2013 を使っていますが、原稿は Word2007 で書いており、本書の紙面は筆者の原稿とまったく同じです。内容だけでなく、紙面も Word 活用の事例として眺めていただければ幸いです。

本書の企画構成を筆者とともに練り上げ、紙面デザインから原稿チェックに至るまで筆者を助けてくださった技術評論社の熊谷裕美子さんに、心より感謝申し上げます。

筆者

目次

Part0 Word 再入門 ～Word には正しい付き合い方がある

0-1 よく見かける Word の「誤った」使い方 …… 14

買った Word をそのまま使っていませんか？ …… 14
用紙や余白の設定を後回しにしていませんか？ …… 14
わざわざ 1 行の文字数を設定していませんか？ …… 15
文字の位置をスペースで揃えていませんか？ …… 15
箇条書きのインデントをルーラーで調整していませんか？ …… 16
似たような書式設定を何度も繰り返していませんか？ …… 17
罫線飾りにオートシェイプを使っていませんか？ …… 17
表の整形に苦労していませんか？ …… 18
図や写真の位置決めに苦労していませんか？ …… 18
使っている Word のバージョンを知っていますか？ …… 18

0-2 最初に変えたい Word のオプション …… 19

文字の書式が勝手に変わる「入力オートフォーマット」 …… 19
入力オートフォーマットのオプション …… 21
入力オートフォーマットの結果を取り消す …… 25
Column●一括オートフォーマット …… 26
誤った綴りを自動訂正する「オートコレクト」 …… 27
オートコレクトの結果を取り消す …… 28
タブ文字や図の連結先を表す「編集記号」表示オプション …… 29
編集記号を表示する …… 29
段落記号の表示←→非表示を切り替える …… 31

■単語・段落のドラッグ選択を助けるオプション……31
範囲選択オプションの設定を変える……32

Part1 文書を「場当たり式」で作っていませんか？ ～Wordには正しい手順と方法がある

1-1 文書作りは「ページ設定から」が基本……36

■ページ設定のあと回しはトラブルのもと……36
■最初の作業はプリンターの選択……37
■行数と文字数は基本フォントサイズで決まる……38
■［ページ設定］ダイアログボックスでの正しい設定手順……40
■［用紙］タブの内容はプリンターで決まる……41
■［余白］タブは下→上の順に設定……41
印刷形式とは用紙の綴じ方のこと……41
［本（縦方向に山折り）］は使わない……42
［1冊あたりの枚数］とは1束のページ数のこと……43
余白の付き方は印刷形式と印刷の向きで決まる……43
「とじしろ」を使うのは［標準］形式＋両面印刷の場合だけ……45
■［行数だけを指定する］オプションが標準……46
［標準の文字数を使う］……47
［行数だけを指定する］……47
［文字数と行数を指定する］……48
［原稿用紙の設定にする］……48
■行数優先、行送りなりゆきがお勧め……49
■ページ書式は「セクション」の書式……50
印刷に使う用紙トレイはセクションごとに設定できる……51
セクション区切りの変更には［その他］タブを使う……51

1-2 ヘッダー・フッターはオプションとセクションがポイント ……… 52

ヘッダー・フッターの位置はページ端からの距離で決まる ……… 52
ページ番号の振り分けには「奇数／偶数ページ別指定」を使う ……… 53
ページ番号を左右に振り分ける ……… 54
ヘッダー・フッターはセクションごとに設定できる ……… 55
ページ番号はセクションごとに起番できる ……… 57
ヘッダー・フッターの書式統一は専用の段落スタイルで ……… 58
ヘッダー・フッター内の文字揃えには「タブ」を使う ……… 59
「中央揃え」タブと「右揃え」タブを使う場合はアレンジが必要 ……… 59
「整列タブ」は専用ボタンで挿入 ……… 60
Column●ヘッダー・フッターの文書パーツ ……… 61

Part2 Wordの「段落」を理解していますか？ ～すべての基本は段落にあり

2-1 段落の書式を見直してみよう ……… 66

Word文書の基本書式は段落単位で決まる ……… 66
段落か文字か～範囲選択は「段落記号」がポイント ……… 67
均等割り付けと罫線関係のボタンに注意 ……… 68

2-2 段落の位置は「段落配置」と「インデント」で決める ……… 69

本文は「両端揃え」が基本 ……… 69
段落の折り返し位置はインデントで調整 ……… 70
「字送り」単位のインデント調整はインデントボタンが便利 ……… 71
インデントマーカーはグリッド線との併用が基本 ……… 72
Column●スペース文字による行端調整は最悪の方法 ……… 73

■段落先頭の字下げ……スペースとインデントは一長一短……74
スペースによる字下げはフォントの種類に注意……74
字下げインデントを「1字」に設定するにはダイアログボックスを使う……75
入力オートフォーマットで字下げインデントを設定する方法もある……76
Column●使用単位のオプションとルーラーの目盛り……78
Column●インデントマーカーを自由にドラッグする方法……79
■段落内の文字位置はタブ文字で揃える……79
「既定のタブ位置」を使う……80
独自のタブ位置を設定する……80
[タブとリーダー]ダイアログボックスを使う……82
Column●「縦棒タブ」の使いみち……83

2-3 段落の行高は段落のオプションで決まる……84

■Wordの「行送り」「行間」は「行高」の誤り……84
■段落の行高はページ設定と段落のオプションで決まる……85
[1ページの行数を指定時に文字を行グリッド線に合わせる]の意味……86
フォントサイズが大きければ行高も2行分、3行分……になる……87
■「行間」は「行高」で調整する……89
行高を自由に調整するには[固定値]を使う……89
ルビを含む段落の行高は[固定値]で調整……90
Column●同じ書式設定をショートカットキーで繰り返す……91
Column●設定済みの書式を別の場所にコピーする……92
Column●直前の段落の書式をコピーする……93

2-4 箇条書きのインデントは記号・番号と一体……94

■箇条書きのツボは記号・番号と「ぶら下げインデント」……94
■箇条書きと通常の段落ではインデントの扱いが異なる……95
箇条書きのインデントを調整するには専用のダイアログボックスを使う……96
■箇条書きの連番はショートカットメニューで処理……97

■ ［リスト段落］スタイルを適用しても箇条書きにはならない …… 99
箇条書きの前後だけを空けるには段落スタイルが便利 …… 100

2-5 段落飾りは段落罫線と網かけで処理 …… 101

■「段落罫線」と段落の「網かけ」は段落書式の一種 …… 101
上下の罫線と段落間罫線は別のオプション …… 102
行ごとに罫線を付けることはできない …… 103
［水平線］は段落罫線とは別の機能 …… 103
■線種や線の色はダイアログボックスで設定する …… 104
■段落罫線の幅はインデントとオプションで決まる …… 105
■上下の段落罫線を付けると段落の高さが変わる …… 105
■網かけは背景色と網パターンの組み合わせ …… 106
網かけの解除は網パターンの色を「自動」に戻すことを忘れずに …… 107
■段落の網かけの幅と高さは段落罫線で調整できる …… 107

Part3 「段落スタイル」を避けていませんか？
～段落スタイルは Word のかなめ

3-1 文字書式・段落書式の基本は段落スタイル …… 114

■段落の書式は段落スタイルで決まる …… 114
段落スタイルを変えれば書式が変わる …… 115
自動的に適用されるスタイルもある …… 116
■「書式の解除」とは段落スタイルの書式に戻すこと …… 117
書式の解除はショートカットキーがお勧め …… 118
「書式のクリア」ボタンは混乱の元 …… 119
お勧めできない「段落スタイルの再適用」 …… 120

3-2 スタイル操作の基本は適用・変更・作成・削除 …… 121

最初に知りたい［スタイル］ウィンドウのオプション …… 121
使うスタイルを［スタイル］ウィンドウに呼び出す …… 122
使ってはいけない「リンクスタイル」 …… 123

スタイルを適用する 3 つの方法 …… 124
覚えておきたいスタイルのショートカットキー …… 124

既存のスタイルをアレンジして利用する …… 125
段落スタイルの基準は［標準］スタイルが定番 …… 126
文字スタイルの基準は「段落フォント」が定番 …… 127
スタイルには「基準」と異なる書式だけを登録する …… 127
［次の段落のスタイル］を活用すれば段落適用の手間が省ける …… 128
スタイルにショートカットキーを割り当てる …… 129
文字スタイルの書式を解除するポイントは「削除」と「更新」 …… 130
段落スタイルから書式を解除するには基準スタイルと同じ書式を登録 …… 132
直接設定した書式をスタイルに自動登録する …… 132
スタイルを「スタイルギャラリー」に表示する …… 134
スタイルの変更結果をテンプレートに保存する …… 134
スタイルの書式変更が反映されない場合はショートカットキーで更新 …… 135
スタイルの「更新」はフォントの扱いに注意 …… 135
Column●「見出しのフォント」「本文のフォント」 …… 137
Column●変えておきたい和文フォントの適用オプション …… 138

スタイルの変更がわかればスタイル作成は簡単 …… 139

文書に保存されているスタイルを削除する …… 140
Column●類似書式の一括選択 …… 141

3-3 標準・箇条書き・見出し～主要スタイルの書式ポイント …… 142

［標準］スタイルはすべての基準 …… 142

［標準］スタイルで変えてよい文字書式は「フォントサイズ」だけ……142
文書の基本行高、基本文字間隔を［標準］スタイルで有効にする……143
活用したい行端処理と文字間隔のオプション……145
本文には［本文］スタイルが無難……147

■箇条書きを段落スタイルで処理する……148

［リスト段落］スタイルをアレンジする……148
段落スタイルの箇条書きのインデントを変更する……149
新しい箇条書き用段落スタイルを作る……150
アウトライン形式の箇条書きは「リストライブラリ」の種類に注意……151
［リストスタイル］は使わなくてもかまわない……154

■［見出し］スタイルを活用する……155

見出しスタイルは前後の空きと改ページ処理がポイント……156
見出しスタイルへの番号付けは手順が大切……158

Part4 表も「場当たり式」で作っていませんか？ ～仕様がわかれば手順がわかる

4-1 表の整形はオプションと段落書式がポイント……164

■列幅の調整はドラッグとオプションがポイント……164

キーボードとドラッグの併用で列幅を調整する……165
中身に合わせて列幅を調整する場合はオプションが便利……166
表幅の設定には［表のプロパティ］ダイアログボックスを使う……167
セル枠と中身の空きは［既定のセルの余白］オプションで調整できる……168

■表の行高は中身とオプションで決まる……170

行高を見た目で調整する……171

■サイズハンドルで表全体のサイズを調整する……172

■複雑な表は「セルの結合」と「セルの分割」で処理……172

罫線モードで分割・結合する……174

セル内の文字位置はオプションと段落配置で決まる……175
Column●表のページ別れを防ぐ方法……176

4-2 表の体裁は「表スタイル」が基本……177

表の罫線と網かけは「表スタイル」が基本……177
表スタイルか直接設定か……178
表の書式設定は全体から細部へ……180
表スタイルを加工・作成する……182
表の書式部位は表全体、4辺、4隅、縞模様……183
Word2010/2007では表全体の罫線の太さは特定部位の罫線以下に設定……185
Word2013は罫線の設定部位ボタンに不具合がある……185
縞模様の設定は列方向と行方向の区別に注意……186
文字位置の扱いはバージョンによって異なる……187
表内の「段落スタイル」は「既定の書式」との関係に注意……188

4-3 表の位置決めは本文との関係がポイント……190

段落間の表の位置は配置オプションと表のインデントで決める……190
罫線モードによる表の配置形式は作成場所によって異なる……192
本文横の表の位置は「直前の段落」に注意……193

Part5 図の位置決めにイライラしていませんか？
～意外に単純、位置決めの理屈

5-1 図のレイアウトは段落と配置形式がポイント……200

図は段落の付属物……200
行内配置←→浮動配置に変更する……201
形式に迷ったら［前面］が安心……203

[背面］の図を選択できない場合は［オブジェクトの選択］を使う……203
［位置］ボタンを使うと［四角］形式になる……204
浮動配置形式の重ね順変更は配置面に注意……205
Word2013/2010では［オブジェクトの選択と表示］ウィンドウが便利……206
離れた図にも重ね順がある……207
Column●写真挿入時の配置形式を決めるオプション……207

5-2 図の位置決めは配置基準がポイント……208

■図の位置は「配置基準」で決まる……208
ページ内で図の位置を決めるにはダイアログボックスを使う……209
［位置］ボタンを使うと基準が［余白］に変わる……211
■図のページ移動を避けるには「連結先」の固定が効果的……212

Part6 テンプレートは「もらい物」と思っていませんか？ ～自分で作ればもっと便利

6-1 知っておきたい文書とテンプレートの関係……216

■すべての文書はテンプレートから作られる……216
文書とテンプレートはたがいに独立している……216
テンプレートと文書は背後で連携している……216
■テンプレートを使って文書のスタイルを統一する……217

6-2 独自のテンプレートを作ってみる……218

■テンプレート作成はとても簡単……218
■テンプレートは保存場所がポイント……219

Word再入門

～Wordには正しい付き合い方がある

Part 0

Word を何となく使い続けて、それなりに使いこなしているつもりでも、「妙なことがときどき起こる」「いつまで経ってもよくわからない」「Word は使いにくい」と悩んでいませんか？　それなら、まずはこの Part0 で、問題点を確かめてみてください。

0-1 よく見かける Wordの「誤った」使い方

Wordにはクセがあります。わかりにくい仕様や不具合もあります。しかし、一方ではユーザー側の思い込みで誤った使い方をしている場面もよく見かけます。そこで次のようなチェック項目をあげてみました。思い当たることがあれば、それが再入門の入り口です。

買ったWordをそのまま使っていませんか？

インストールしたばかりのアプリケーションは、「最も推奨したい使い方」、あるいは「最もわかりやすい使い方」に設定されているのが普通です。そのため、しばらくは初期設定のままで使うのが最善のように思われがちです。

しかし、アプリケーションの作り手が「最良」と考える設定が、使う側にとって適切とは限りません。その好例？がWordです。すでに多くの解説書でふれられているのでご存じかと思いますが、Wordには「余計なお世話」と言いたくなる機能があります。思わぬ場面で親切にされても、親切とわからなければとまどうだけかもしれません。したがって、なるべく早めに「お世話」の中身を調べ、**自分の使い方に合わせて設定を変える**ことが大切です。具体的には次の節で解説します。

用紙や余白の設定を後回しにしていませんか？

新しい「白紙の文書」を開くとすぐに文章を入力する人を見かけます。用紙や余白のサイズはいつでも変えられるので、手紙や簡単な回覧文書など、文字ばかりの文書であればそれでもかまいません。

しかし、図表がたくさん入る文書では、用紙や余白サイズを変えるとレイアウトが大幅にくずれてしまいます。場合によっては、図表の位置やサイズの調整も必要になり、大変な手間がかかります。したがって、**新しい文書を開いたら最初にページ全体の体裁を決める**ことが大切です。

また、似たような文書をたくさん作る場合には、決めた体裁を「テンプレート」として保存することで、作業の手間を大幅に減らすことができます。

わざわざ1行の文字数を設定していませんか？

原稿用紙では「行数×文字数」がページの基準になります。そのためか、Wordでも「行数×文字数」を決めるのが標準的な作法と思われがちです。しかし、文書中に英数字が混ざったり、句読点などの禁則処理が生じれば、設定どおりの文字数にはなりません。

また、Word2010 以前のバージョンでは 1 行の文字数を設定すると右端が不揃いになることもあります。Word では通常は 1 ページの行数さえ決めればよく、**1 行の文字数はなりゆきに任せる方法が最良**です。

ページサイズや余白、行数×文字数の扱い方については Part2 で解説します。

文字の位置をスペースで揃えていませんか？

次のように、項目の左端や途中の空きをスペース文字で調整している例を見かけます。その結果、「きれいに揃わない……」とイライラすることになっても、それは Word のせいではありません。

▼スペース文字では文字位置は揃わない

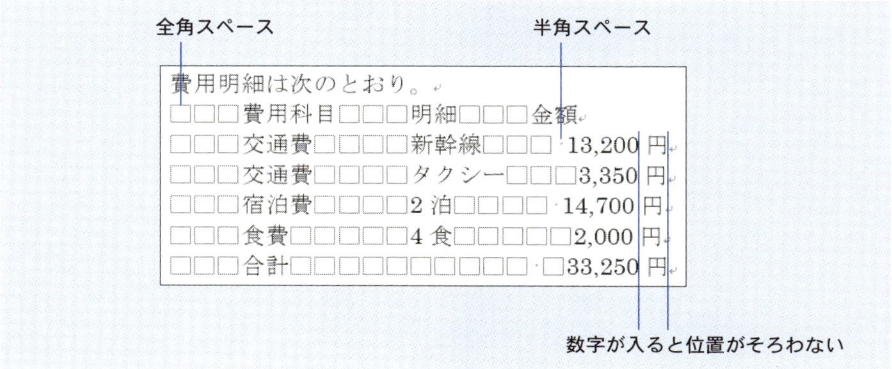
全角スペース
半角スペース
費用明細は次のとおり。
□□□費用科目□□□明細□□□金額
□□□交通費□□□□新幹線□□□ 13,200 円
□□□交通費□□□□タクシー□□□3,350 円
□□□宿泊費□□□□2 泊□□□□ 14,700 円
□□□食費□□□□□4 食□□□□□2,000 円
□□□合計□□□□□□□□□□ □33,250 円
数字が入ると位置がそろわない

Word では通常、和文字や全角文字には和文用のフォント、半角英数字には欧文用のフォントが適用されます。和文フォントの多くは文字幅が全角・半角のいずれかに統一されていますが、欧文フォントの多くは文字ごとに文字幅が異なります。また、Word の最初の設定では和文字と半角英数字との間は少し空くようになっています。

したがって、このような文字が混在している項目の位置をスペース文字で揃えるのは無理な話です。Wordでは、**段落内の文字揃えには「タブ文字を使う」**、これが鉄則です。具体的には79ページ「**段落内の文字位置はタブ文字で揃える**」で解説します。

箇条書きのインデントをルーラーで調整していませんか？

Wordでは段落の両端の位置を「**インデント**」で決めるようになっています。インデントを調整する方法はいくつかありますが、一見簡単なのは水平ルーラーの「**インデントマーカー**」を使う方法です。ただし、Wordの寸法単位やグリッド線の知識がなければ、インデントマーカーを自在に操ることはできません。

また、とくに間違えやすいのが箇条書きのインデントです。［ホーム］タブの箇条書きボタン を使うと先頭に記号または番号が付き、下図のような体裁になります。この番号・記号の位置は「**1行目のインデント**」、箇条文の左端は「**ぶら下げインデント**」によって決まります。一見すると普通のインデントなので、位置の調整にはインデントマーカーを使えばよさそうに思えます。

▼箇条書きではインデントマーカーを使ってはいけない

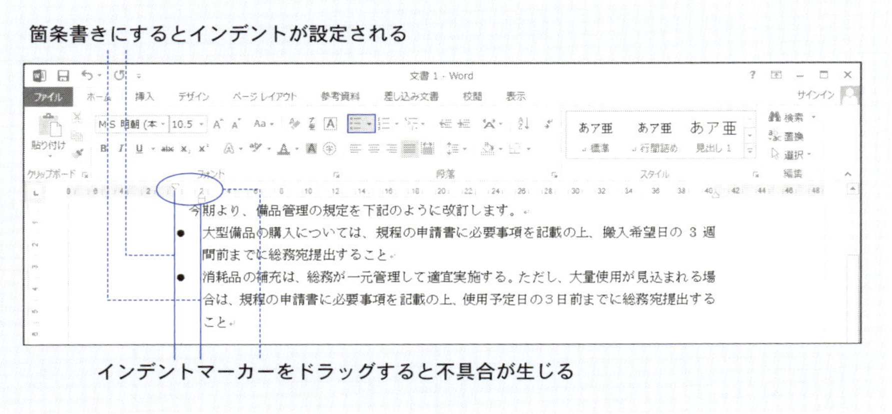
箇条書きにするとインデントが設定される
文書1 - Word
今期より、備品管理の規定を下記のように改訂します。
大型備品の購入については、規程の申請書に必要事項を記載の上、搬入希望日の3週間前までに総務宛提出すること。
消耗品の補充は、総務が一元管理して適宜実施する。ただし、大量使用が見込まれる場合は、規程の申請書に必要事項を記載の上、使用予定日の3日前までに総務宛提出すること。
インデントマーカーをドラッグすると不具合が生じる

しかし実際には、この**箇条書きでインデントマーカーを使うといろいろな不具合が生じます**。原因はWordの不適切な仕様ですが、箇条書きのインデントを調整するには別の方法をとる必要があります。詳しくは95ページ「**箇条書きと通常の段落ではインデントの扱いが異なる**」で解説します。

似たような書式設定を何度も繰り返していませんか？

Wordで文書を作っていると、同じ操作を何度も繰り返していることに気が付きます。たとえばあちこちを太字にしたり、箇条書きにしたり、インデントの位置を調整したり……。これらの体裁のことを**「書式」**と呼びます。

入力を別にすれば、Wordによる**作業の大半は「書式設定」**と言っても過言ではありません。もし、似たような作業を何度も繰り返したあげく「Wordは面倒」と思っているなら、それは誤解です。

Wordには書式設定を楽にする機能がたくさんあります。同じ操作の繰り返すショートカットキーを利用したり、設定済みの書式を別の箇所にコピーしたり、同じ書式の箇所を一括選択して別の書式に変えるといった機能です。

さらには、いろいろな書式の組み合わせを「スタイル」として登録し、一括設定することもできます。

具体的には以降の各所で解説しますが、これらの機能を少し覚えるだけでも、文書作成の手間を大幅に減らすことができます。

罫線飾りにオートシェイプを使っていませんか？

紙面に視覚的なメリハリを付ける上でよく用いられるのが**「罫線」**です。

Word2003以前ではその名も［罫線(A)］-［罫線を引く(W)］というコマンドがあり、ずいぶん混乱を招いたようです。これは「表罫線を引く」、もしくは「表を描く」という名前が適切で、図形の罫線とはまったく無関係の機能です。

文字どおり罫線を描く機能としてはオートシェイプがあげられますが、これはどちらかといえば作図用で、たとえば地図や説明図などを描く場合に使います。本文飾りに使えないことはありませんが、位置決めには知識と慣れが必要です。

段落を罫線で囲む、あるいは段落間を罫線で区切るような場合、Wordでは**「段落罫線」を使うのが標準的な方法**です。これはオートシェイプのような図形ではなく「段落書式」の一種です。段落書式は段落自体に付属する機能なので、罫線が勝手にずれるといった心配はありません。とくに体裁に凝る必要がなければ、段落罫線で処理するのが無難な方法です。

表の整形に苦労していませんか？

表はWordの鬼門のひとつです。たとえば挿入直後の表は、Word2010以前では両端が本文から飛び出す仕様になっています。とくに表幅が狭い場合には左側だけが飛び出して体裁がよくありません。これを本文端に揃えるにはどうすればよいでしょうか？　あるいは、表幅と列幅を指定したのにそのとおりにならない……という経験はないでしょうか。

表を思いどおりに仕上げるには、列幅や行高の調整方法を知ることはもちろんですが、**調整にかかわるオプションの理解が欠かせません**。

図や写真の位置決めに苦労していませんか？

Wordでとくにとまどうのが、図や写真の位置決めです。段落間に置く分には簡単ですが、本文の横に置いて格好良くレイアウトしたい、と思ったが最後、「図が勝手に動いた、どこかに消えた」と悪戦苦闘を強いられることになります。実際、数ページ仕上げるのに一日がかり、といった話も珍しくありません。

位置決めに苦労する一番の理由は、「図や写真はアルバムのようにページ上に自由に貼り付けられるはず」という思い込みにあります。

Wordの位置決めの仕様は独特で、通常の感覚とは異なっています。その仕様が適切かどうかは別ですが、仕様をきちんと理解すれば、位置決めは決して難しいものではありません。

使っているWordのバージョンを知っていますか？

Wordに再入門していただく上で、ぜひ確かめたいのが「バージョン」です。最新バージョンは2013ですが、2010、2007、2003、2002も現役で使われているようです。2003/2002はほとんど同じですが、2007以降はバージョンごとにこまかい変化が見られます。したがって、バージョンを無視すれば解説書どおりの結果が得られないだけでなく、文書のやりとりに大きな支障をきたします。

なお、本書の画面例は2013が中心ですが、他のバージョンについても必要に応じて補足します。

0-2 最初に変えたい Word のオプション

Word にはたくさんのオプションがありますが、既存の設定が誰にとっても適切とは限りません。ある程度 Word に慣れていないと、かえって混乱をきたしそうな設定も見受けられます。そこで、ぜひ最初から確かめておきたいオプションについて解説します。

文字の書式が勝手に変わる「入力オートフォーマット」

数あるオプションの中で最初にふれておきたいのが「**入力オートフォーマット**」です。「入力すると自動的に書式を設定する」という意味ですが、書式設定に限らず、文字を自動的に置き換えるオプションも持っています。

▼これらはみな「入力オートフォーマット」のしわざ

長音記号を入力すると水平線（Horizontal Bar）に変わることがある。

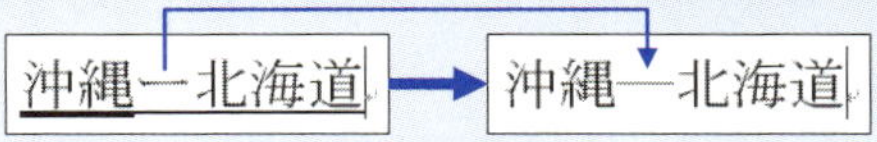
沖縄ー北海道
沖縄―北海道

段落を記号で始めると箇条書きに変わる。

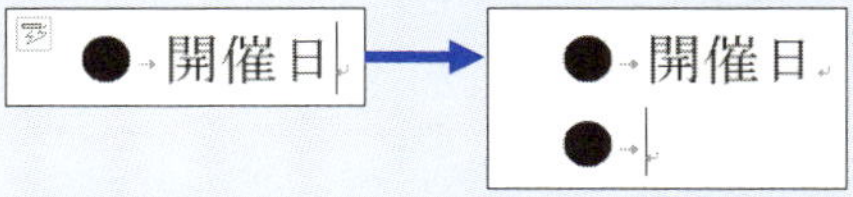
●開催日
●開催日
●

入力済み段落の先頭でスペースキーを押すと「字下げインデント」に変わる。

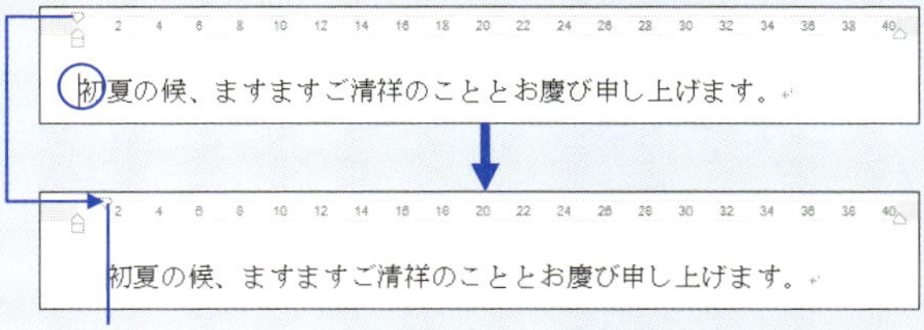
初夏の候、ますますご清祥のこととお慶び申し上げます。
初夏の候、ますますご清祥のこととお慶び申し上げます。

悪名高い入力オートフォーマットですが、中には有用なものもあります。ともあれ、初期設定のままで使っているなら、このさいぜひ確かめてみてください。もし Word の不審な挙動に悩んでいたら、これまでの不満が少しは解消されるかもしれません。

下図は Word2013 の画面です。オプション項目のうち、先頭の項目の［左右の区別がない引用符を、区別がある引用符に変更する］は以前のバージョンでは［' ' を ' ' に変更する］と表記されていましたが、機能自体は同じです。

入力オートフォーマットの設定はいつでも変えられますが、まずは最初の設定のままで 33 ページのレッスンを試してみてください。

▼「入力オートフォーマット」の設定を確かめる

2013/2010［ファイル］-［オプション］をクリック。

2007 - ［Word のオプション］をクリック。

ここをクリック。

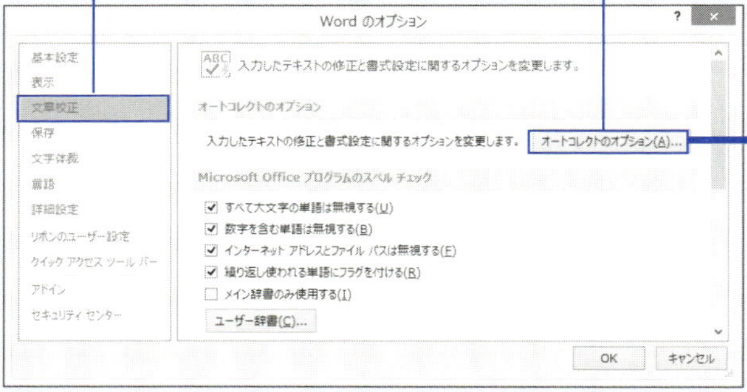

ここをクリック。

Word2010/2007 では［' 'を' 'に変更する］となっている。

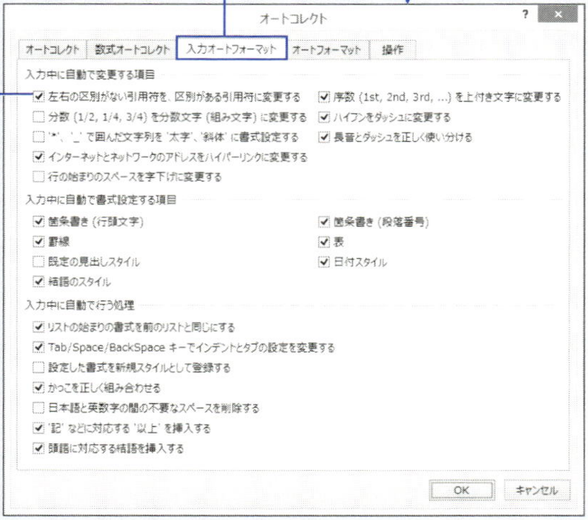

➤入力オートフォーマットのオプション

入力オートフォーマットのオプションはわかりにくいだけでなく、日本語では無意味なものもあります。以下、ひととおり簡単に解説します。

[左右の区別がない引用符を、区別がある引用符に変更する]

Word2010以前のオプション名は［' 'を' 'に変換する］です。オンにした場合、" "は“”に、' 'は‘’に置き換わります。

[序数（1st、2nd、3rd、…）を上付き文字に変更する]

段落の先頭、スペースやコロン、句読点などの区切り文字に続けて「1st」や「2nd」などの文字を入力し、さらに「半角の英字以外」の文字を入力すると「1st」や「2nd」置き換わります。

[分数（1/2, 1/4, 3/4）を分数文字（組み文字）に変更する]

段落の先頭またはスペースに続けて「1/2」「1/4」「3/4」を入力し、さらに「半角の英数字以外」の文字を入力すると「½」「¼」「¾」に置き換わります。これ以外の分数には働きません。

[ハイフンをダッシュに変更する]

たとえば「A - B」のようにハイフンの前後にスペースを入力すると、ハイフンは「A – B」のようにダッシュに置き換わります。

['*'、'_' で囲んだ文字列を '太字'、'斜体'に書式設定する]

半角の「*」（アスタリスク）に続いて語句を入力し、さらに「*」を入力すると「*」が消え、間の語句が太字に変わります。半角の「_」（アンダースコア）で囲むと斜体に変わります。

[長音とダッシュを正しく使い分ける]

19ページの図の「沖縄―北海道」がこのオプションの例です。入力された長音記号「ー」が単語の一部ではないと判断されると「―」に変わります。

[インターネットとネットワークのアドレスをハイパーリンクに変更する]

「http://」に始まるURLや電子メールアドレスを入力すると「ハイパーリンク」に変わります。Ctrlキーを押したままでハイパーリンクをクリックするとブラウザでWebページを開いたり、Outlookで電子メールを作ることができます。

[行の始まりのスペースを字下げに変更する]

段落の先頭で全角スペースに始まる文字列を入力して Enter キーを押すと「字下げインデント」が設定され、段落の先頭行だけが1文字分字下げされます。

[箇条書き（行頭文字)] [箇条書き（段落番号)]

段落の先頭を記号または数字で開始すると箇条書式になるオプションです。

[箇条書き（行頭記号)] は、記号に続けて Tab キーまたは スペース キーを押すと箇条書式になります。19ページの図の「●開催日」がこの例です。ちなみに、Word2003以前では「記号＋箇条文＋ Enter キー」で箇条書式になりましたが、Word2007以降は記号のあとに Tab キーまたは スペース キーが必要です。

入力箇所より前に記号式の箇条書きがある場合、別の種類の記号を入力し、続けて スペース キーを押すと、全体が2文字分字下げされます。

[箇条書き（段落番号)] は、数字あるいは「A」「a」「ア」などに続けてピリオド、ハイフン、閉じ括弧類、不等号（>）を入力し、Tab キーまたは スペース キーを押すと箇条書式になります。Tab キー、スペース キーを省いて箇条文と Enter キーを入力しても働きます。

たとえば「5」「d」「カ」など途中の番号をいきなり入力しても働きませんが、それ以前に同種の箇条書きがある場合は、続き番号を入力して同様に操作すれば箇条書式に変わります。

箇条書きを終えて本文の書式に戻るには、Enter キーで新しい箇条段落ができた直後にもう一度 Enter キーを押します。

[罫線]

全角または半角の「-」「_」「=」、半角の「#」「*」「~」のいずれかを3つ続けて入力すると文字が消え、直前の段落に「下罫線」が設定されます。段落罫線の種類は入力した文字によって異なります。

[表]

「+---+」や「|==|」のように、半角の「+」または「|」に続けて「-」「=」「_」のいずれかを入力し、半角の「+」または「|」で閉じてから Enter キーを押すと1行分の表に変わります。「+---+----------+----------------+」などのように入力すれば、「-」部分の長さに合わせて複数列が作成されます。表のすぐ下の段落で操作すれば、作成された表は直前の表とつながります。

[既定の見出しスタイル]

1 行以内の語句を入力して確定し、Enter **キー**を 2 度続けて押すと[見出し 1]スタイルが適用されます。英語では 1 行以内で 5 単語以内の場合に動作します。

[日付スタイル]

「平成 25 年 10 月 1 日」「2013/10/1」などのように日付だけを入力した段落の末尾で Enter **キー**を押すと［日付］スタイルが適用されます。ただし、最初の設定では［日付］スタイルの書式は［標準］スタイルとまったく同じです。手紙のように日付を右揃えにしたい場合は、［日付］スタイルの書式を「右揃え」に変えておくと便利です。

[結語のスタイル]

「敬具」や「草々」などの結語だけを入力した段落の末尾で Enter **キー**を押すと［結語］スタイルが適用されます。［結語］スタイルの書式は最初から「右揃え」になっているので、結語は自動的に右揃えになります。

[リストの始まりの書式を前のリストと同じにする]

箇条文の途中に区切り文字を入れ、前後の文字書式を変えておくと、Enter **キー**で作られる次の段落にも同じ書式が引き継がれます。区切り文字として使えるのは「: ; . - ! ?」です。ただし、Word2007 以降の日本語入力システム Microsoft IME では、このオプションは［半角英数］モードでしか働きません。したがって、現実的には欧文用のオプションと理解してもよいでしょう。

▼リストの始まりの書式を前のリストと同じにする

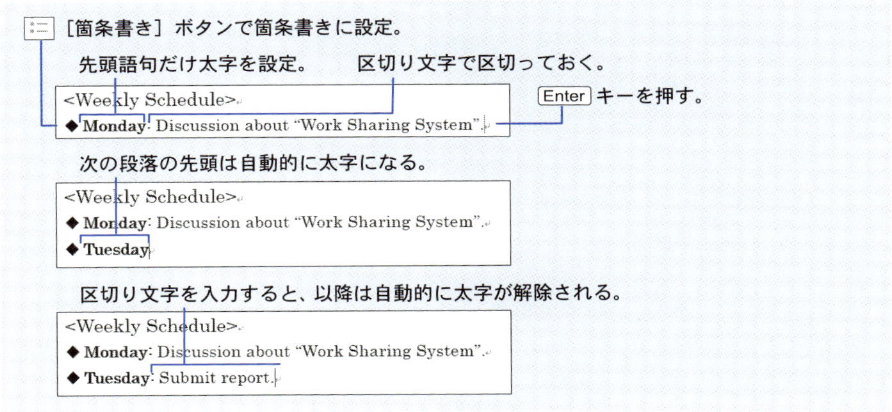
[箇条書き] ボタンで箇条書きに設定。
先頭語句だけ太字を設定。
区切り文字で区切っておく。
Enter キーを押す。
<Weekly Schedule>
◆ Monday: Discussion about "Work Sharing System".
次の段落の先頭は自動的に太字になる。
<Weekly Schedule>
◆ Monday: Discussion about "Work Sharing System".
◆ Tuesday
区切り文字を入力すると、以降は自動的に太字が解除される。
<Weekly Schedule>
◆ Monday: Discussion about "Work Sharing System".
◆ Tuesday: Submit report.

[Tab/Space/BackSpace キーでインデントとタブの設定を変更する]

入力済みの段落の先頭でこれらのキーを押すと、インデントと「左揃え」タブの位置が変わります。

段落先頭で Tab キーを押すと、「1 行目のインデント」または左インデントがずれていきます。2 行目以降の左端で押すと左インデントがずれていきます。インデントは変えずにタブ文字を入力するには Ctrl + Tab キーを押します。

段落先頭で スペース キーを押すと、1 文字分またはその半分ずつ、「1 行目のインデント」が右方向へずれていきます。19 ページの図の「初夏の候」がこの例です。2 行目の左端で押すとぶら下げインデントがずれていきます。

インデントや「左揃え」タブが設定された段落の先頭で BackSpace キーを押すと、インデントまたは「左揃え」タブの位置が左方向へずれていきます。また、Shift + Tab キーでもインデントを解除することができます。

[設定した書式を新規スタイルとして登録する]

たとえば「大文字で始まる」「フォントサイズが本文より大きい」「ボールド系のフォント」「1 行以内」「ピリオドなし」などの条件がいくつか満たされると［表題］スタイルや［見出し］スタイルが自動設定されます。基本的に欧文で働くオプションです。条件の詳細が不明瞭なため、かえって不便です。

[かっこを正しく組み合わせる]

適当な閉じ括弧を入力すると、起こしの括弧に対応して自動修正されます。たとえば「【」に続く語句のあとに「)」などを入力すると「】」に置換されます。

[日本語と英数字の間の不要なスペースを削除する]

読みやすさを考慮し、和文字と半角の英数字間は少し空けるのが一般的です。そのため、Word の最初の設定では自動的に空くようになっています。もし間に半角のスペースを入れるクセが付いている場合は、このオプションを利用すれば、入力時に半角スペースを自動削除してくれます。

すでに半角スペースを入力済みの文書では、26 ページのコラム「一括オートフォーマット」の機能を利用すれば一挙に削除できます。

['記'などに対応する'以上'を挿入する]

段落に「記」だけ入力して Enter キーを押すと、「以上」が右揃えで補われます。記書きは本文のあとに付けるものなので、先頭段落では働きません。

[頭語に対応する結語を挿入する]

段落に「謹啓」「前略」などの頭語だけを入力・確定して Enter キーを押すと、自動的に「敬白」「草々」などの結語が補われ、頭語と結語の間に空の段落が入ります。なお、このオプションをオフにしても、Wordの別のオプションによって同様の処理が行われます。同オプションは Word2003 以前では解除できましたが、Word2007以降は設定が隠され、普通の方法では解除できなくなりました。

＞入力オートフォーマットの結果を取り消す

入力オートフォーマットが働き、[オートコレクトのオプション] ボタンが表示された場合は、このボタンをクリックすれば処理を選択できます。クリックせずに別の操作を行った場合、ボタンは消えて二度と現れません。

また、マウスポインターを近づけるとこのボタンが表示されることもあります。この場合は別の操作を行っても有効で、文書を閉じるまではいつでもクリックして処理を選択できます。

オプションボタンのショートカットメニューで [～を自動的に～しない(S)] をクリックすると、そのオプションを無効にできます [オートフォーマットオプションの設定(C)...] をクリックすると20ページの図に示した [入力オートフォーマット] タブが呼び出されます。

なお、[オートコレクトのオプション] ボタンが表示されるかどうかにかかわらず、すべての入力オートフォーマットはその結果を [元に戻す] ボタンや Ctrl + Z キーで取り消すことができます。

▼ [オートコレクトのオプション] ボタンで処理を選択

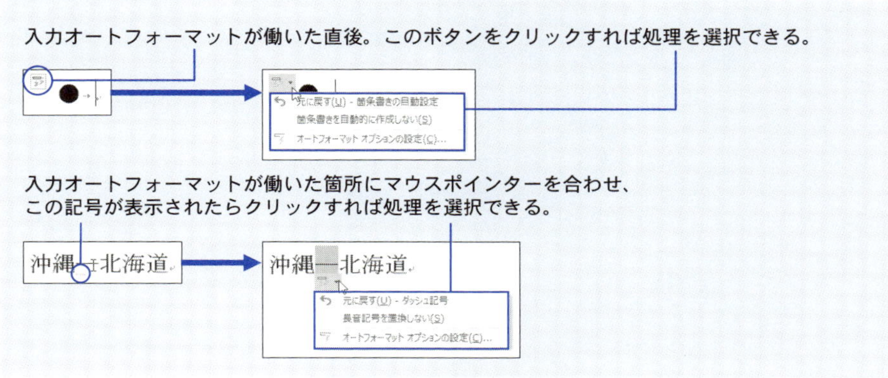

Column 一括オートフォーマット

オートフォーマット機能には、「入力オートフォーマット」と「一括オートフォーマット」があります。前者はすでにふれたとおり、入力した内容に従って働く機能です。後者はすでに入力済みの文書内容に対して、一括してオートフォーマットを実行する機能です。

「一括オートフォーマット」で処理する内容は、[オートコレクト] ダイアログボックスの [オートフォーマット] タブで設定します。

一括オートフォーマットを実行するには、まず Alt、O、A キーを順に押して [一括オートフォーマット] ダイアログボックスを呼び出します。また、Alt + Ctrl + K キーを同時に押せば、ダイアログボックスを省略してすぐに実行することができます。

「一括オートフォーマット」は一見便利そうですが、思わぬところで働くおそれもあるので、各オプションの働きを理解し、結果をきちんと予測できる場合以外は使わない方が無難です。

▼ [一括オートフォーマット] ダイアログボックスを呼び出す

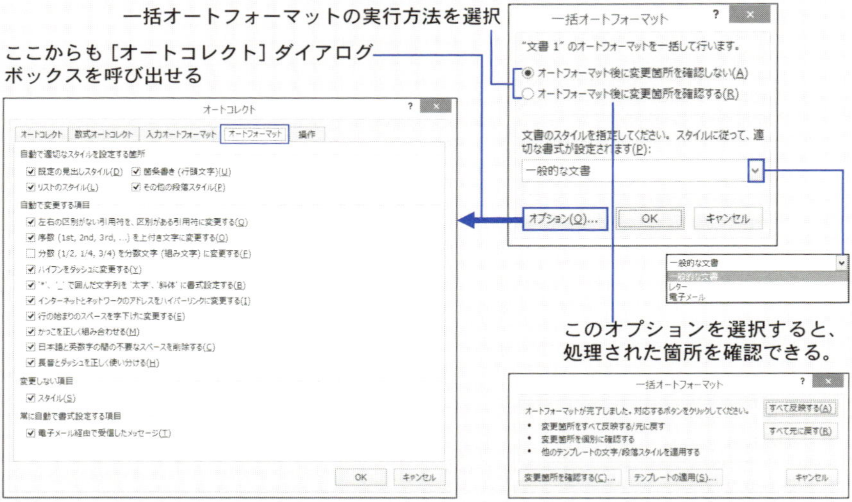

誤った綴りを自動訂正する「オートコレクト」

たとえば「(c)」と入力すると「©」に、「(tm)」は「™」に変わってとまどったことはないでしょうか。これは「**オートコレクト**」という機能のしわざです。使いこなせばとても重宝する機能ですが、知らないと混乱する場面もあり得るので、ここで解説しておきます。

オートコレクトの設定を確かめるには、**[オートコレクト] ダイアログボックス**を呼び出します。前節の入力オートフォーマットと同様、**[Word のオプション] ダイアログボックス**から呼び出すのが標準的な方法ですが、頻繁に呼び出す場合は Alt 、 T 、 A **キー**を順に押す方法を覚えておくと便利です。これは Word2003 以前のコマンド **[ツール(T)] - [オートコレクトのオプション(A)...]** の短縮キーに相当します。

▼オートコレクトの設定を確かめる

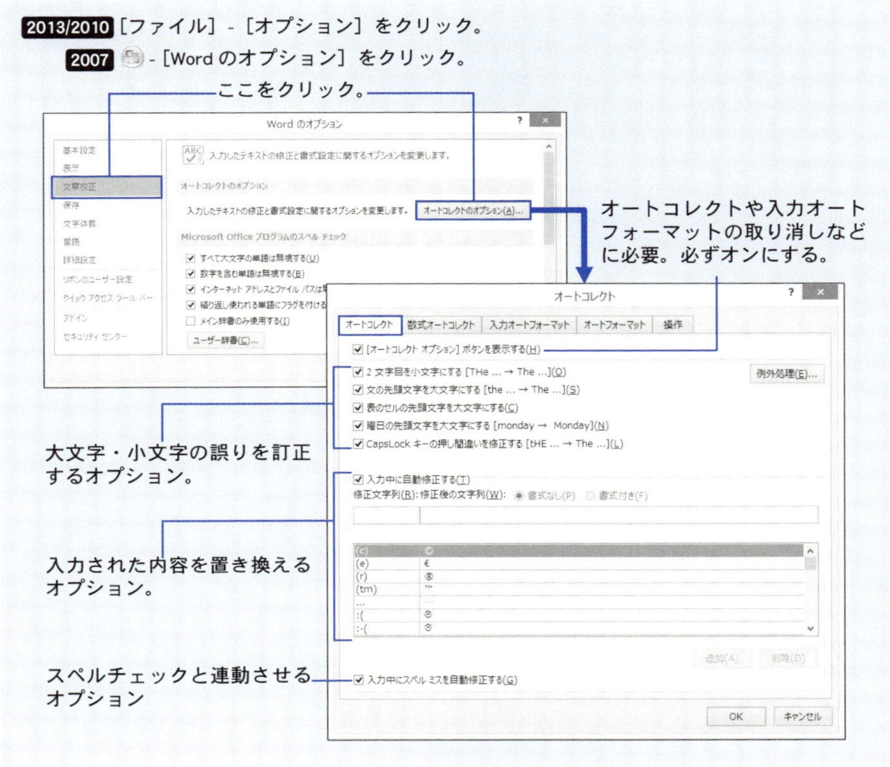
2013/2010 [ファイル] - [オプション] をクリック。
2007 - [Word のオプション] をクリック。
ここをクリック。
Word のオプション
文章校正
オートコレクトのオプション(A)...
オートコレクトや入力オートフォーマットの取り消しなどに必要。必ずオンにする。
オートコレクト
[オートコレクト オプション] ボタンを表示する(H)
大文字・小文字の誤りを訂正するオプション。
入力中に自動修正する(T)
入力された内容を置き換えるオプション。
入力中にスペル ミスを自動修正する(G)
スペルチェックと連動させるオプション
OK
キャンセル

ダイアログボックス先頭の[[オートコレクトオプション]ボタンを表示する]とは、オートコレクトや入力オートフォーマットが働いた箇所に表示されるボタンのことです（25ページの図「オートコレクトのオプションボタンで処理を選択」参照）。

続く5つのオプションは、英文の大文字・小文字についての入力間違いを訂正します。これらのオプションを利用すれば、自動的にセンテンスの先頭を大文字にしたり、2文字目以降を小文字にすることができます。この原則に合わない単語がある場合は［例外処理...］ボタンをクリックして登録すれば、自動処理から除外させることもできます。

［入力中に自動修正する］は、入力された文字を自動的に置き換えるオプションです。オンにすると、その下の対照表に従って処理が実行されます。たとえば「directer」のように入力すると「director」に、「tomorow」は「tomorrow」に置き換わります。

このように、対照表には誤入力しやすい綴りなどが多数登録されていますが、下端の［入力中にスペルミスを自動修正する］をオンにしておくと、対照表にない単語でも、Wordが持っている英語辞書に従って自動修正されます。

ただし、スペルミスの自動修正が行われるのは、誤入力された単語の修正候補がWordの辞書にひとつしかない場合に限られます。たとえば「entartainment」は「entertainment」に修正されますが、「entar」は「enter」や「entire」など複数の候補があるため修正されず、かわりに赤い波下線が表示されます。

➤オートコレクトの結果を取り消す

オートコレクトによる置換結果を取り消すには、直後であれば［元に戻す］ボタンや、そのショートカットキー Ctrl ＋ Z キーが簡単ですが、文書を閉じる前であれば、25ページの入力オートフォーマットの例と同様に、［オートコレクトオプション］ボタンでいつでも取り消すことができます。

ただし、この方法を利用するには［[オートコレクトオプション]ボタンを表示する］をオンにしておく必要があります。

また、オートコレクトの結果に対して直接手を加えた場合は［オートコレクトオプション］ボタンは表示されず、元に戻すことはできません。

タブ文字や図の連結先を表す「編集記号」表示オプション

Word の最初の設定では、段落の末尾を表す「**段落記号** ↵」が表示されます。段落記号は段落を強制的に変える特殊な文字で、画面上では確認できますが、実際に印刷されることはありません。このような文字を Word では「**編集記号**」と呼んでいます。

編集記号には段落記号 ↵ 以外にもいくつかの種類があります。たとえば Tab **キー**による「**タブ文字**」、スペース **キー**による「**スペース文字**」などがそうです。

これらは文字間を空ける機能を持っていますが、Word の最初の設定では表示されません。そのため、実際に空いている場所がタブ文字によるものか、スペース文字によるものか、あるいはインデントによるものか区別が付かないことがあります。見かけが同じであればかまわないと考えることもできますが、方法の不統一は書式の不統一を招きやすいので、避けた方が賢明です。

▼編集記号を隠すと書式の状態がわからない

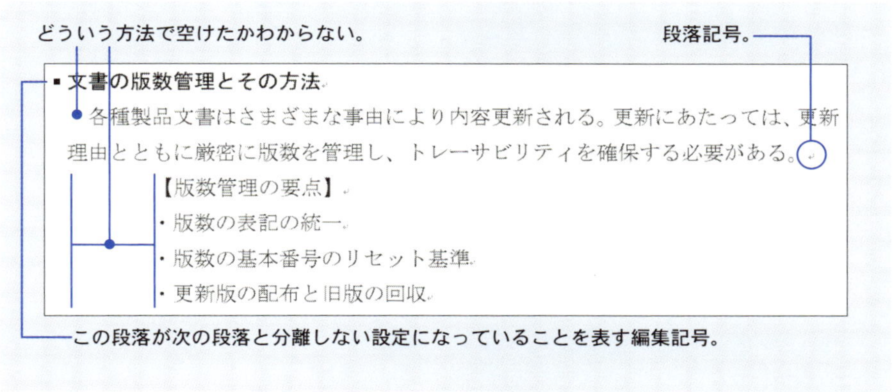
どういう方法で空けたかわからない。
段落記号。
■ 文書の版数管理とその方法
各種製品文書はさまざまな事由により内容更新される。更新にあたっては、更新理由とともに厳密に版数を管理し、トレーサビリティを確保する必要がある。
【版数管理の要点】
・版数の表記の統一
・版数の基本番号のリセット基準
・更新版の配布と旧版の回収
この段落が次の段落と分離しない設定になっていることを表す編集記号。

➤編集記号を表示する

隠れた編集記号を表示するには［ホーム］タブの ↵［編集記号の表示／非表示］ボタンをクリックしてオンにすればよいのですが、すべての編集記号が表示されるため、見にくくなるだけでなく、不都合な場合も生じます。

たとえば Word には「**隠し文字**」という機能があります。これは文字を非表示にする「文字書式」の一種ですが、↵［編集記号の表示／非表示］ボタンをオンにすると表示され、レイアウトも変わってしまいます。

次の図は前ページの図の文例で編集記号を表示した結果です。

▼編集記号を表示させるとレイアウトが変わることがある

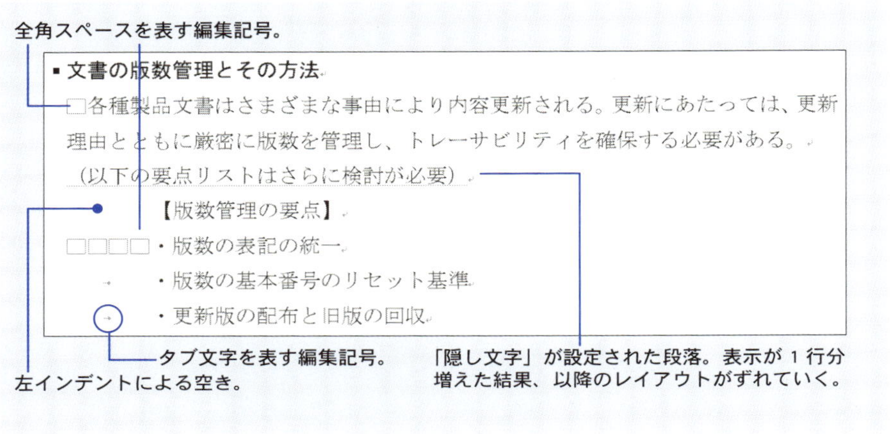
全角スペースを表す編集記号。
▪ 文書の版数管理とその方法
□各種製品文書はさまざまな事由により内容更新される。更新にあたっては、更新理由とともに厳密に版数を管理し、トレーサビリティを確保する必要がある。
（以下の要点リストはさらに検討が必要）
【版数管理の要点】
□□□□・版数の表記の統一
・版数の基本番号のリセット基準
・更新版の配布と旧版の回収
タブ文字を表す編集記号。
左インデントによる空き。
「隠し文字」が設定された段落。表示が 1 行分増えた結果、以降のレイアウトがずれていく。

上図の例では、本文段落先頭の字下げに全角スペースが使われ、下 4 行の字下げには左インデント、全角スペース、タブ文字が混在しています。編集記号を表示させると、このような不統一を一目で確かめることができます。

一方、4 行目の「(以下の要点リストは～」の部分は隠し文字になっています。編集記号を表示させると隠し文字も表示され、以降がずれていきます。場合によってはレイアウトが大幅にくずれ、作業に支障をきたすこともあります。

とくに確かめたい編集記号だけを表示するには、次のオプションで該当項目をオンにした上で、[編集記号の表示／非表示] ボタンをオフにします。

▼編集記号の表示オプション

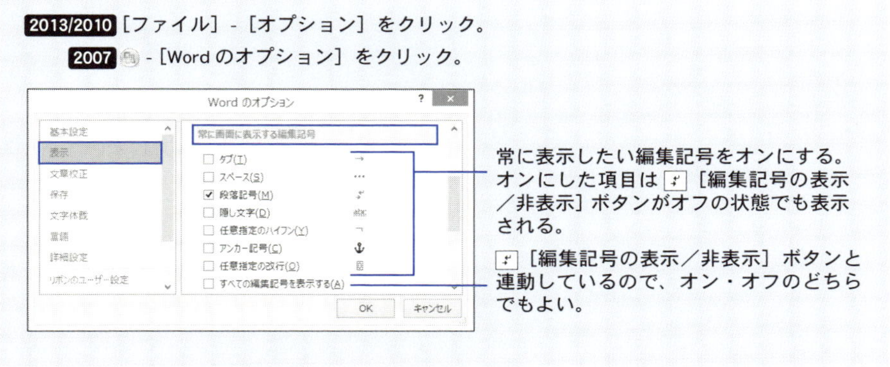
2013/2010 [ファイル] - [オプション] をクリック。
2007 - [Word のオプション] をクリック。
Word のオプション
基本設定
表示
文章校正
保存
文字体裁
言語
詳細設定
リボンのユーザー設定
常に画面に表示する編集記号
タブ(T)
スペース(S)
段落記号(M)
隠し文字(D)
任意指定のハイフン(Y)
アンカー記号(C)
任意指定の改行(O)
すべての編集記号を表示する(A)
OK
キャンセル
常に表示したい編集記号をオンにする。オンにした項目は [編集記号の表示／非表示] ボタンがオフの状態でも表示される。
[編集記号の表示／非表示] ボタンと連動しているので、オン・オフのどちらでもよい。

編集記号のうち、とくにオンにしたいのは［段落記号］と［アンカー記号］です。アンカー記号はページ上に配置した図の「連結先」を示す記号で、図のトラブルを避ける上でとても大切です。アンカー記号については200ページ「**図は段落の付属物**」であらためて解説します。

➤段落記号の表示←→非表示を切り替える

段落記号↵は常に表示させた方が無難ですが、編集記号を隠してすっきりした状態で見たい場合もあります。そこで覚えておきたいのがAlt、V、Sキーを順に押す方法です。［編集記号の表示／非表示］ボタンをオフにした状態で押すと、そのたびに段落記号の表示←→非表示が切り替わります。

単語・段落のドラッグ選択を助けるオプション

たとえば本文中の重要語句だけフォントを変えたり、文字や段落をコピーして別の場所に貼り付けるには、対象範囲を確実に選択する必要があります。範囲選択の方法はいくつか用意されていますが、ここで気を付けたいのはマウスドラッグによる方法です。Wordの最初の設定では、段落の先頭から末尾の文字までドラッグすると自動的に段落記号↵も選択される仕様になっています。

▼段落記号の自動選択機能

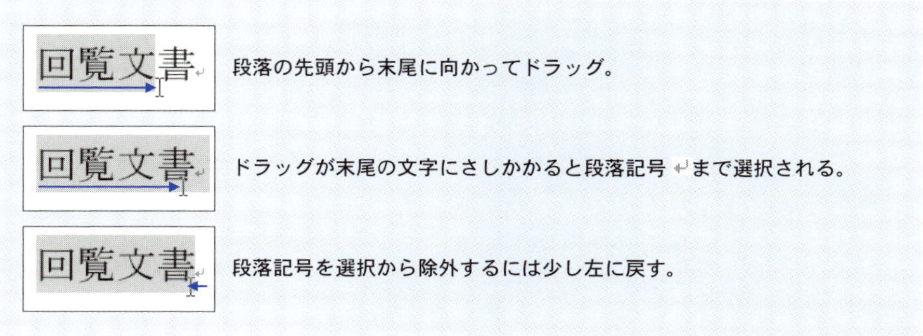
回覧文書
段落の先頭から末尾に向かってドラッグ。
回覧文書
ドラッグが末尾の文字にさしかかると段落記号↵まで選択される。
回覧文書
段落記号を選択から除外するには少し左に戻す。

しかし、段落全体の文字範囲を選択したからといって、段落自体を処理したいとは限りません。たとえば次ページの図のような場合、段落記号↵を含めるかどうかで結果は異なります。これは［均等割り付け］ボタンの例ですが、［下罫線］ボタンなど罫線関係のコマンドも、選択範囲には注意が必要です。

▼段落記号の扱いによって結果が異なる

範囲を選択して［ホーム］タブの［均等割り付け］ボタンをクリック。
文字範囲だけを選択した場合。

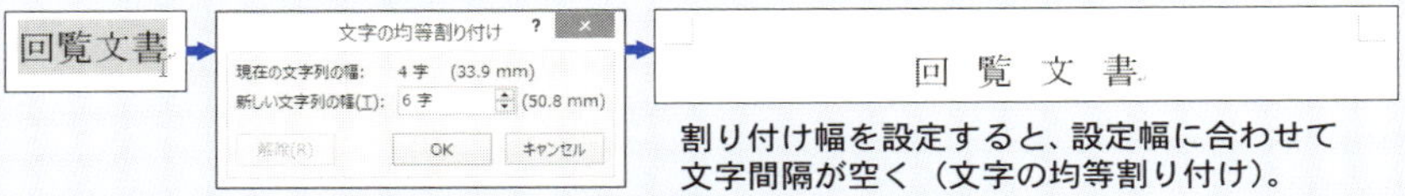

割り付け幅を設定すると、設定幅に合わせて文字間隔が空く（文字の均等割り付け）。

段落記号↵を含めて選択した場合。

左右のインデントに合わせて文字間隔が空く（段落の均等割り付け）。

➤範囲選択オプションの設定を変える

ドラッグ時に選択範囲を自動的に伸ばす機能としては、段落記号↵の自動選択のほか、単語の末尾まで自動選択するオプションもありますが、いずれも便利とは限らず、どちらかと言えば余計な手間を増やすだけです。基本的には下図のオプションをオフにすることをお勧めします。ちなみに、単語選択については**単語内をダブルクリックする方法**を覚えておくと便利です。

▼範囲選択オプションの設定を変える

2013/2010 ［ファイル］-［オプション］をクリック。
2007 -［Wordのオプション］をクリック。

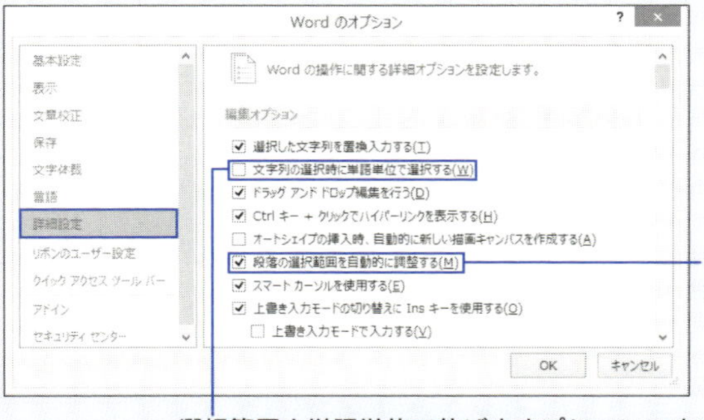

選択範囲を段落記号まで伸ばすオプション。オフにした方がよい。

選択範囲を単語単位で伸ばすオプション。オフのままでよい。

選択範囲と書式の関係については、67ページ「段落か文字か～範囲選択は段落記号がポイント」であらためて解説します。

試してみよう～ワンポイントレッスン

☑次の例文を入力し、入力オートフォーマットを試してみよう

19 ページで解説した「入力オートフォーマット」を最初の設定のままで試してみましょう。次のように入力してみてください。設定を変えてなければ、入力内容に従って文字が追加・置換されたり、書式が自動設定されるはずです。

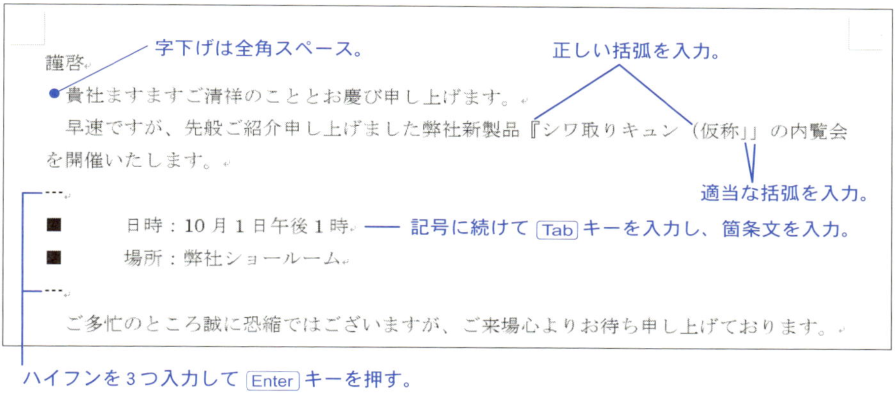
謹啓
字下げは全角スペース。
正しい括弧を入力。
貴社ますますご清祥のこととお慶び申し上げます。
早速ですが、先般ご紹介申し上げました弊社新製品『シワ取りキュン（仮称」」の内覧会を開催いたします。
適当な括弧を入力。

■　日時：10 月 1 日午後 1 時
記号に続けて Tab キーを入力し、箇条文を入力。
■　場所：弊社ショールーム

ご多忙のところ誠に恐縮ではございますが、ご来場心よりお待ち申し上げております。
ハイフンを 3 つ入力して Enter キーを押す。

解説

19 ページで解説した「入力オートフォーマット」を最初の設定のままで上図のように入力すると、自動的に下図のように変わります。ただし、[箇条書き（行頭記号)] は MSIME 以外の日本語入力システムではうまく働かないこともあります。その場合は [箇条書き（段落番号)] による方法を試してみてください。

入力した内容は Part1 のレッスンにも利用できるので、適当な名前を付けて保存しておくとよいでしょう。

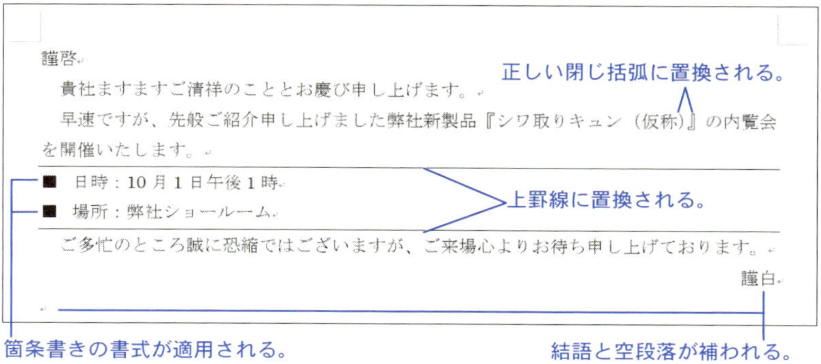
謹啓
正しい閉じ括弧に置換される。
貴社ますますご清祥のこととお慶び申し上げます。
早速ですが、先般ご紹介申し上げました弊社新製品『シワ取りキュン（仮称)』の内覧会を開催いたします。
■　日時：10 月 1 日午後 1 時
■　場所：弊社ショールーム
上罫線に置換される。
ご多忙のところ誠に恐縮ではございますが、ご来場心よりお待ち申し上げております。
謹白
箇条書きの書式が適用される。
結語と空段落が補われる。

☑次の例文を入力し、オートコレクトを試してみよう

これは、箇条書きの入力オートフォーマットと 27 ページで解説した「オートコレクト」の動作を確かめるための例文です。見かけは簡単ですが、実際に入力してみると、意外に難題かもしれません。誤字も含め、このとおりに入力してみてください。

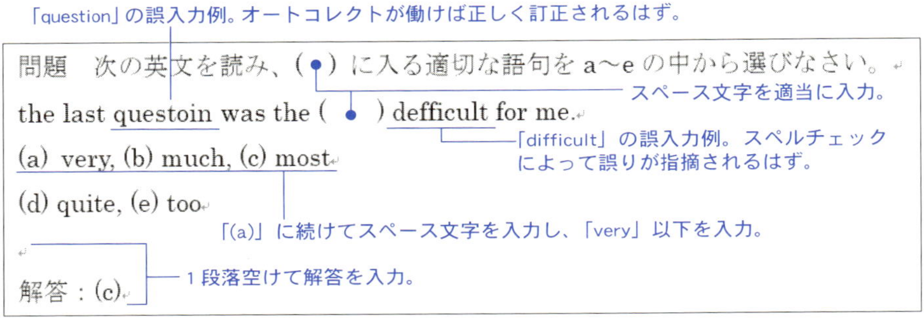
「question」の誤入力例。オートコレクトが働けば正しく訂正されるはず。
問題　次の英文を読み、(●) に入る適切な語句を a～e の中から選びなさい。
the last questoin was the (●) defficult for me.
(a) very, (b) much, (c) most
(d) quite, (e) too
解答 : (c)
スペース文字を適当に入力。
「difficult」の誤入力例。スペルチェックによって誤りが指摘されるはず。
「(a)」に続けてスペース文字を入力し、「very」以下を入力。
1 段落空けて解答を入力。

解説

上の例文を入力すると、入力オートフォーマットとオートコレクトが働き、下図のような結果になります。自動処理の結果は、[元に戻す] ボタンや Ctrl + Z キーで取り消すことができますが、このような文章を入力する場合は入力オートフォーマットとオートコレクトのオプション自体をオフにする方がよいでしょう。

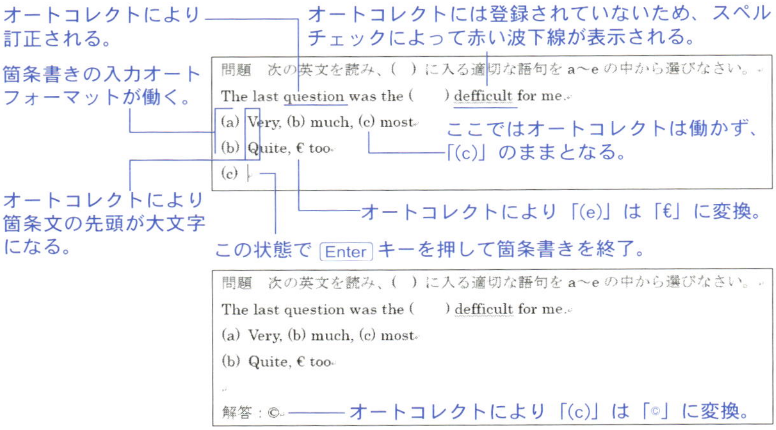
オートコレクトにより訂正される。
オートコレクトには登録されていないため、スペルチェックによって赤い波下線が表示される。
箇条書きの入力オートフォーマットが働く。
問題　次の英文を読み、( ) に入る適切な語句を a～e の中から選びなさい。
The last question was the ( ) defficult for me.
(a) Very, (b) much, (c) most
(b) Quite, € too
(c)
ここではオートコレクトは働かず、「(c)」のままとなる。
オートコレクトにより箇条文の先頭が大文字になる。
オートコレクトにより「(e)」は「€」に変換。
この状態で Enter キーを押して箇条書きを終了。
問題　次の英文を読み、( ) に入る適切な語句を a～e の中から選びなさい。
The last question was the ( ) defficult for me.
(a) Very, (b) much, (c) most
(b) Quite, € too
解答 : ©
オートコレクトにより「(c)」は「©」に変換。

なお、「解答 : 」に続く「(c)」は「©」に変わりますが、「(a)」のあとの「(c)」はそのままです。これは「(c)」が「(a)」の連番の続きと見なされ、オートコレクトが働かない仕様になっているためです。しかし、同じような状況でも「(e)」に対してはオートコレクトが働き、「€」に変わってしまいます。

文書を「場当たり式」で作っていませんか？

～Wordには正しい手順と方法がある

Part 1

「文書１」を開いて、何となく書き始めて、あとで整形……これでは余計な作業を増やすだけです。Word には合理的な手順と方法があります。正しい知識を身に付ければ、自信を持って作業を進められるようになります。

1-1 文書作りは「ページ設定から」が基本

用紙サイズや余白、1ページの行数などの体裁を「ページ書式」、ページ書式を決める作業を「ページ設定」と呼びます。ページ設定は一見簡単なようですが、もしかしたらムダな手間を繰り返しているかもしれません。ページ設定には正しい手順があります。

ページ設定のあと回しはトラブルのもと

Wordを起動して「文書1」でいきなり文章を入力……よく見かける場面です。用紙サイズや余白などの設定はいつでも変えることができるので、手紙のように書式の簡単な文書であればそれでもかまいません。

しかし、**用紙サイズや余白が変われば紙面全体のバランスも変わる**ので、多少とも視覚的な品質を重視する文書では、各部のフォントサイズや行送りなどにも調整が必要になります。

また、図や表が含まれている文書でページ設定を変えるとレイアウトは確実にくずれ、手直しに大変な手間がかかります。

いずれにしても、**文書作りは「ページ設定」から開始するのが基本**です。いつも使う書式が決まっていれば、「テンプレート」を作ることで書式設定の手間を省くことができます。テンプレートについてはPart6で解説します。

ページ設定では、用紙のサイズと向き、用紙の綴じ方、余白の付け方、1ページの行数などを設定します。[ページレイアウト]タブには専用のボタンがありますが、すべて揃っているわけではありません。また、ボタンの並び順には意味がなく、どこから手を付ければよいかわかりません。

▼[ページレイアウト]タブのページ書式関連ボタン(Word2013の例)

ページ書式関係のボタンが適当に並んでいる。

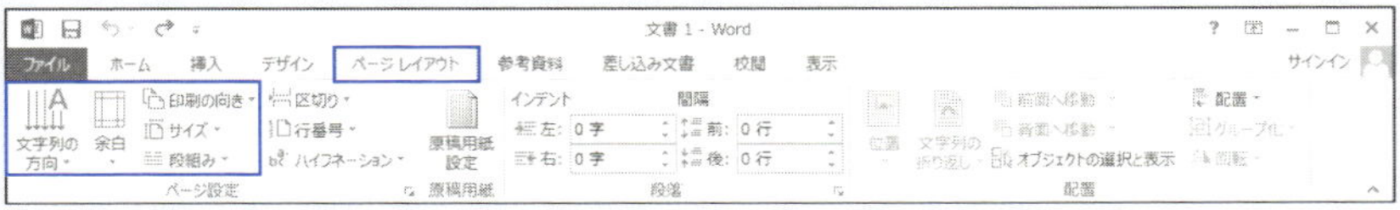

あとでふれる［ページ設定］ダイアログボックスを使えばまとめて設定できますが、**ダイアログボックスの見た目に従って作業を進めると、必ず手順を間違える**仕様になっています。ページ設定でいつも二度手間を繰り返しているなら、それはこの不適切な仕様のせいかもしれません。

以下、ムダのない「ページ設定の正しい手順」について解説します。

最初の作業はプリンターの選択

ページ設定に先立って行うべき作業が2つあります。ひとつはプリンターの選択、もうひとつは次項でふれる「基本フォントサイズ」の設定です。

ページの書式で一番大きな要素は「用紙サイズ」です。用紙サイズが変われば、他のすべての設定が変わります。用紙サイズは一覧から選択するか、またはサイズを直接設定するようになっています。この一覧に表示される用紙サイズの種類は、現在Wordで選択しているプリンターによって決まります。

より正確には、Wordがプリンター用のプログラムに問い合わせ、そのプログラムから用紙の情報を得て表示するしくみです。したがって、**実際に印刷するプリンターを選択していなければ、正しい用紙情報は得られません。**

また、プリンターによっては用紙の端に印刷できない**「フチ」**を必要とする機種があります。この場合、余白がフチより小さければ、フチにかかった部分は欠けてしまうことになります。設定した余白が現在選択されているプリンターのフチより小さければメッセージが表示されるのですぐに修正できますが、プリンターの選択を間違えていれば、あとで余白の修正に伴って本文の修正も必要になるかもしれません。

いずれにしても、ページ設定にあたってはまずプリンターを決めることが大切です。現在選択されているプリンターは、Word2013/2010では［ファイル］-［印刷］、Word2007では［Microsoft Office］-［印刷］で確かめることができます。

ちなみに、Word起動時にはWindowsで**「通常使うプリンター」**として設定しているプリンターが表示されます。必要であれば別のプリンターを選択し、文書画面に戻ってください。Word2007では［OK］ボタンをクリックすると印刷が開始されてしまうので、［キャンセル］または［閉じる］ボタンをクリックしてください。

行数と文字数は基本フォントサイズで決まる

1 ページの行数と 1 行の文字数は文書の「基本フォントサイズ」との関係で決まります。**基本フォントサイズとは［標準］スタイルのフォントサイズのことです。**

たとえば、新しい文書を開くと先頭に空段落が表示され、文字を入力すると和文字は「MS 明朝」、フォントサイズは「10.5pt」で表示されます。また、段落は「両端揃え」で左右のインデントは「0」になっています。

これらは個別に設定されているわけではなく、すべて［標準］スタイルが提供している書式です。先頭の空段落には最初から［標準］スタイルが適用されており、その結果、文字を入力すると上記のような書式で表示されるしかけになっています。

▼本文の基本書式は［標準］スタイルで決まる

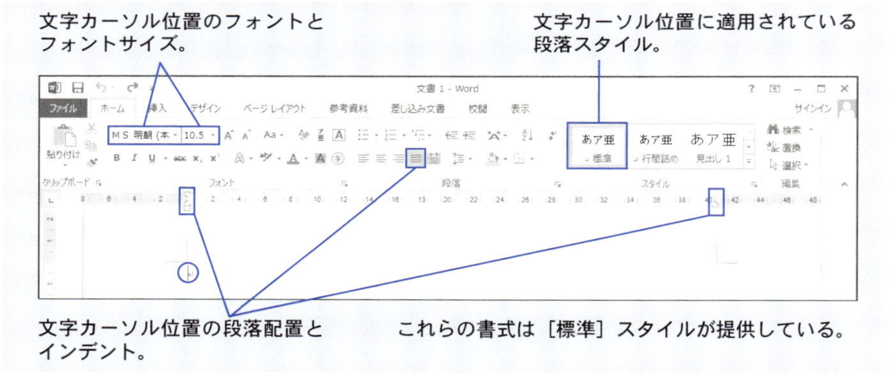
文字カーソル位置のフォントとフォントサイズ。
文字カーソル位置に適用されている段落スタイル。
文字カーソル位置の段落配置とインデント。
これらの書式は［標準］スタイルが提供している。

一方、**［ページ設定］ダイアログボックス**を開くと、次ページの図のように**［文字数］［行数］**の右側に設定可能な範囲が表示されます。その上限は本文領域の大きさと［標準］スタイルのフォントサイズによって決まります。上限より小さな値を設定すれば、その分だけ文字間隔、行間隔が拡がることになります。

したがって、ページ設定にあたっては、**あらかじめ［標準］スタイルのフォントサイズを決める**のがムダのない手順です。その方法はとても簡単です。**［スタイルギャラリー］**から［標準］スタイルの**［スタイルの変更］ダイアログボックス**を呼び出し、フォントサイズを設定するだけです。スタイルについてはPart3 であらためて詳しく解説します。

▼［標準］スタイルのフォントサイズを設定する

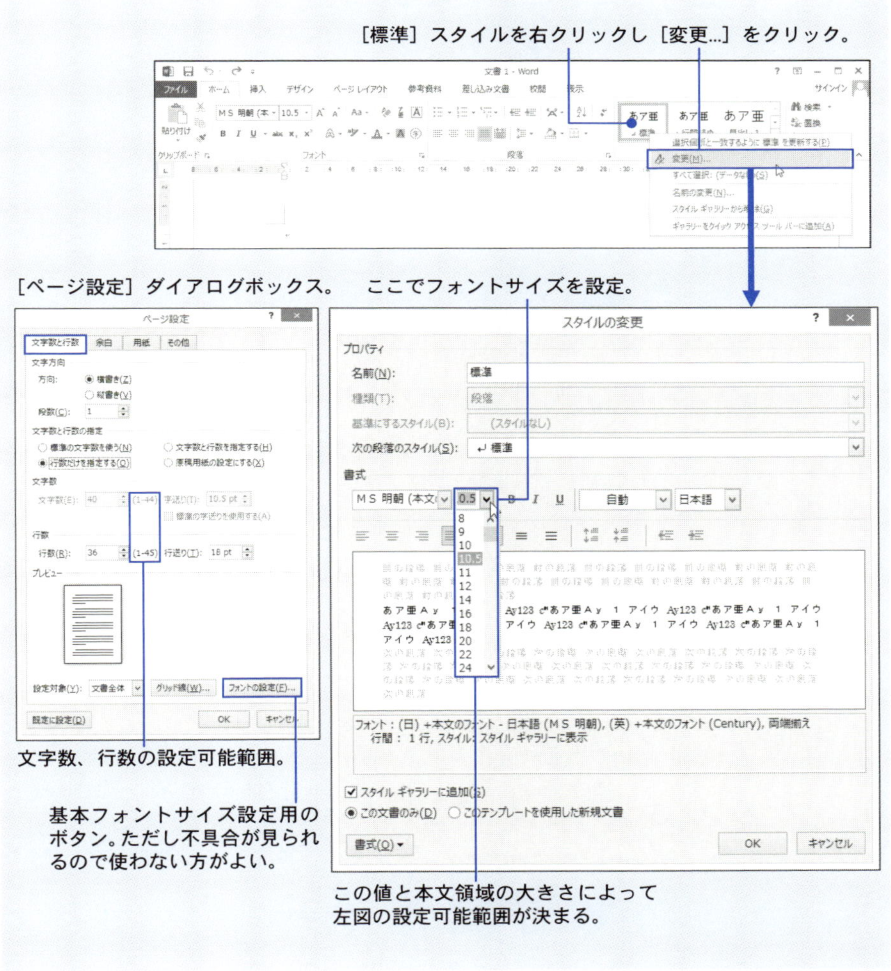
［標準］スタイルを右クリックし［変更...］をクリック。
［ページ設定］ダイアログボックス。
ここでフォントサイズを設定。
文字数、行数の設定可能範囲。
基本フォントサイズ設定用のボタン。ただし不具合が見られるので使わない方がよい。
この値と本文領域の大きさによって左図の設定可能範囲が決まる。

ちなみに、［ページ設定］ダイアログボックス下方の［フォントの設定...］ボタンをクリックすると［フォント］ダイアログボックスが呼び出されます。しかし、この方法で設定される対象は、文書を開いてから最初にこのボタンをクリックしたときの文字カーソル位置の段落スタイルです。したがって、常に［標準］スタイルが対象になるとは限らず、気付かずに操作すると思わぬ結果を招くことになるので、避けた方が無難です。

［ページ設定］ダイアログボックスでの正しい設定手順

プリンターを選択し、［標準］スタイルのフォントサイズを決めたら、［ページ設定］ダイアログボックスを呼び出します。Word起動後に初めて呼び出すと［文字数と行数］タブが表示されますが、ページ書式は大きな要素から設定するのが基本です。1ページの行数などは本文領域の大きさによって変わるので、最後に設定します。

［文字数と行数］タブではまず［文字方向］だけを選択します。文字方向を変えると、用紙の向きの設定が変わることがあるので、先に設定しないと二度手間になります。次に［用紙］タブ→［余白］タブを設定し、最後に［文字数と行数］タブに戻ります。

▼［ページ設定］ダイアログボックスの正しい設定手順

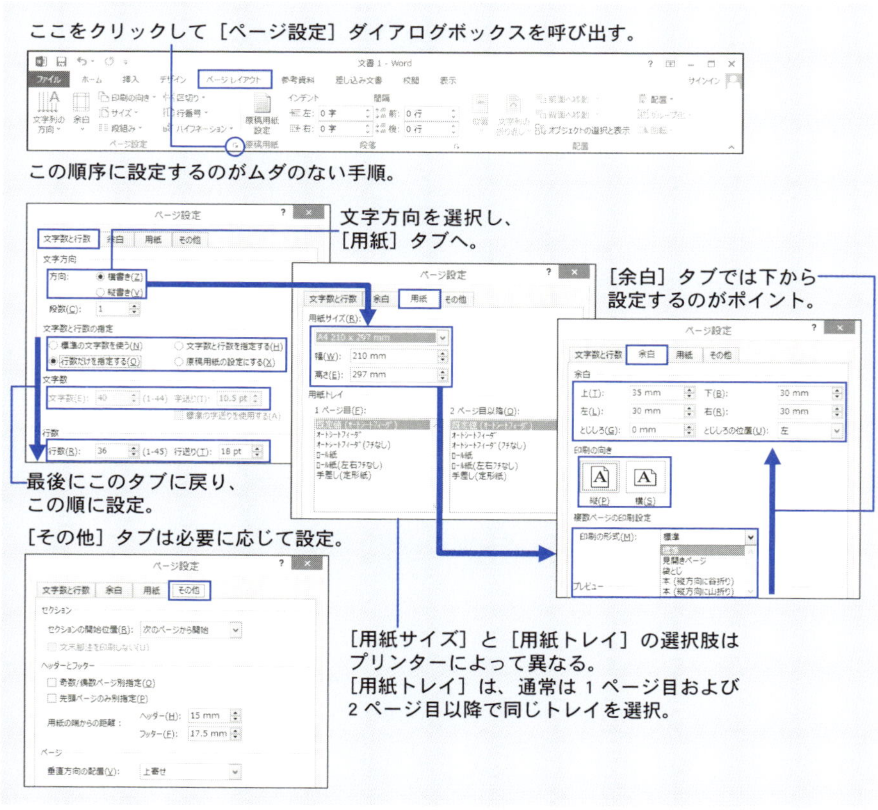
ここをクリックして［ページ設定］ダイアログボックスを呼び出す。
この順序に設定するのがムダのない手順。
文字方向を選択し、［用紙］タブへ。
［余白］タブでは下から設定するのがポイント。
最後にこのタブに戻り、この順に設定。
［その他］タブは必要に応じて設定。
［用紙サイズ］と［用紙トレイ］の選択肢はプリンターによって異なる。
［用紙トレイ］は、通常は1ページ目および2ページ目以降で同じトレイを選択。

[用紙] タブの内容はプリンターで決まる

[用紙] タブの内容はプリンターによって異なります。規格外の用紙に印刷する場合などは、[幅] [高さ] に寸法を直接設定します。規格外のサイズを設定すると、用紙サイズは自動的に [サイズを指定] に変わります。

印刷の向きはあとから [余白] タブで設定できるので、[幅] [高さ] では縦横を気にする必要はありません。

[用紙トレイ] には、現在選択しているプリンターの用紙トレイが表示されます。通常は 1 ページ目、2 ページ目以降とも同じトレイを選択します。たとえば表紙だけカラー用紙やレターヘッド付きの用紙を使うといった場合は、異なるトレイを設定すれば印刷時の手間が省けます。

ただし、いずれも同じサイズの用紙をセットする必要があります。1 ページ目と 2 ページ目以降で用紙サイズを変えたいという場合は別の方法をとる必要があり、[用紙トレイ] の使い分けでは対処できません。具体的には 51 ページ**「印刷に使う用紙トレイはセクションごとに設定できる」**をご参照ください。

[余白] タブは下→上の順に設定

用紙サイズを決めたら [余白] タブをクリックします。一番上が余白項目ですが、余白の付き方は [印刷の形式] と [印刷の向き] によって変わるので、最後に設定しないと二度手間になります。

➤印刷形式とは用紙の綴じ方のこと

[印刷の形式] とは用紙の綴じ方のことです。[標準] と [見開きページ] は用紙の片面あたり 1 ページずつ印刷し、そのまま重ねて綴じる形式です。[見開きページ] は両面印刷ですが、[標準] は片面・両面のどちらでも可能です。

[袋とじ] は、用紙の片面にのみ 2 ページずつ印刷し、2 つ折りにしてから束ねて綴じる形式です。

[本] 形式は用紙の片面に 2 ページ、表裏で 4 ページずつ印刷する形式です。数枚ずつ重ね折りして束ねれば本のような形式になり、用紙を全部重ねて二つ折りで綴じれば週刊誌のような「中綴じ」形式になります。

［印刷の向き］は、［本］形式を選択すると自動的に［横］になります。それ以外の形式では縦横どちらも選択できます。

▼印刷形式の意味

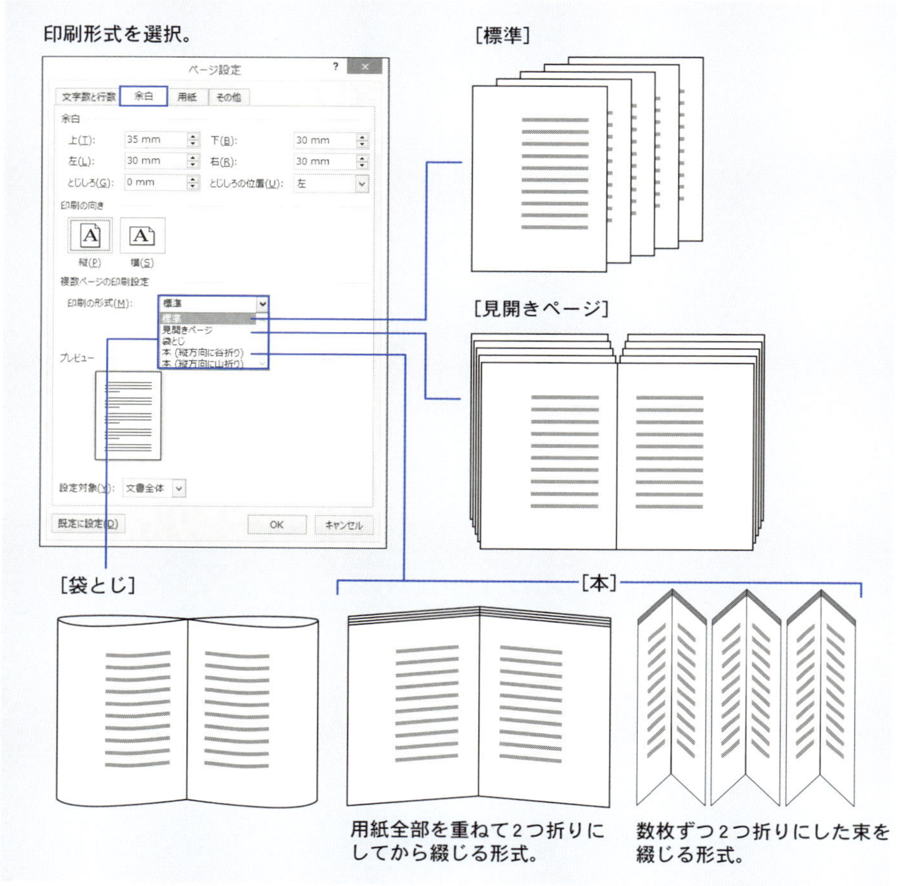

➤［本（縦方向に山折り）］は使わない

日本語の本のページは、横書きでは左→右、縦書きは右→左の順に並んでいます。［本（縦方向に谷折り）］を選択して印刷するとこの順序に調整されます。［本（縦方向に山折り）］はこの逆順に印刷されるので、通常は使うことはありません。縦書き用と誤解されがちですが、縦書きでも［本（縦方向に谷折り）］を選択してください。

［1 冊あたりの枚数］とは 1 束のページ数のこと

［本］形式を選択すると［1 冊あたりの枚数］というオプションが表示されます。この項目名は少々不適切で、正しくは「1 束あたりのページ数」という意味です。

本形式では用紙 1 枚あたり表裏で 4 ページになるので、［4］を選択すると「4 ページ＝1 枚」で 1 束になり、［16］を選択すると「16 ページ＝4 枚」で 1 束になります。選択したページ数に従って、印刷時に各用紙に割り当てるページ順が調整されます。

［自動］を選択すると、1 束 44 ページ以内になるように総ページ数が均等割りされます。ただし、用紙 1 枚あたり 4 ページなので、各印刷ブロックは 4 の倍数になるように加減されます。

［すべて］を選択すると全体が 1 束となるように印刷されます。

いずれの場合も、総ページ数が 4 の倍数に満たない場合、不足分は白紙ページとして補われます。

▼［1 冊あたりの枚数］の意味

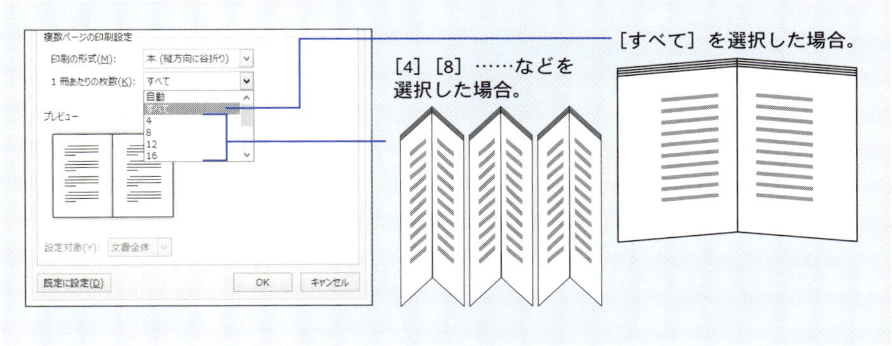

余白の付き方は印刷形式と印刷の向きで決まる

印刷形式と印刷の向きが決まると、余白の付き方が決まります。余白項目の名称は、印刷形式［標準］では［上］［下］［左］［右］、それ以外では［上］［下］［外側］［内側］、または［外側］［内側］［左］［右］になります。

なお、「内側」は綴じる側、「外側」は開く側の意味で、［見開きページ］と［袋とじ］ではそのとおりになりますが、［本］形式では項目名が誤っており、**「外側」が綴じる側、「内側」が開く側**を表すので注意してください。

▼余白の付き方は印刷形式と印刷の向きによって異なる

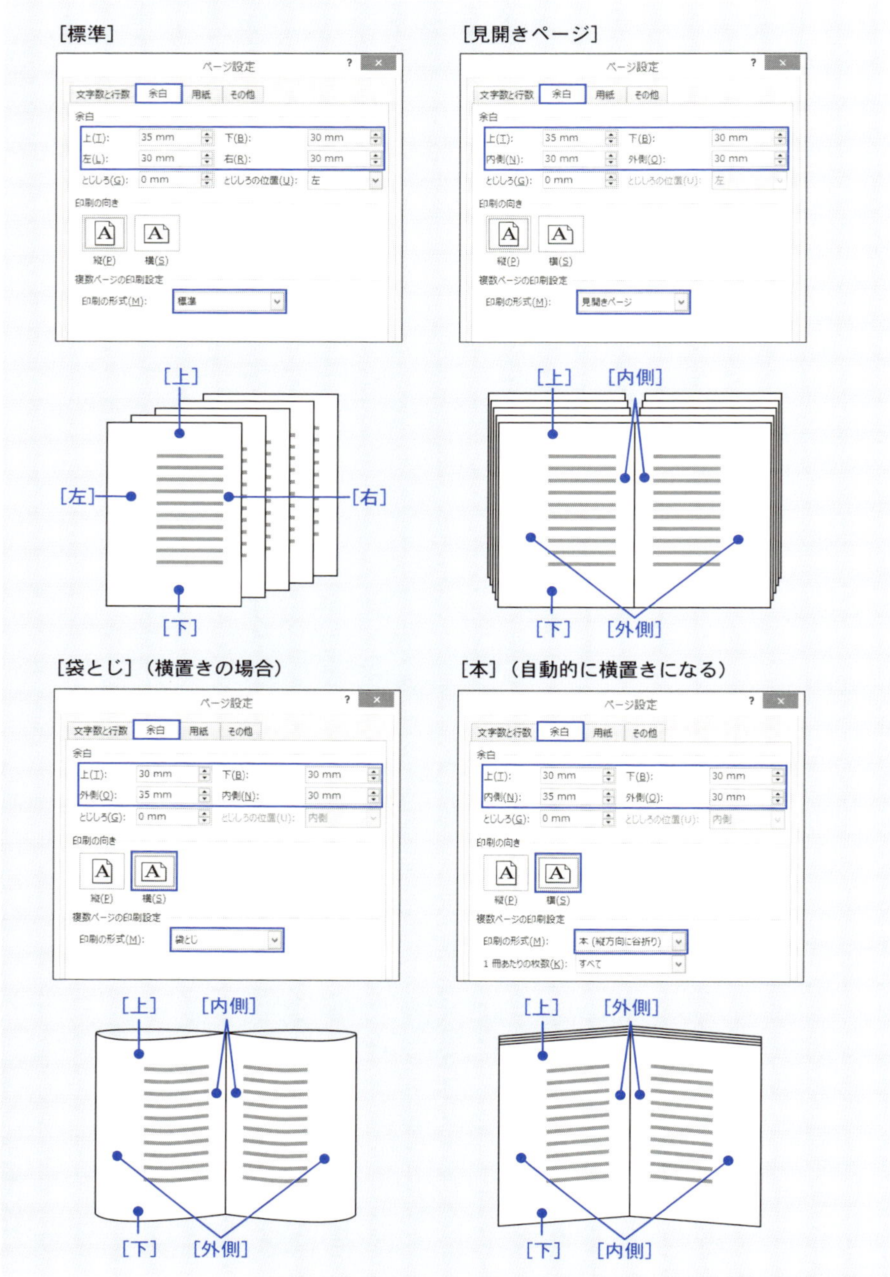

➤「とじしろ」を使うのは［標準］形式＋両面印刷の場合だけ

たとえば本文の両側に余白を「10mm」ずつ設け、さらに綴じしろを「10mm」確保したいという場合、［標準］以外の印刷形式では余白の付き方が［内側］と［外側］なので、綴じる側の余白を「20mm」に設定すればよく、［とじしろ］は「0」のままでかまいません。

［標準］形式の余白は［左］と［右］なので、両面印刷する場合は表裏で綴じる側が異なります。そこで、余白とは別に［とじしろ］を確保します。綴じしろの付け位置の選択肢は［左］と［上］だけですが、［その他］タブの［奇数／偶数ページ別指定］をオンにすれば、表裏で付け位置が反転します。

▼［標準］形式で両面印刷する場合の余白設定

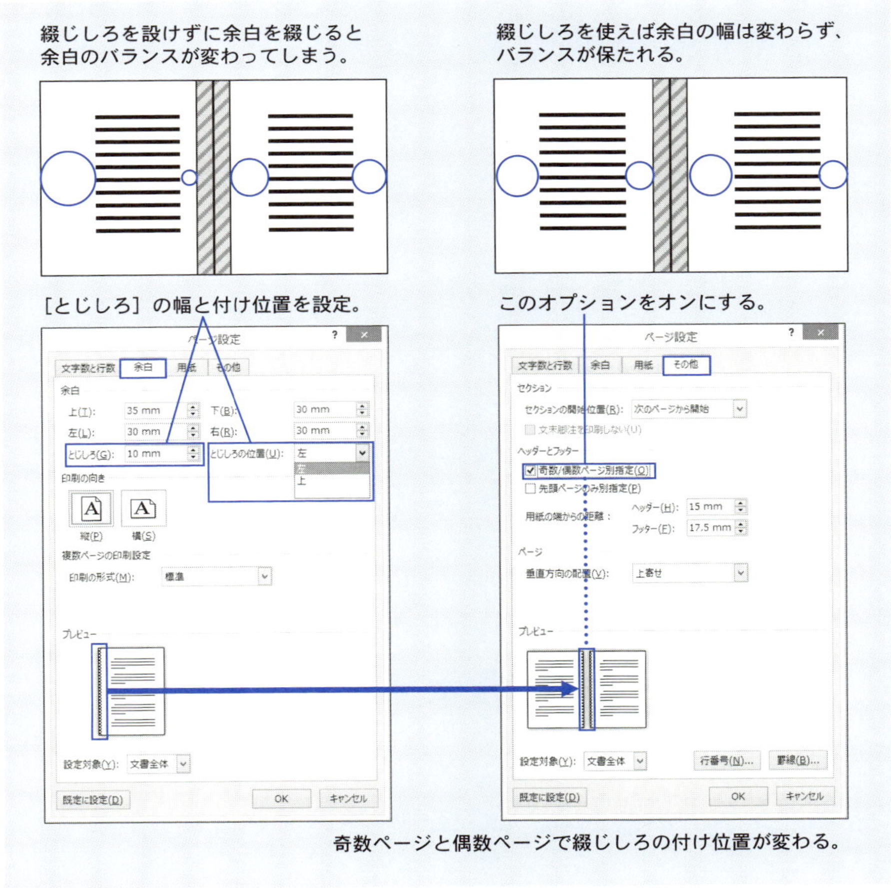

[行数だけを指定する] オプションが標準

[用紙] タブと [余白] タブの設定を終えると本文領域の大きさが決まります。あらかじめ基本フォントサイズ（38 ページ「行数と文字数は基本フォントサイズで決まる」参照）を決めていれば、[文字数と行数] タブで本文の基本行数などを決めることができます。

4 つのオプションがありますが、通常は [行数だけを指定する] オプションを選択することをお勧めします。

▼ [文字数と行数の指定] グループのオプションとその違い

[標準の文字数を使う]

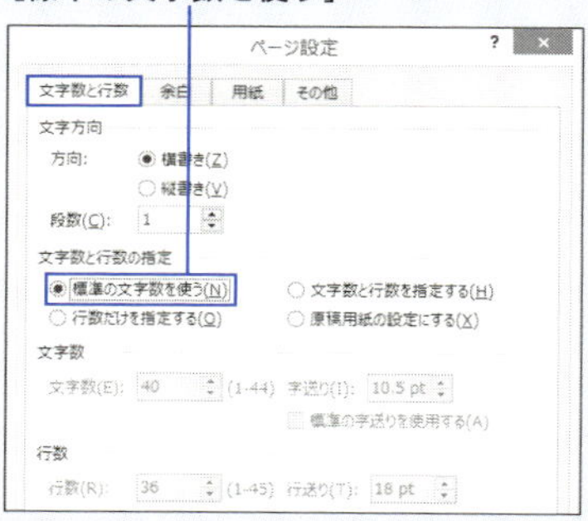

文字数・行数ともになりゆきにするオプション。文字数・行数は設定できない。

[文字数と行数を指定する]

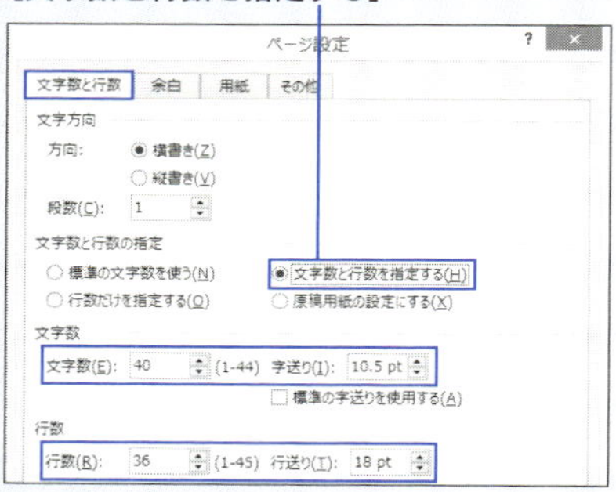

文字数・行数ともに設定するオプション。文字数または字送り、行数または行送りを設定。

[行数だけを指定する]

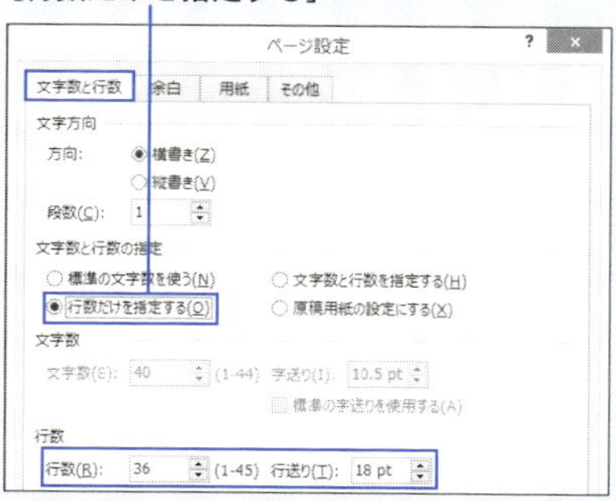

行数のみ設定し、文字数はなりゆきにするオプション。行数または行送りを設定。通常はこのオプションを選択。

[原稿用紙の設定にする]

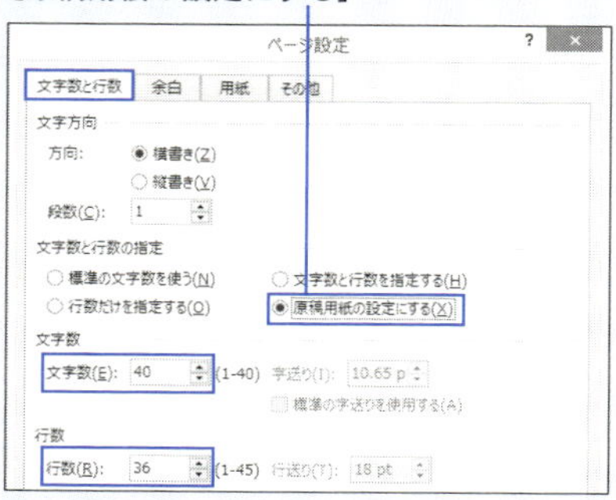

文字数・行数を設定するオプション。字送り・行送りは設定できない。原稿用紙に合わない書式は制限される。

➤[標準の文字数を使う]

文字数、行数をとくに設定せず、なりゆきとするオプションです。この場合、文字数は、「両端揃え」では本文幅をフォントサイズで割った値になります。「左揃え」「中央揃え」「右揃え」では文字間隔は「0」になります。

行の高さは各行内の最大フォントサイズとフォントの種類によって決まります。たとえば「MS 明朝」をはじめとするほとんどの和文フォントはフォントサイズの 1.3 倍で、フォントサイズが 10pt であれば行高は 13pt になります。

行高は一般にフォントサイズの 1.5～2 倍程度が読みやすいとされており、「MS 明朝」などの 1.3 倍はいかにも狭すぎます。また、フォントによって行高が変わるのも大きな欠点です。**基本的に、このオプションは使わないこと**をお勧めします。

なお、Windows Vista で登場した「メイリオ」と Windows 7 で登場した「Meiryo UI」は例外で、それぞれフォントサイズの約 1.95 倍、約 1.65 倍になります（具体例については 88 ページの図**「メイリオを使うと行高が高くなる」**参照）。

▼［標準の文字数を使う］オプションで本文に「MS 明朝」を使った場合

「MS 明朝」など、ほとんどの和文フォントでは行高がフォントサイズの 1.3 倍になる。

今期より、備品管理の規定を下記のように改訂します。
- 大型備品の購入については、規程の申請書に必要事項を記載の上、搬入希望日の 3 週間前までに総務宛提出すること
- 消耗品の補充は、総務が一元管理して適宜実施する。ただし、大量使用が見込まれる場合は、規程の申請書に必要事項を記載の上、使用予定日の 3 日前までに総務宛提出すること

➤[行数だけを指定する]

行数・行送りを設定し、文字数はなりゆきにするオプションです。文字数は、「両端揃え」では本文幅をフォントサイズで割った値になります。「左揃え」「中央揃え」「右揃え」では文字間隔は「0」になります。

このオプションを選択すると文書の**「基本行高」**が決まります。ただし、実際の本文を基本行高に合わせるには本文側の設定が必要です。詳しくは 85 ページ**「段落の行高はページ設定と段落のオプションで決まる」**で解説します。

なお、上記の「メイリオ」と「Meiryo UI」はフォント自体が必要とする行高が高いので、［行送り］の値を大きくしないと設定行数どおりにはなりません。

➤[文字数と行数を指定する]

文字数・字送り、行数・行送りを設定するオプションです。このオプションを選択すると文書の「**基本行高**」と「**基本文字間隔**」が決まります。基本文字間隔は「[字送り] －基本フォントサイズ」で計算できます。

ただし、フォントは一般に文字間隔「0」で美しく見えるようにデザインされているので、通常は[行数だけを指定する]を選択すればよく、あえて文字間隔を調整する必要はありません。

このオプションを選択すると[標準の字送りを使用する]オプションが有効になります。「標準の字送り」とは文字間隔「0」のことです。オンにして[OK]ボタンをクリックすると、本文幅が「基本フォントサイズ×文字数」となるように右余白が調整されます。場合によっては左右の余白の再調整が必要です。

なお、実際の本文を基本行高・基本文字間隔に合わせるには本文側の設定が必要です。詳しくは85ページ「**段落の行高はページ設定と段落のオプションで決まる**」および143ページ「**文書の基本行高、基本文字間隔を［標準］スタイルで有効にする**」で解説します。

➤[原稿用紙の設定にする]

文字数・行数だけを設定するオプションです。字送りが強制され、原稿用紙のようなマス目に合わない仕様は制限されます。たとえば「中央揃え」などの段落配置は設定できません。また、英数字の前後は、以降の和文字がマス目からずれないように文字間隔が調整されます。ただし、行方向については強制機能はなく、各段落の設定によってはマス目からずれてしまいます。

▼ [原稿用紙の設定にする] では機能の一部が制限される

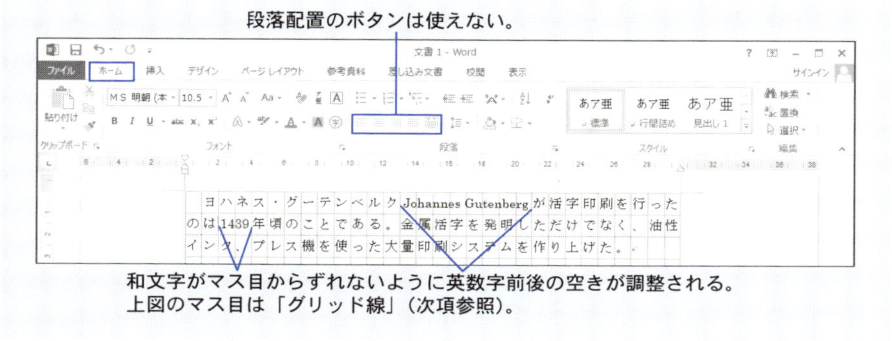
段落配置のボタンは使えない。
文書 1 - Word
ファイル
ホーム
挿入
デザイン
ページ レイアウト
参考資料
差し込み文書
校閲
表示
ヨハネス・グーテンベルクJohannes Gutenbergが活字印刷を行ったのは1439年頃のことである。金属活字を発明しただけでなく、油性インク、プレス機を使った大量印刷システムを作り上げた。
和文字がマス目からずれないように英数字前後の空きが調整される。
上図のマス目は「グリッド線」(次項参照)。

行数優先、行送りなりゆきがお勧め

［ページ設定］ダイアログボックスのオプションで［行数だけを指定する］または［文字数と行数を指定する］を選択すると、［行数］と［行送り］を設定できます。両者は連動しており、行数を変えると［行送り］は「本文高÷行数」になりますが、［行送り］のスピンボタンを動かすと行送りは整数になるため、割り切れずに余りが出ることがあります。したがって、基本的には［行数］優先で調整します。

余りが出ているかどうかは、「グリッド線」を表示してみればわかります。グリッド線の表示←→非表示を切り替えるには［ページレイアウト］タブの［配置］-［グリッド線の表示］をクリックします。

▼行数優先と行送り優先の違い

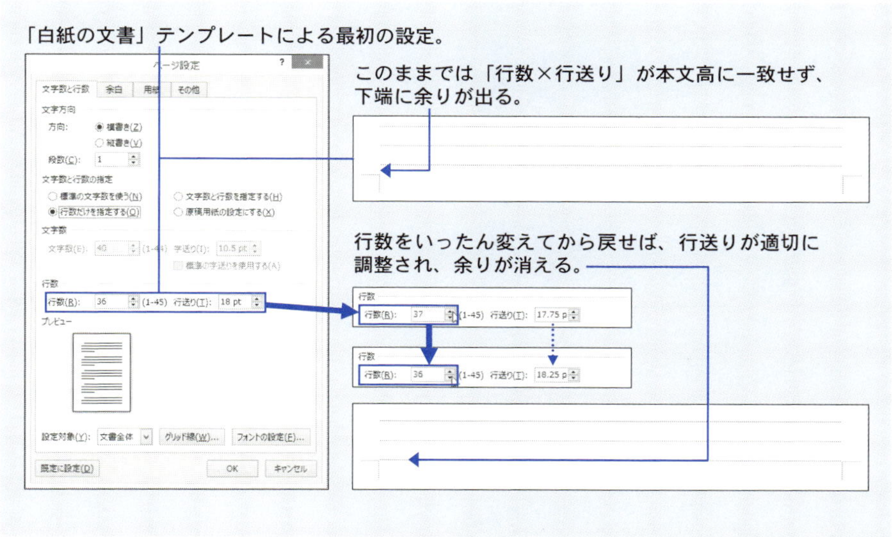

なお、Word2010/2007では［文字数］と［字送り］の関係も同様で、［文字数］優先で調整しないと本文領域の右端に余計な空きが出てしまいます。ただし、この空きは個々の段落側のオプションで解消することもできます（143ページ「文書の基本行高、基本文字間隔を［標準］スタイルで有効にする」参照）。

Word2013では、余りが出ても空きが出ないように文字間隔が調整される仕様に変わりました。

ページ書式は「セクション」の書式

実は、これまでに説明してきた［ページ設定］ダイアログボックスで設定するのは文書の書式ではなく、セクションの書式です。文書内にセクション区切りがなければ文書全体がひとつのセクションとして扱われますが、セクション区切りを設けていれば、**セクションごとに異なるページ書式を設定できます。**

たとえば目次、本文、索引などではページのデザインを変えるのが普通です。このような場合は、要素ごとに別ファイルとする方法もありますが、同じ文書内で処理することもできます。それにはデザインの変わり目に「**セクション区切り**」を入れます。セクション区切りの前後は独立した「**セクション**」となり、それぞれ独自にページデザインを決めることができます。

ただし、印刷形式と［奇数／偶数ページ別指定］オプションに限っては混在することはできず、必ず文書全体が同じ設定になります。

▼文書をセクションで区切るとセクションごとにページ書式を設定できる

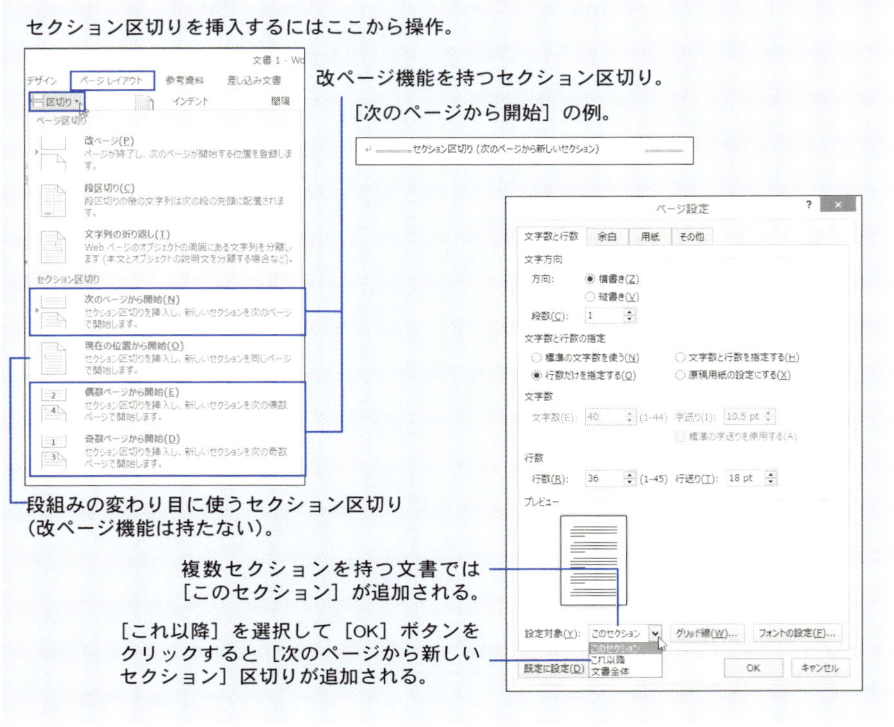
セクション区切りを挿入するにはここから操作。
改ページ機能を持つセクション区切り。
［次のページから開始］の例。
セクション区切り（次のページから新しいセクション）
段組みの変わり目に使うセクション区切り（改ページ機能は持たない）。
複数セクションを持つ文書では［このセクション］が追加される。
［これ以降］を選択して［OK］ボタンをクリックすると［次のページから新しいセクション］区切りが追加される。
ページレイアウト
区切り
次のページから開始(N)
現在の位置から開始(O)
偶数ページから開始(E)
奇数ページから開始(D)
ページ設定
このセクション
これ以降
文書全体

➤印刷に使う用紙トレイはセクションごとに設定できる

用紙トレイについてはすでに41ページ「**用紙タブの内容はプリンターで決まる**」でふれましたが、少々紛らわしい点があるので補足しておきます。同タブの［1ページ目］と［2ページ目以降］は同じセクション内で用紙トレイを使い分ける場合に利用します。したがって、**どちらの用紙トレイにも同じサイズの用紙をセット**する必要があります。

たとえば先頭ページは封筒の宛名用、2ページ目以降は手紙用としたい場合、印刷トレイを自動的に切り替えるには、封筒ページと手紙用のページをセクション区切りで分け、セクションごとに用紙トレイを設定します。つまり、この使い分けと上記の［1ページ目］［2ページ目以降］は無関係です。

➤セクション区切りの変更には［その他］タブを使う

セクション区切りは編集記号の一種なので、**［ホーム］タブ**の **［編集記号の表示/非表示］ボタン**をオンにすれば表示されます。

また、セクション区切りは Delete **キー**などで削除できますが、ひとつ大切な注意点があります。それは、**各セクションの書式はセクション末尾のセクション区切りが持っている**ということです。したがって、セクション区切りを削除すると、その前のセクションの書式は失われ、後続のセクションの書式が採用されます。たとえば文書を2つのセクションに分け、前半をA5判、後半をB5判とした場合、間のセクション区切りを削除すると前半もB5判に変わります。

セクション書式を失わずにセクション区切りの種類を変えるには、処理したいセクション区切りのあとに文字カーソルを置いて **［ページ設定］ダイアログボックス**を呼び出し、**［その他］タブ**でセクション区切りの種類を選択します。

▼セクション区切りの種類を変更する

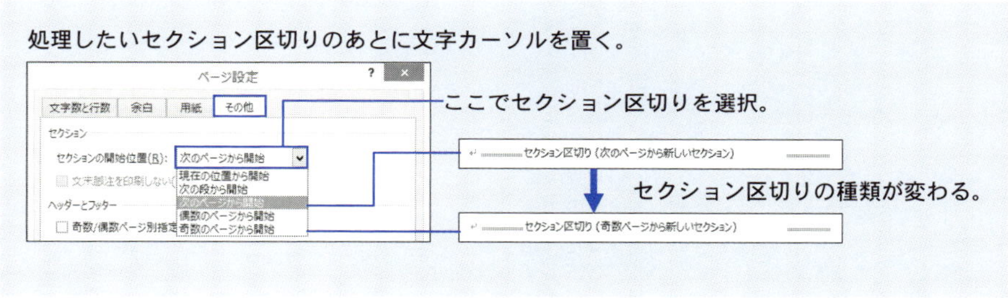

1-2 ヘッダー・フッターはオプションとセクションがポイント

ヘッダー・フッターはページ書式の一種です。その内容はいつでも設定できますが、ヘッダー・フッターの文字位置やオプションは早めに決めておくことをお勧めします。また、文書を複数のセクションに分けている場合はヘッダー・フッターの扱いに注意が必要です。

ヘッダー・フッターの位置はページ端からの距離で決まる

ヘッダー・フッター用の場所はページの上余白と下余白に確保されます。ヘッダー・フッターの段落の位置は下図に示すオプションの設定で決まります。[デザイン] タブでも [ページ設定] ダイアログボックスでも設定できます。

▼ヘッダー・フッターの上下位置を決める

上余白または下余白をダブルクリックすると、ヘッダー・フッターと専用タブが呼び出される。

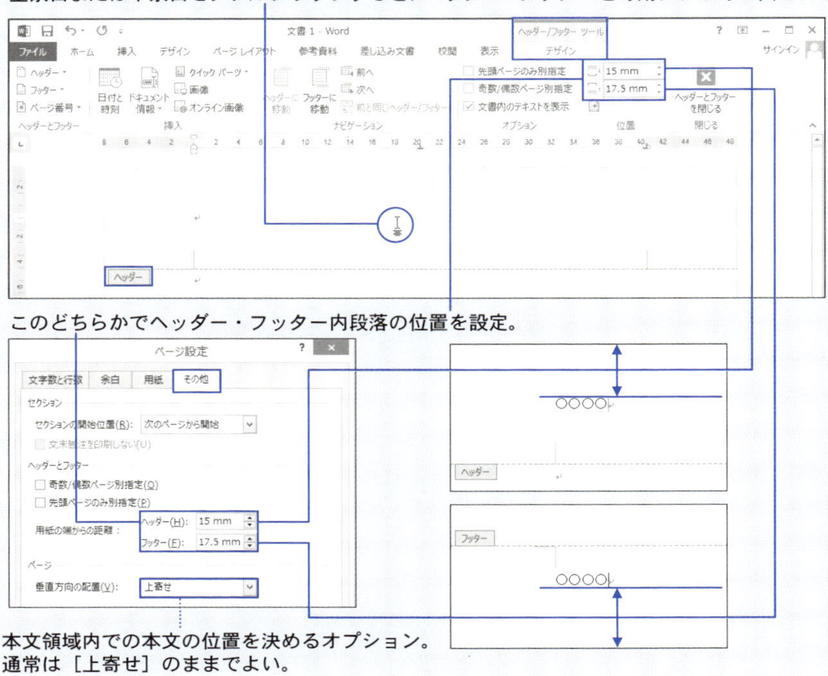

このどちらかでヘッダー・フッター内段落の位置を設定。

本文領域内での本文の位置を決めるオプション。通常は [上寄せ] のままでよい。

［ヘッダー：］はページの上端からヘッダー段落の上端まで、［フッター：］はページの下端からフッター段落の下端までの距離を指定します。

ヘッダー・フッター内には複数行を入力できますが、段落の上端・下端の位置が固定されているので、ここから本文までの空きが狭すぎるとヘッダー・フッターは本文に食い込むことになります。したがって、上下の余白および［ヘッダー：］［フッター：］はその分の余裕を持って設定してください。

ページ番号の振り分けには「奇数／偶数ページ別指定」を使う

奇数ページと偶数ページでページ番号の位置を左右に振り分けたり、ヘッダー・フッターの内容を使い分ける場合は［奇数／偶数ページ別指定］オプションをオンにします。また、先頭ページだけヘッダー・フッターの内容を変えるには［先頭ページのみ別指定］オプションをオンにします。

これらのオプションをオンにすると、奇数ページ用、偶数ページ用、先頭ページ用のヘッダー・フッターが用意されます。文書が1ページしかない場合は仮のページを用意すれば各ヘッダー・フッターを表示できます。

仮ページを作るには、［ページレイアウト］タブの［区切り］-［改ページ］をクリックする方法が簡単です。また、Ctrl＋Enter**キー**を使う方法を覚えておくと便利です。これで文字カーソル位置に「**改ページ記号**」が挿入されます。

改ページ記号は編集記号の一種なので、［ホーム］タブの［編集記号の表示／非表示］ボタンをオンにすれば表示されます。また、不要になったらDelete**キー**で削除できます。ページを削除しても、一度設定したヘッダー・フッターの内容は残るので、ページが増えればまた現れます。

▼奇数ページ、偶数ページ、先頭ページ用のヘッダー・フッターを作る

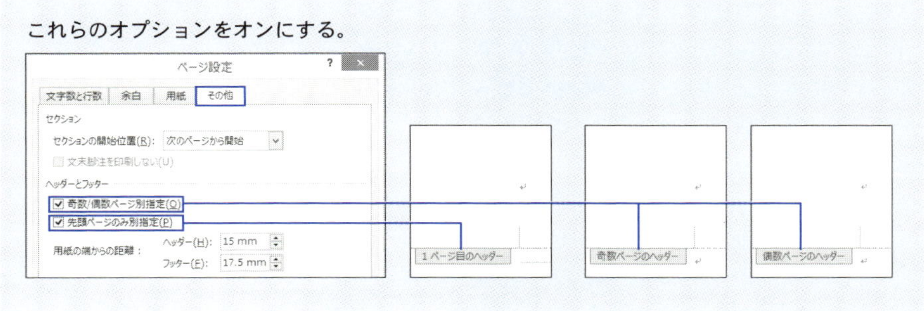

➤ページ番号を左右に振り分ける

奇数ページ・偶数ページでページ番号の位置を振り分けるには、それぞれのヘッダーまたはフッターにページ番号を挿入した上で、**一方の段落配置を「右揃え」に変更**します。横組みでは通常、奇数ページを右揃えにします。

▼ページ番号を挿入し、左右に振り分ける

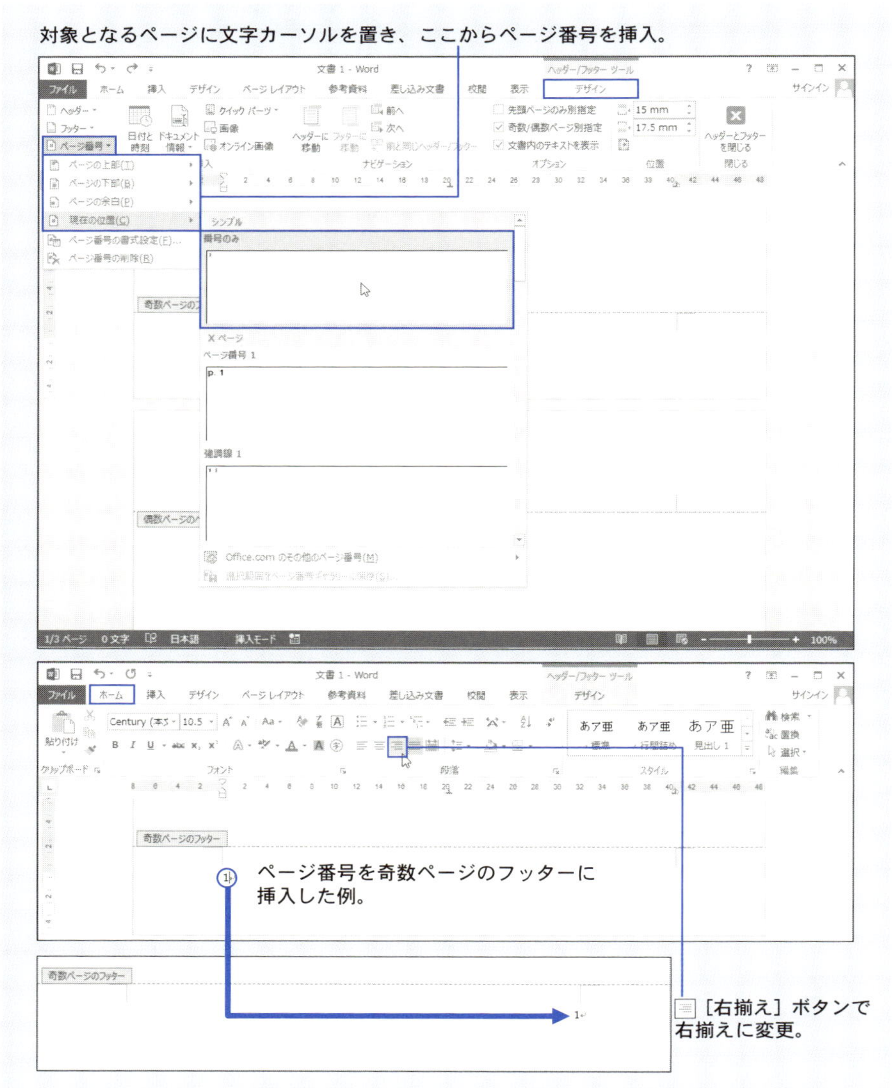
対象となるページに文字カーソルを置き、ここからページ番号を挿入。
ページ番号を奇数ページのフッターに挿入した例。
[右揃え] ボタンで右揃えに変更。

ページ番号は、［挿入］タブの［ヘッダーとフッター］グループから挿入することもできます。その場合はヘッダー・フッターを閉じた状態でも操作できますが、挿入するとヘッダー・フッターが開きます。

［ページ番号］ボタンのサブコマンドのうち［ページの上部］［ページの下部］［ページの余白］では所定の場所に挿入されるので、文字カーソルはどこに置いてもかまいません。［ページの余白］では、左右の余白部にテキストボックスが配置され、その中にページ番号が挿入されます。

前項でふれた［奇数／偶数ページ別指定］［先頭ページのみ別指定］オプションをオンにしている場合は、現在文字カーソルを置いている箇所が挿入の対象となります。

［現在の位置］は文字カーソル位置が対象となるので、必ず該当箇所に文字カーソルを置いてください。

ヘッダー・フッターはセクションごとに設定できる

文書を複数のセクションで区切ると、セクションごとにヘッダー・フッターが用意されます。［先頭ページのみ別指定］オプションはセクションごとに設定できますが、［奇数／偶数ページ別指定］オプションは次ページの図に示すように文書全体の共通仕様となります。

▼複数セクションからなる文書のヘッダー・フッター

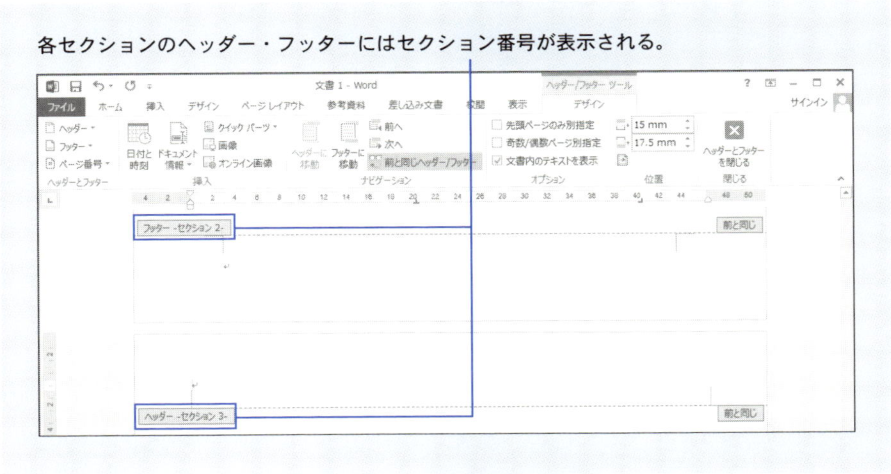

▼［奇数／偶数ページ別指定］オプションをオンにした場合

［奇数／偶数ページ別指定］オプションは全セクションに反映される。

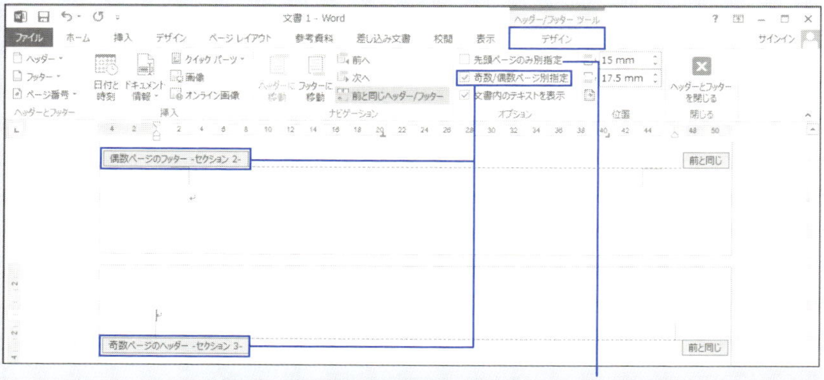

［先頭ページのみ別指定］オプションはセクションごとに設定できる。

ヘッダー・フッターの内容は、最初は前のセクションの内容を引き継ぐ設定になっているので、どのセクションで設定した内容も全セクションに反映されますが、引継ぎを解除すれば、独自の内容を設定できます。

引き継ぐかどうかはヘッダー・フッター別に設定します。**［先頭ページのみ別指定］［奇数／偶数ページ別指定］**オプションをオンにしている場合は、先頭ページ、奇数ページ、偶数ページのそれぞれについて設定します。

▼ヘッダー・フッターの引き継ぎを解除する

処理したいヘッダー・フッターに文字カーソルを置いてこのボタンをクリック。

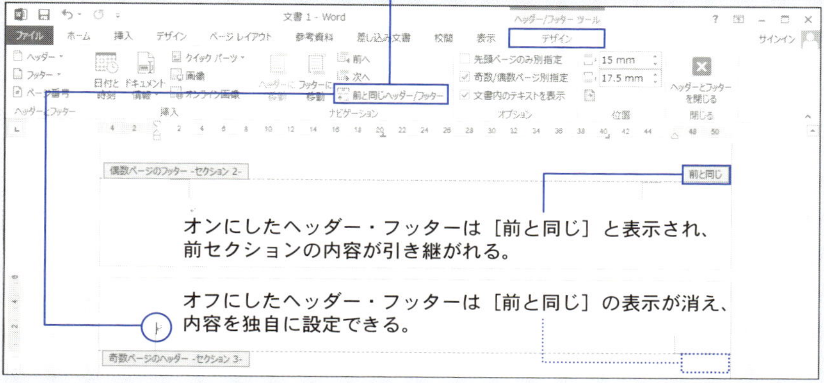

ページ番号はセクションごとに起番できる

最初の設定では、ページ番号は文書全体を通して連番になっています。たとえば目次付きの文書で本文からページ番号を起こし直す場合は、本文の直前にセクション区切りを入れ、本文セクションのページ番号の起番を設定します。

下図はヘッダー・フッター画面で［デザイン］タブを使っていますが、ヘッダー・フッターを閉じた状態、つまり本文画面の［挿入］タブの［ページ番号］ボタンからも操作できます。

なお、前項でふれた「ヘッダー・フッターの引き継ぎ」はページ番号の情報とは無関係で、この引き継ぎを解除しても下図の［前のセクションから継続］オプションを選択すれば前セクションからの連番になります。また、引き継ぎを維持しても［開始番号］オプションを選択すればあらたに起番されます。

▼途中のセクションからページ番号を起こし直す

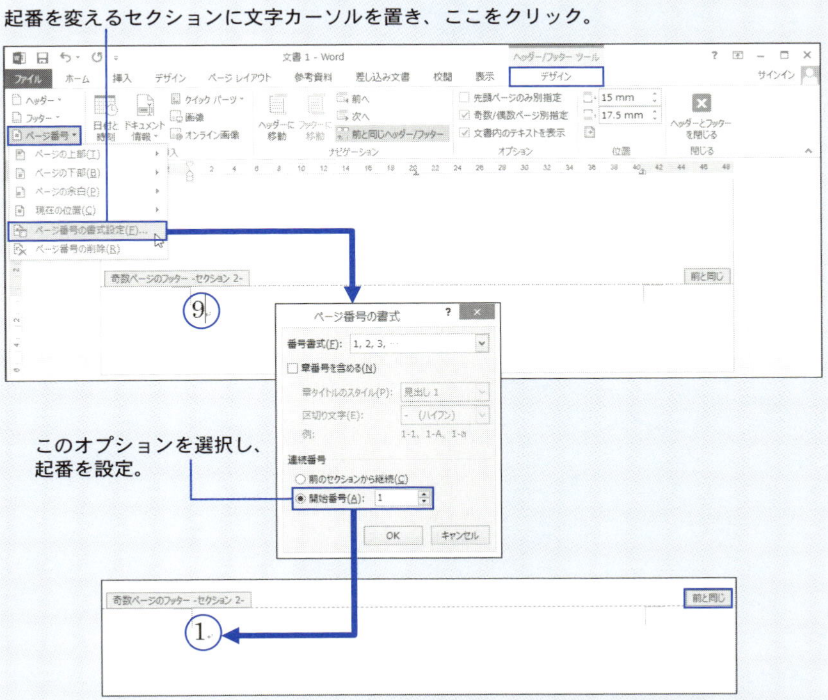

ヘッダー・フッターの引き継ぎと無関係に、ページ番号の起番を設定できる。

ヘッダー・フッターの書式統一は専用の段落スタイルで

［先頭ページのみ別指定］［奇数／偶数ページ別指定］オプションは使わず、56ページでふれたヘッダー・フッターの引き継ぎを解除していなければ、ヘッダー・フッターの内容は文書全体に共通です。このような場合は文字書式や段落書式を直接変更してもかまいません。

しかし、オプションを使ったり引き継ぎを解除すると、各所のヘッダー・フッター内容はそれぞれ独立することになり、書式の直接変更では手間がかかるだけでなく、不統一も起こしやすくなります。

このような場合は、ヘッダー・フッターの段落に最初から適用されている［ヘッダー］スタイル、［フッター］スタイルの書式を変えれば、各所のヘッダー・フッターの書式をまとめて変えることができます。

段落スタイルについてはPart3で詳しく解説します。

▼ヘッダー・フッターの書式は段落スタイルで処理するのが基本

ヘッダー段落、フッター段落にはそれぞれ専用の段落スタイルが適用されている。

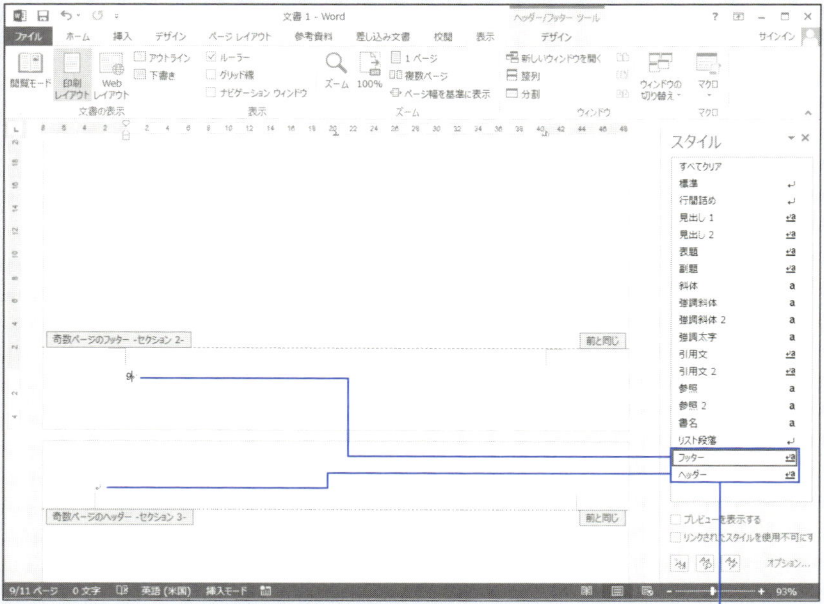

これらの段落スタイルの書式内容を変えれば、文書内の該当箇所すべての書式が変わる。

ヘッダー・フッター内の文字揃えには「タブ」を使う

ヘッダー・フッターに、たとえば文書名や作成日などの情報を入れる場合によく見かけるのが、各情報を左・中央・右に振り分ける形式です。このような形式にするにはタブ文字を使う方法と「**整列タブ**」を使う方法があります。

➤「中央揃え」タブと「右揃え」タブを使う場合はアレンジが必要

タブ文字とタブ位置の設定については79ページ「**段落内の文字位置はタブ文字で揃える**」であらためて解説しますが、ヘッダー・フッターとの関連で少しだけふれておきます。

前項でふれた［ヘッダー］スタイル、［フッター］スタイルには最初から「中央揃え」タブと「右揃え」タブが設定されています。そのため Tab **キー**でタブ文字を挿入すれば、続く語句を中央・右端に揃えることができます。

ただし、これらのタブ位置は「白紙の文書」テンプレートの最初の設定、つまり「A4 判」で左右の余白「30mm」に合わせて設定されているので、**判型や余白サイズを変えた場合はタブ位置の設定も変える**必要があります。ちなみに、Word2010/2007 起動時の「文書 1」は「白紙の文書」から作られています。

▼「中央揃え」タブと「右揃え」タブを使う

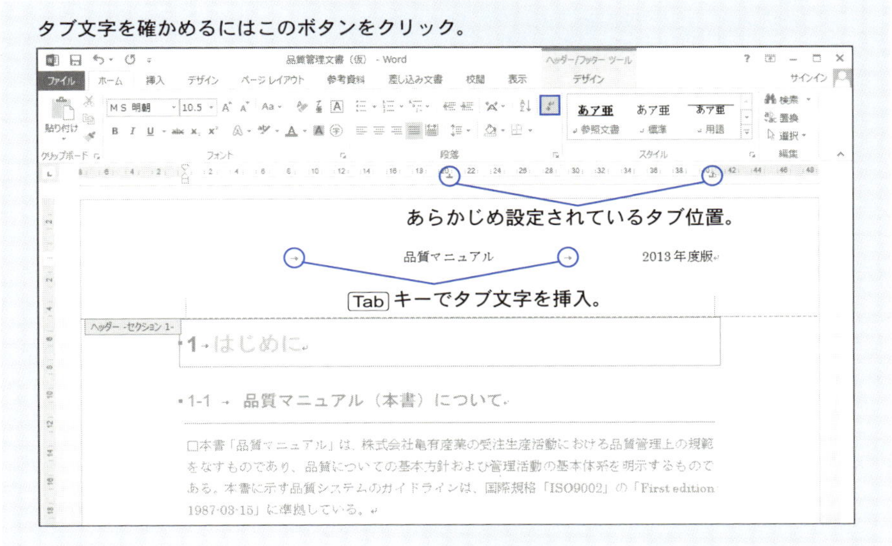
タブ文字を確かめるにはこのボタンをクリック。
品質管理文書（仮） - Word
あらかじめ設定されているタブ位置。
品質マニュアル
2013 年度版
Tab キーでタブ文字を挿入。
ヘッダー -セクション 1-
1 はじめに
1-1 品質マニュアル（本書）について
本書「品質マニュアル」は、株式会社亀有産業の受注生産活動における品質管理上の規範をなすものであり、品質についての基本方針および管理活動の基本体系を明示するものである。本書に示す品質システムのガイドラインは、国際規格「ISO9002」の「First edition 1987-03-15」に準拠している。

＞「整列タブ」は専用ボタンで挿入

整列タブはタブ位置とは無関係の機能で、余白端または左右のインデントを基準に、その左・中央・右に揃えることができます。普通のタブ文字の入力とは異なり、Tabキーではなく［デザイン］タブの［整列タブの挿入］ボタンを使います。整列タブは、Back SpaceキーやDeleteキーで削除できます。

▼「整列タブ」を使う

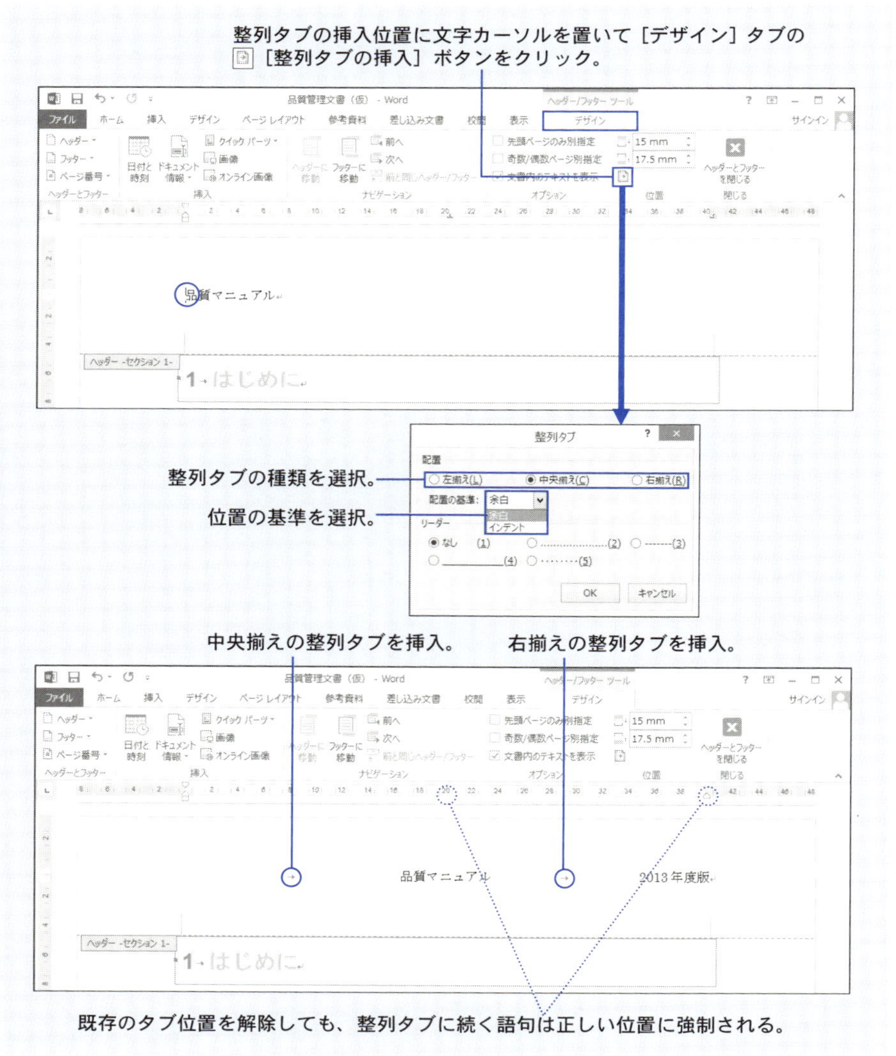
整列タブの挿入位置に文字カーソルを置いて［デザイン］タブの
［整列タブの挿入］ボタンをクリック。
整列タブの種類を選択。
位置の基準を選択。
中央揃えの整列タブを挿入。
右揃えの整列タブを挿入。
既存のタブ位置を解除しても、整列タブに続く語句は正しい位置に強制される。

Column ヘッダー・フッターの文書パーツ

Word には最初からヘッダー・フッター用の文書パーツが用意されており、挿入した文書パーツに文書のタイトルなどの必要事項を入力するだけでそれなりの体裁に仕上げることができます。

中には奇数ページ用、偶数ページ用と表示されているものもありますが、それらを選択しても自動的に奇数ページあるいは偶数ページに振り分けられるわけではありません。これらの文書パーツを利用する場合は、必ず文字カーソルを該当するヘッダー・フッターに置いてから操作してください。

▼ヘッダー・フッター用の文書パーツを利用する

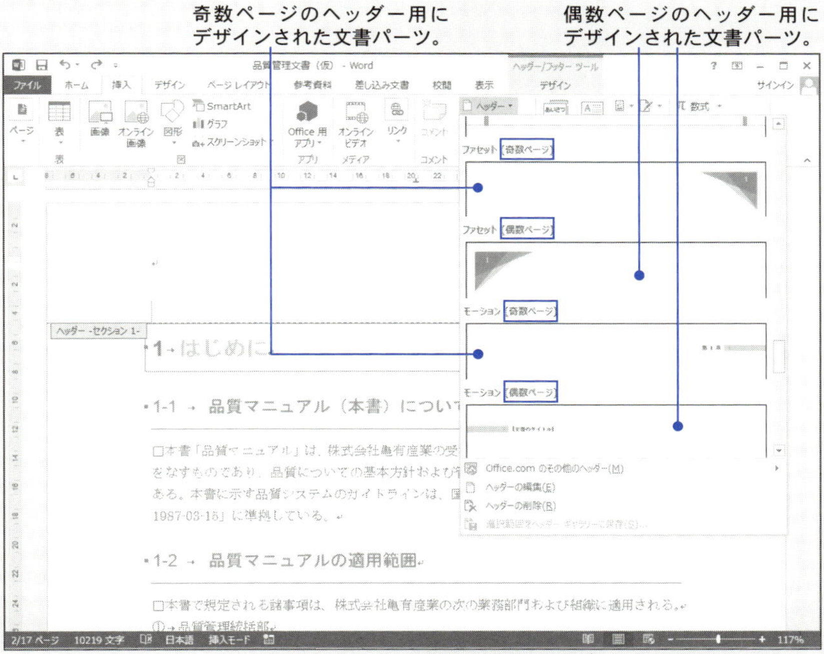
奇数ページのヘッダー用にデザインされた文書パーツ。
偶数ページのヘッダー用にデザインされた文書パーツ。

試してみよう～ワンポイントレッスン

☑基本フォントサイズを「9pt」に変えてみよう

このPart1ではページ設定の手順を中心に解説しました。そのおさらいを兼ねて、簡単なレッスンを試してみましょう。Wordの最初の設定では、基本フォントサイズは「10.5pt」に設定されています。A4判では妥当なサイズですが、判型が異なれば、フォントサイズも変えないとバランスがよくありません。まずは基本フォントサイズを「9pt」に変え、次のレッスンで判型を変えてみてください。ヒントは38ページ「行数と文字数は基本フォントサイズで決まる」です。変化がわかりやすいように、適当な文章を入力してみるとよいでしょう。Part0のレッスンを試していたら、その文書を利用してもかまいません。

イメージ確認用に適当な文章を入力。下図は33ページのレッスンの例を流用。

現在の設定は「10.5pt」。　基本フォントサイズを変えるにはここから操作。

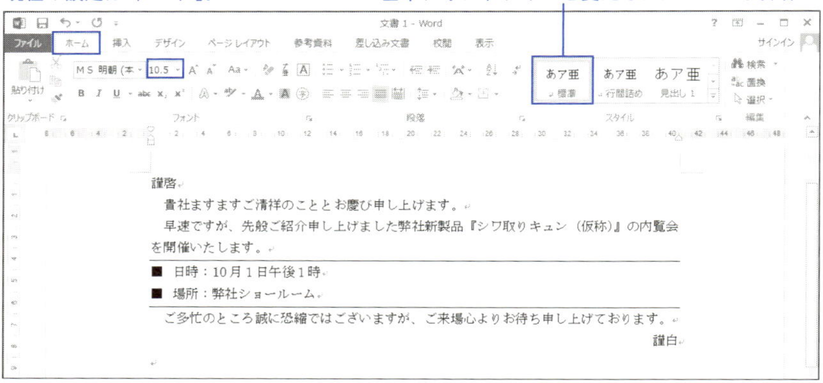

解説

基本フォントサイズとは［標準］スタイルのフォントサイズのことです。スタイルのフォントサイズを変えるには、［ホーム］タブのスタイル名を右クリックして［スタイルの変更］ダイアログボックスを呼び出します。

［標準］が一覧に見えない場合はここをクリック。

［標準］を右クリックし、
［変更...］をクリック。

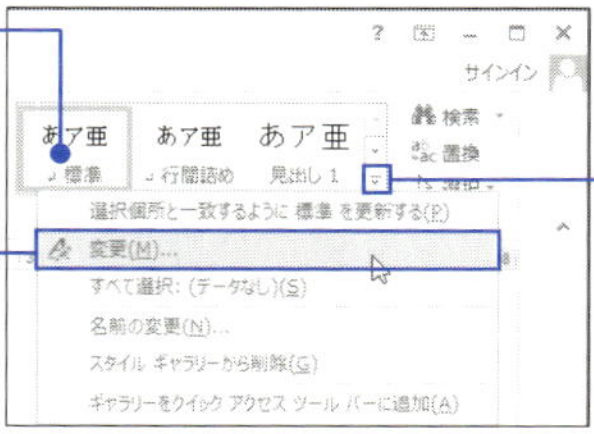

ここを「9pt」に変える。

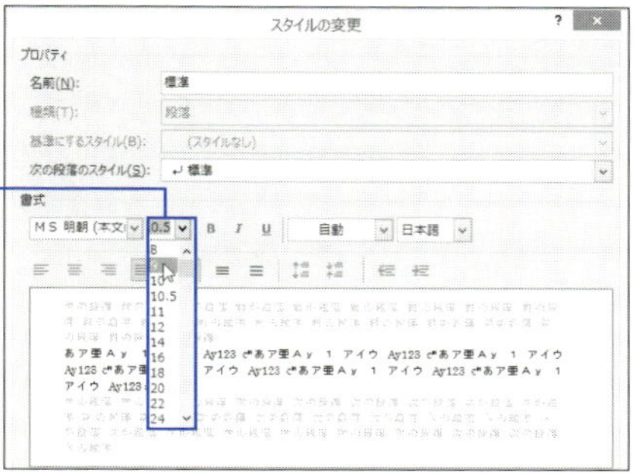

[標準]スタイルを適用した段落のフォントサイズが「9pt」に変わる。

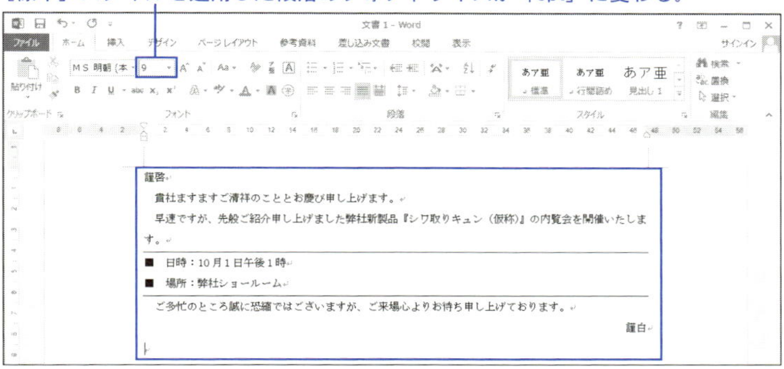

☑印刷形式を「袋とじ」に変え、余白の大きさを変えてみよう

印刷形式を「袋とじ」にすると、1 ページのサイズは用紙サイズの半分になります。用紙サイズ A4 判であれば A5 判です。一般に、A5 判の本文は 9pt 程度が適切とされているので、前項で「9pt」に変えた文書を利用して印刷形式を変えてみましょう。ただし、そのままでは余白が大きすぎるので、上下左右とも「20mm」に変えてみてください。どのような順序でも設定はできますが、少しでもムダを省くなら、40 ページ「ページ設定ダイアログボックスでの正しい設定手順」を思い出してください。

最初の設定では「A4」判になっているはず。

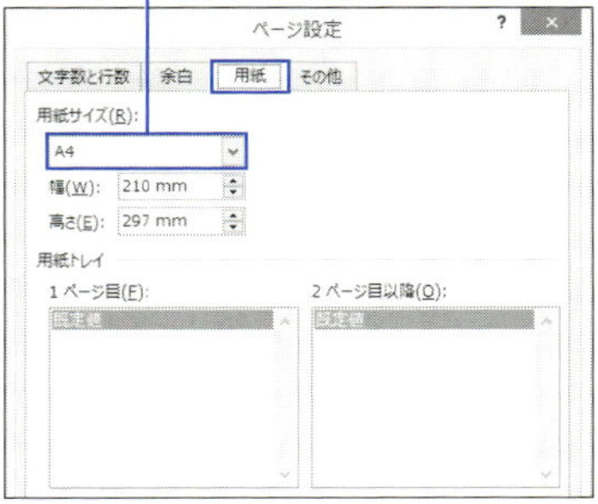

用紙サイズは変えずに、[袋とじ][横]、各余白「20mm」に変更。

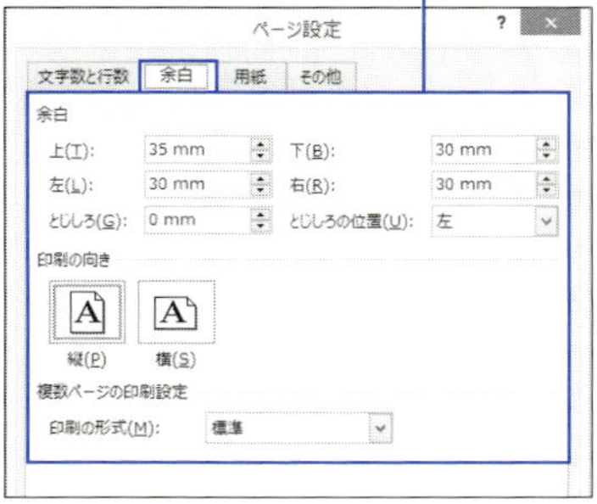

解説

［余白］タブは、［印刷の形式］→［印刷の向き］→［余白］の順に設定すればムダがありません。［余白］の値変更はスピンボタン でもできますが、直接入力した方が素早く操作できます。まず先頭の余白値欄をクリックし、あとは Tab キーまたは Shift ＋ Tab キーで項目間を移動します。

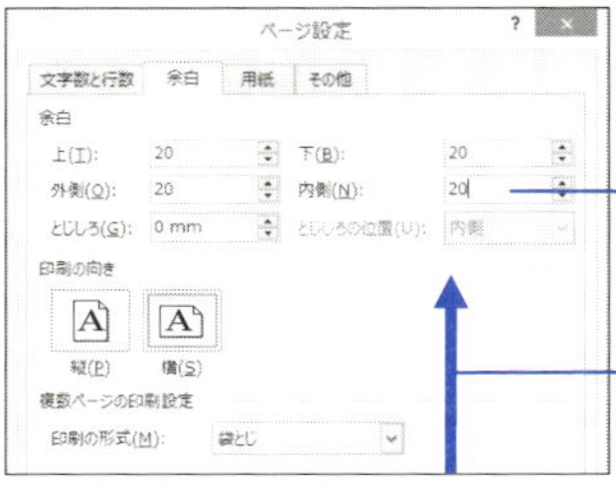

値を直接入力してもよい。単位を省くと既定の単位（この場合は「mm」）になる。［OK］ボタンをクリックし、ダイアログボックスを開き直すと単位付きで表示される。

下から順に設定するのがムダのない手順。

☑行数を変え、結果をグリッド線で確かめてみよう

前のレッスンで、基本フォントサイズを 9pt に変え、印刷形式と余白を変えました。行送りは一般にフォントサイズの 1.5 倍から 2 倍程度が適切とされています。本文幅が広ければ大きく、本文幅が狭ければ小さくするのが基本です。
また、手紙では行送りを大きくした方が行間が生きますが、ビジネス文書では冗長に見える場合もあります。手持ちの文書があれば、行送りを変え、紙面の印象の変化を比べてみてください。また、49 ページで紹介したグリッド線を表示し、ページ設定の行送りがどのように反映されているか、確かめてみてください。

解説

行送りを変える場合でも、基本的には［行数］の方を調整します。理由は 49 ページ「行数優先、行送りなりゆきがお勧め」で解説したとおりです。

［行数］を調整し、［行送り］はなりゆきにするのがお勧め。

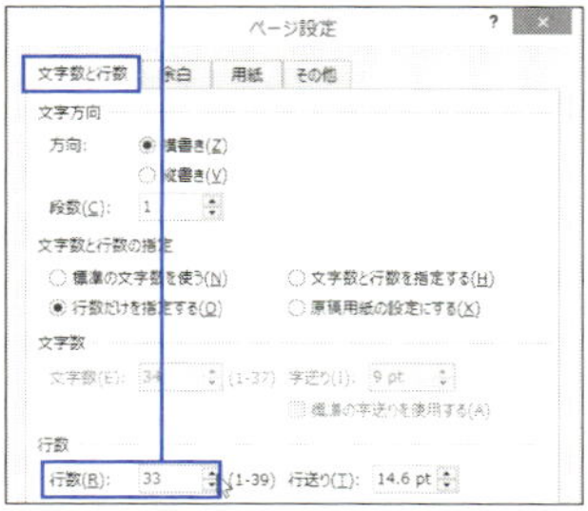

左図の設定でグリッド線を表示した例。
段落罫線を使うと、以降の段落はグリッド線からずれてしまう。この件については 105 ページ「上下の段落罫線を付けると段落の高さが変わる」で解説。

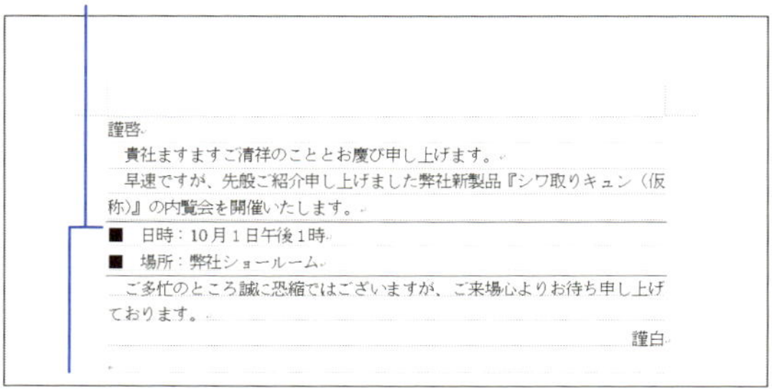

Wordの「段落」を理解していますか？

～すべての基本は段落にあり

Part 2

行間を狭くできない、箇条書きの字下げを調整できない、段落の間に罫線を引けない、設定した書式の取り消しが面倒……いずれも「段落」についての疑問です。Wordの「段落」をきちんと理解すれば、このような処理を自在にこなせるようになります。思い込みを捨てて、ぜひ再入門してみてください。これまでの疑問がスッキリ解決できるかもしれません。

2-1 段落の書式を見直してみよう

Wordの「段落」とは段落記号↵で区切られた文字範囲のことです。段落書式の設定手順はどんな入門書にも載っていますが、手順を覚えるだけでは思いどおりの結果を得られるとは限りません。段落書式を使いこなすには、書式のしくみを理解することが大切です。

Word文書の基本書式は段落単位で決まる

フォントの種類やフォントサイズ、「太字」や「下線」など、文字単位で設定する書式を**「文字書式」**、インデントや行送りなど、段落単位で設定する書式を**「段落書式」**と呼びます。

段落書式にはこのほか、「中央揃え」や「右揃え」といった**「段落配置」**、段落全体を飾る**「段落罫線」「段落の網かけ」**などがあります。

手紙や回覧など、文字だけの簡単な文書であれば、段落書式を活用するだけで仕上げることも可能です。この意味で、「段落書式」はWord文書の体裁を決める最も重要な機能と言うことができます。

▼これらはすべて「段落書式」

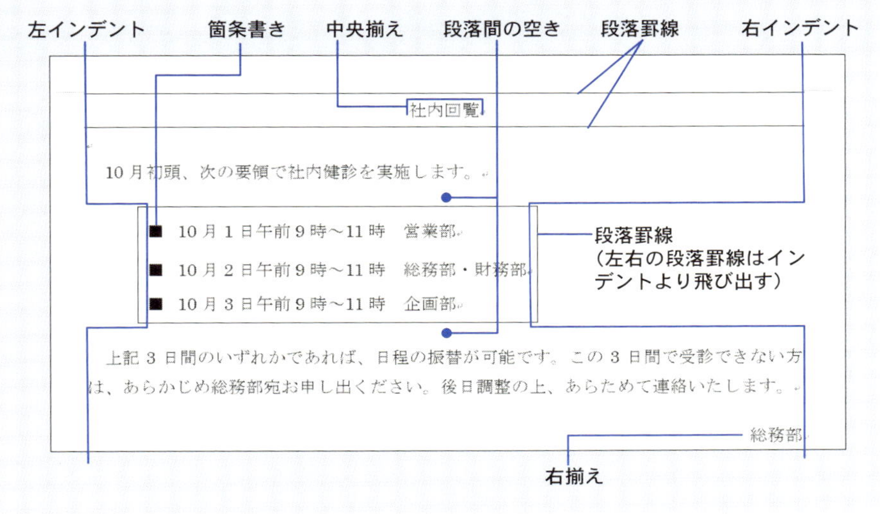
左インデント
箇条書き
中央揃え
段落間の空き
段落罫線
右インデント
社内回覧
10月初頭、次の要領で社内健診を実施します。
■ 10月1日午前9時～11時　営業部
■ 10月2日午前9時～11時　総務部・財務部
■ 10月3日午前9時～11時　企画部
段落罫線
(左右の段落罫線はインデントより飛び出す)
上記3日間のいずれかであれば、日程の振替が可能です。この3日間で受診できない方は、あらかじめ総務部宛お申し出ください。後日調整の上、あらためて連絡いたします。
総務部
右揃え

段落か文字か〜範囲選択は「段落記号」がポイント

段落書式を設定するには、あらかじめ対象となる範囲を選択します。書式設定関連のボタンのほとんどは段落書式用と文字書式用にわかれており、これらを使う場合は範囲選択にとくに気をつかう必要はありません。

▼段落書式専用ボタンを使う場合の範囲選択

段落内に文字カーソルを置いて[中央揃え]ボタンをクリック。

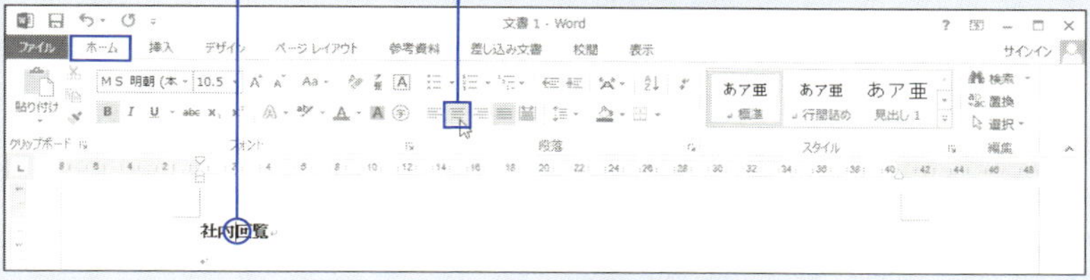
文書 1 - Word
ファイル
ホーム
挿入
デザイン
ページ レイアウト
参考資料
差し込み文書
校閲
表示
社内回覧

段落にまたがる範囲を選択して[箇条書き]ボタンをクリック。

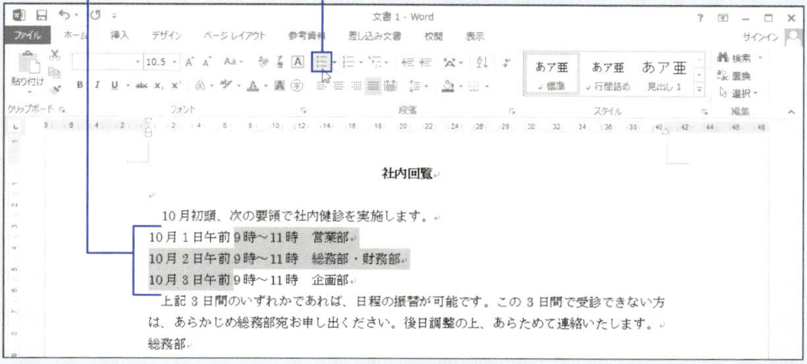
文書 1 - Word
社内回覧
10 月初頭、次の要領で社内健診を実施します。
10 月 1 日午前 9 時〜11 時　営業部
10 月 2 日午前 9 時〜11 時　総務部・財務部
10 月 3 日午前 9 時〜11 時　企画部
上記 3 日間のいずれかであれば、日程の振替が可能です。この 3 日間で受診できない方は、あらかじめ総務部宛お申し出ください。後日調整の上、あらためて連絡いたします。
総務部

段落内に文字カーソルを置いて[右揃え]ボタンをクリック。

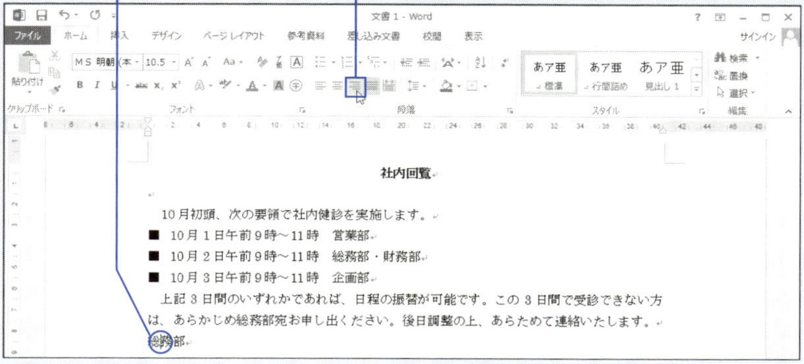
文書 1 - Word
社内回覧
10 月初頭、次の要領で社内健診を実施します。
■ 10 月 1 日午前 9 時〜11 時　営業部
■ 10 月 2 日午前 9 時〜11 時　総務部・財務部
■ 10 月 3 日午前 9 時〜11 時　企画部
上記 3 日間のいずれかであれば、日程の振替が可能です。この 3 日間で受診できない方は、あらかじめ総務部宛お申し出ください。後日調整の上、あらためて連絡いたします。
総務部

前ページの図に示したように、たとえば文書の表題を中央揃えにする場合はその段落内に文字カーソルを置いて［中央揃え］ボタンをクリックすればよく、あえて段落全体を選択する必要はありません。複数段落にまとめて設定する場合は、複数段落にまたがる範囲を選択すればよく、複数段落の文字範囲全体をていねいに選択する必要はありません。

➤均等割り付けと罫線関係のボタンに注意

［均等割り付け］ボタンと、［下罫線］ボタンなどの罫線関係のボタンは、処理の対象が段落か文字かによって結果が異なるので注意が必要です。

すでに32ページの図「**段落記号の扱いによって結果が異なる**」で紹介したように、段落記号↵を含まない範囲に対して［均等割り付け］ボタンを使うと文字が対象となり、「**文字の均等割り付け**」が働きます。

同様に、段落記号↵を含まない範囲に対して［下罫線］ボタンを使うと文字の「**囲み線**」になり、含む範囲に対して使うと段落に下罫線が付きます。の▾で表示される他の罫線関係ボタンでも同様です。

▼［下罫線］ボタンは選択範囲によって結果が異なる

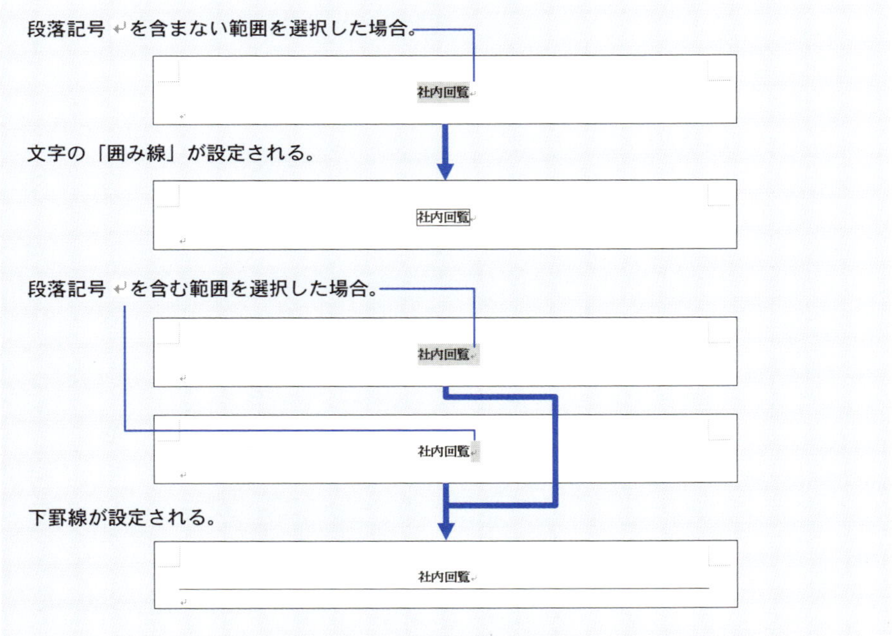
段落記号↵を含まない範囲を選択した場合。
社内回覧
文字の「囲み線」が設定される。
社内回覧
段落記号↵を含む範囲を選択した場合。
社内回覧
社内回覧
下罫線が設定される。
社内回覧

2-2 段落の位置は「段落配置」と「インデント」で決める

段落の体裁を決める一番大きな要素は「段落配置」「段落の折り返し」「行高」の3つです。これらを処理する最善の方法は、当然ながら、Wordの仕様をきちんと理解し、正しい手順で操作することです。「場当たり式」では余計な手間がかかり、イライラがつのるばかりです。

本文は「両端揃え」が基本

段落配置には「両端揃え」「左揃え」「中央揃え」「右揃え」の4種類があります。「中央揃え」と「右揃え」は一目でわかりますが、和文の場合、「両端揃え」と「左揃え」の違いは微妙です。

▼「両端揃え」と「左揃え」の違い

「両端揃え」の例。右端がインデントの位置に揃う。

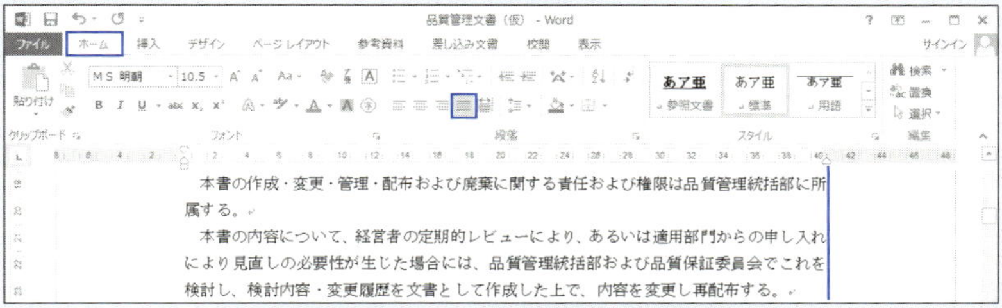
品質管理文書（仮） - Word
本書の作成・変更・管理・配布および廃棄に関する責任および権限は品質管理統括部に所属する。
本書の内容について、経営者の定期的レビューにより、あるいは適用部門からの申し入れにより見直しの必要性が生じた場合には、品質管理統括部および品質保証委員会でこれを検討し、検討内容・変更履歴を文書として作成した上で、内容を変更し再配布する。

「左揃え」の例。文字間隔が優先され、右端はなりゆきになる。

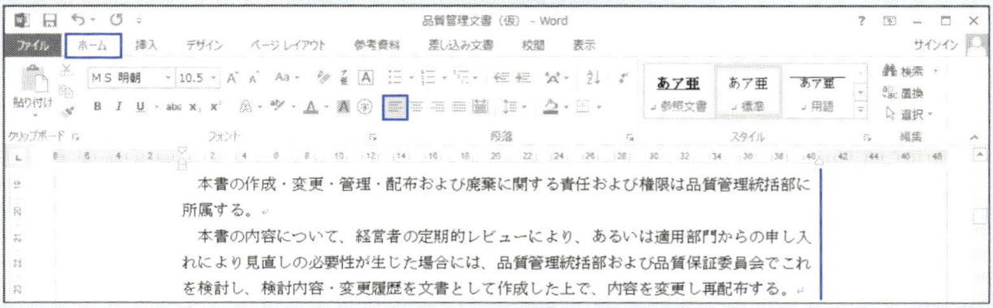
品質管理文書（仮） - Word
本書の作成・変更・管理・配布および廃棄に関する責任および権限は品質管理統括部に所属する。
本書の内容について、経営者の定期的レビューにより、あるいは適用部門からの申し入れにより見直しの必要性が生じた場合には、品質管理統括部および品質保証委員会でこれを検討し、検討内容・変更履歴を文書として作成した上で、内容を変更し再配布する。

欧文では「左揃え」の例もよく見かける。

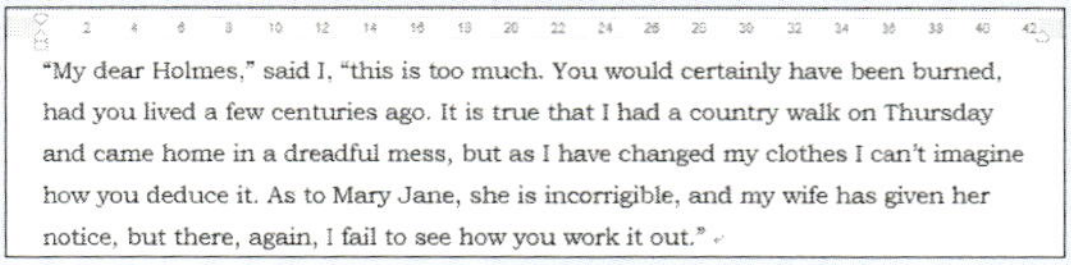
“My dear Holmes,” said I, “this is too much. You would certainly have been burned, had you lived a few centuries ago. It is true that I had a country walk on Thursday and came home in a dreadful mess, but as I have changed my clothes I can't imagine how you deduce it. As to Mary Jane, she is incorrigible, and my wife has given her notice, but there, again, I fail to see how you work it out.”

「両端揃え」では段落の両端が左右のインデントに揃うように文字間隔が調整されますが、「左揃え」では文字間隔が優先され、右端はなりゆきになります。ただし、「両端揃え」でも段落が1行しかない場合および段落の最終行に限っては「左揃え」になります。和文の本文では「両端揃え」が基本ですが、英文では「左揃え」もよく使われます。

段落の折り返し位置はインデントで調整

文字を入力すると、自動的に左右のインデントの位置で折り返されます。インデントの位置は段落ごとに自由に変えることができます。方法はいくつかありますが、きちんと設定するには［ページレイアウト］タブの［インデント］を使う方法が便利です。

最初の設定では［ページ設定］ダイアログボックスの［字送り］単位になっており、をクリックすると「0.5字」刻みでインデントが変わります。また、「10mm」などのように単位付きで入力することもできます。

▼インデントを調整する

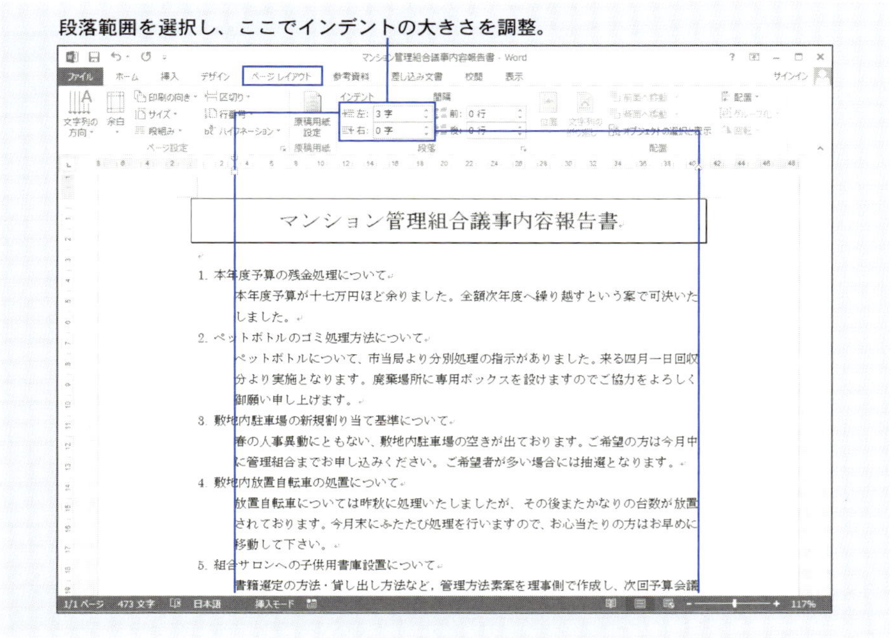
段落範囲を選択し、ここでインデントの大きさを調整。
マンション管理組合議事内容報告書 - Word
ページレイアウト
インデント
左: 3字
右: 0字
マンション管理組合議事内容報告書
1. 本年度予算の残金処理について
本年度予算が十七万円ほど余りました。全額次年度へ繰り越すという案で可決いたしました。
2. ペットボトルのゴミ処理方法について
ペットボトルについて、市当局より分別処理の指示がありました。来る四月一日回収分より実施となります。廃棄場所に専用ボックスを設けますのでご協力をよろしく御願い申し上げます。
3. 敷地内駐車場の新規割り当て基準について
春の人事異動にともない、敷地内駐車場の空きが出ております。ご希望の方は今月中に管理組合までお申し込みください。ご希望者が多い場合には抽選となります。
4. 敷地内放置自転車の処置について
放置自転車については昨秋に処理いたしましたが、その後またかなりの台数が放置されております。今月末にふたたび処理を行いますので、お心当たりの方はお早めに移動して下さい。
5. 組合サロンへの子供用書庫設置について
書籍選定の方法・貸し出し方法など、管理方法素案を理事側で作成し、次回予算会議

前ページの図のように同じインデントを設定したい箇所がたくさんある場合、各所でインデント設定の操作を繰り返す必要はありません。まずどこかでインデントを設定し、あとは各所の段落内をクリックして F4 **キー**を押せば、同じインデントが設定されます。 F4 **キー**は、直前に行った操作を繰り返すショートカットキーです。詳しくは 91 ページのコラム「**同じ書式設定をショートカットキーで繰り返す**」をご参照ください。

➤「字送り」単位のインデント調整はインデントボタンが便利

前ページの図で紹介した［ページレイアウト］タブでは、インデントの大きさを「字」「mm」「pt」などの単位で自由に設定できますが、「字」単位、つまり［ページ設定］ダイアログボックスの［字送り］に合わせて左インデントを設定する場合は［ホーム］タブの［インデントを増やす］ボタンが便利です。

段落範囲を選択してこのボタンをクリックすると、そのたびに左インデントが 1 字送り分右にずれていきます。

ずらしたインデントを解除するには、［ホーム］タブの［インデントを減らす］ボタンをクリックします。

▼インデントボタンで左インデントを調整する

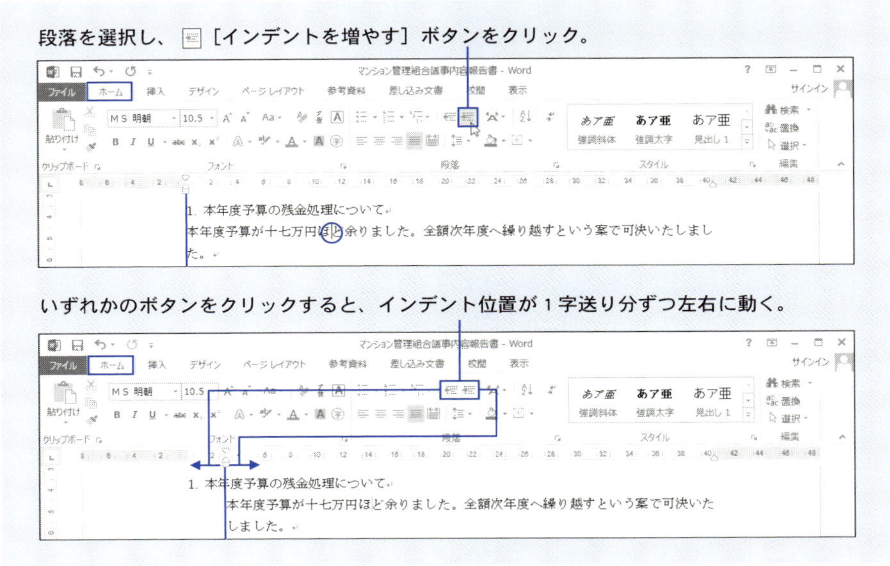
段落を選択し、［インデントを増やす］ボタンをクリック。
マンション管理組合議事内容報告書 - Word
1. 本年度予算の残金処理について
本年度予算が十七万円ほど余りました。全額次年度へ繰り越すという案で可決いたしました。
いずれかのボタンをクリックすると、インデント位置が 1 字送り分ずつ左右に動く。
マンション管理組合議事内容報告書 - Word
1. 本年度予算の残金処理について
本年度予算が十七万円ほど余りました。全額次年度へ繰り越すという案で可決いたしました。

➤インデントマーカーはグリッド線との併用が基本

インデントは水平ルーラーの「インデントマーカー」でも調整できます。インデントマーカーのドラッグ位置は一定の間隔で強制されますが、この位置は水平ルーラーの目盛りとは無関係です（78ページのコラム「使用単位のオプションとルーラーの目盛り」参照）。

インデントマーカーを「字」の単位でドラッグするには、グリッド線の間隔を「1字」に設定し、グリッド線を表示します。グリッド線の表示は、[配置]-[グリッド線の表示]で切り替えることができます。頻繁に切り替える場合は Alt 、 V 、 G キーを順に押す方法を覚えておくと便利です。

▼グリッド線のオプションを設定する

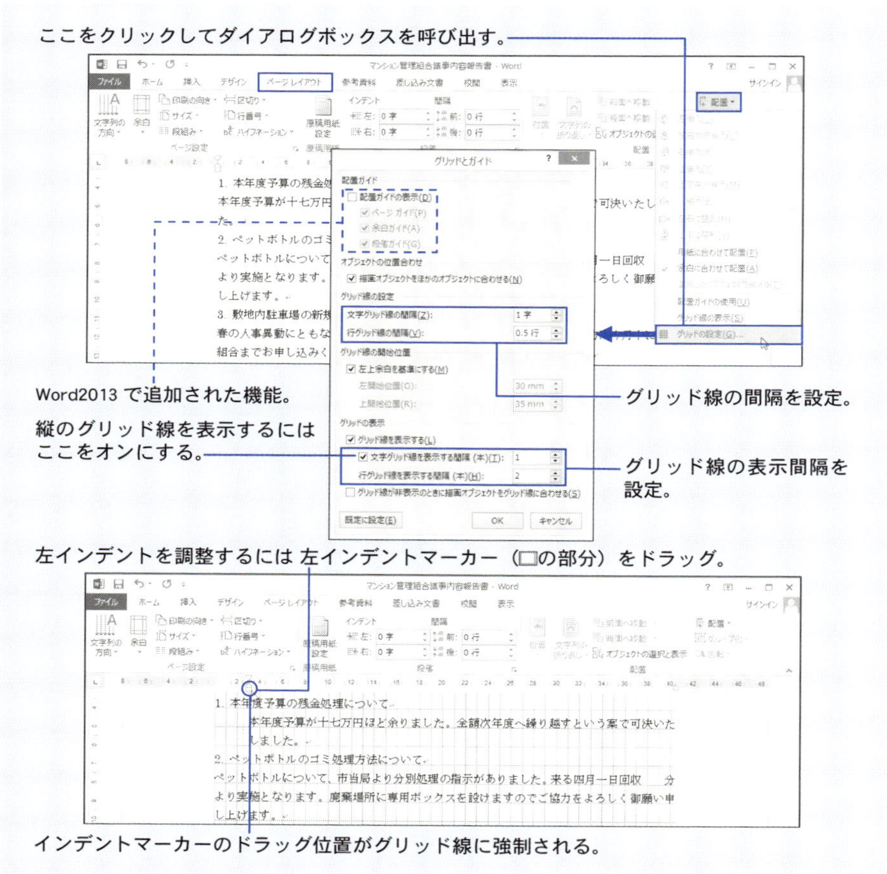
ここをクリックしてダイアログボックスを呼び出す。
Word2013で追加された機能。
縦のグリッド線を表示するにはここをオンにする。
グリッド線の間隔を設定。
グリッド線の表示間隔を設定。
左インデントを調整するには左インデントマーカー（□の部分）をドラッグ。
インデントマーカーのドラッグ位置がグリッド線に強制される。

Column スペース文字による行端調整は最悪の方法

意外なほどよく見かけるのが、段落の折り返し位置を、スペース文字などで調整している例です。

それで差し支えない場合もありますが、手間がかかります。まして、段落書式の通常の設定では 2 行目以降の行頭スペースは前行末尾に送られるため、スペースで字下げすることはできません。

なお、下図の例を試す場合は 20 ページの図「入力オートフォーマットの設定を確かめる」でふれた入力オートフォーマットの［Tab/Space/ Backspace キーでインデントとタブの設定を変更する］オプションをオフにしてください。オンの状態では 76 ページの図「入力オートフォーマットで字下げインデントを調整する」のようにスペース文字がインデントに置き換わり、下図のような結果にはなりません。

▼2 行目以降の行頭をスペース文字で字下げすることはできない

2 行目の行頭に全角スペースを入れようとした例。

通常の設定では、2 行目以降の行頭のスペース文字は前行末尾に送られる。

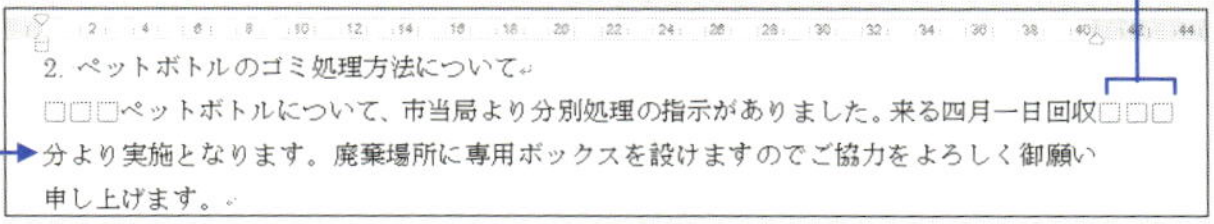
2. ペットボトルのゴミ処理方法について
□□□ペットボトルについて、市当局より分別処理の指示がありました。来る四月一日回収□□□
分より実施となります。廃棄場所に専用ボックスを設けますのでご協力をよろしく御願い
申し上げます。

上図の解決策として、下図のように 1 行ごとに段落を区切っている例を見かけますが、これは最悪の方法です。

「両端揃え」の段落でも 1 行しかなければ「左揃え」になるので、行ごとに区切ると右端が不揃いになってしまいます。また、手直しによって 1 文字でも増減すれば、折り返し位置の調整に大変な手間がかかることになります。

▼「スペース文字」による字下げ調整は最悪の方法

全角スペースで字下げ。

行ごとに区切ると各行が「左揃え」になるため、右端は不揃いになる。

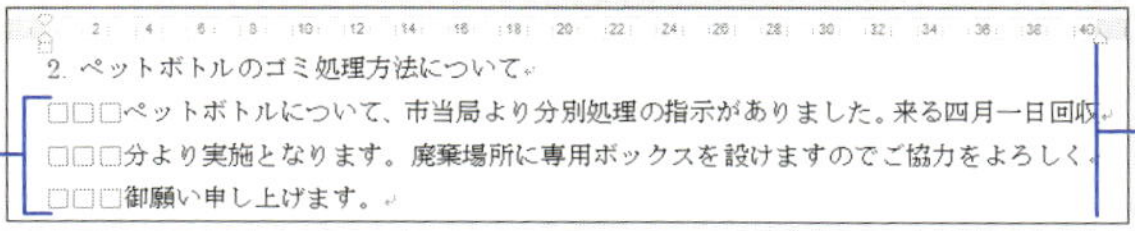
2. ペットボトルのゴミ処理方法について
□□□ペットボトルについて、市当局より分別処理の指示がありました。来る四月一日回収
□□□分より実施となります。廃棄場所に専用ボックスを設けますのでご協力をよろしく
□□□御願い申し上げます。

70 ページ「段落の折り返し位置はインデントで調整」でふれたように、インデントを活用すれば手間がかからず、「両端揃え」できれいに揃えることができます。

段落先頭の字下げ……スペースとインデントは一長一短

段落の先頭を 1 字分空けるには、全角スペースを使う方法と「**字下げインデント**」を使う方法があります。字下げインデントとは段落の先頭行を 2 行目以降よりも大きく字下げする書式です。

›スペースによる字下げはフォントの種類に注意

スペースによる方法は手軽なので、手紙のような文書ではそれでもかまいません。ただし、ひとつだけ注意点があります。それはフォントの種類です。

フォントには、文字幅一定の「**固定ピッチフォント**」と、文字によって文字幅が異なる「**変動ピッチフォント**」がありますが、下図に示すように、後者の全角スペースはフォントサイズより狭いものがほとんどです。

したがって、全角スペースで字下げする場合は固定ピッチフォントを使う必要があります。たとえば「MS 明朝」「MS ゴシック」は固定ピッチ、「MSP 明朝」「MSP ゴシック」は変動ピッチです。

▼全角スペースによる字下げはフォントに注意

固定ピッチフォント「MS 明朝」の例。　全角スペースの文字幅はフォントサイズと同じ。

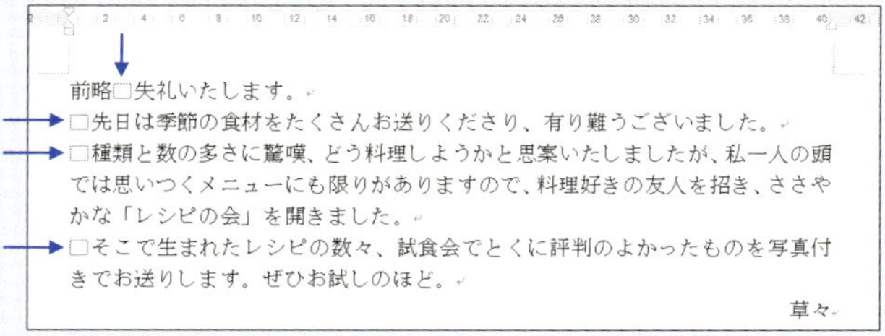
前略□失礼いたします。
□先日は季節の食材をたくさんお送りくださり、有り難うございました。
□種類と数の多さに驚嘆、どう料理しようかと思案いたしましたが、私一人の頭では思いつくメニューにも限りがありますので、料理好きの友人を招き、ささやかな「レシピの会」を開きました。
□そこで生まれたレシピの数々、試食会でとくに評判のよかったものを写真付きでお送りします。ぜひお試しのほど。
草々

変動ピッチフォント「MSP 明朝」の例。　全角スペースの文字幅はフォントサイズより狭い。

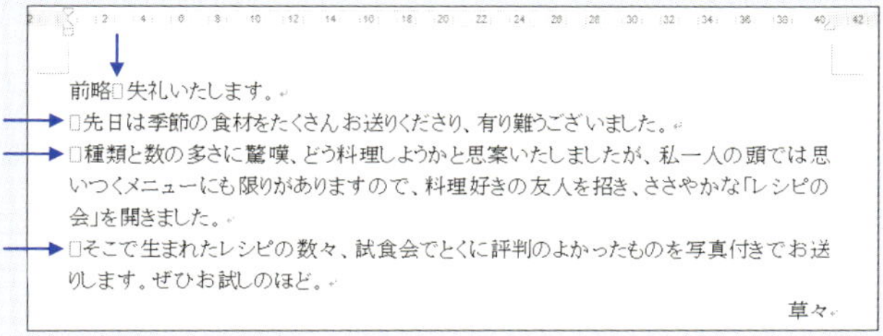
前略□失礼いたします。
□先日は季節の食材をたくさんお送りくださり、有り難うございました。
□種類と数の多さに驚嘆、どう料理しようかと思案いたしましたが、私一人の頭では思いつくメニューにも限りがありますので、料理好きの友人を招き、ささやかな「レシピの会」を開きました。
□そこで生まれたレシピの数々、試食会でとくに評判のよかったものを写真付きでお送りします。ぜひお試しのほど。
草々

➤字下げインデントを「1 字」に設定するにはダイアログボックスを使う

段落先頭の字下げに字下げインデントを使う場合は、字下げインデントの書式を直接設定する方法と、Part3 で解説する「段落スタイル」の書式として登録する方法があります。

手紙のように書式が単純で短い文書では直接設定する方が現実的です。たとえば字下げインデントを設定した段落内で Enter **キー**を押すと、次の段落にも字下げインデントが設定されます。

字下げインデントをちょうど 1 文字分に設定するには **[段落] ダイアログボックス**を使います。インデントマーカーを使う場合は、72 ページ「**インデントマーカーはグリッド線との併用が基本**」でふれたグリッド線を併用し、下図に示す **1 行目のインデントマーカー**（▽の部分）をドラッグします。

▼字下げインデントを設定してから文章を入力

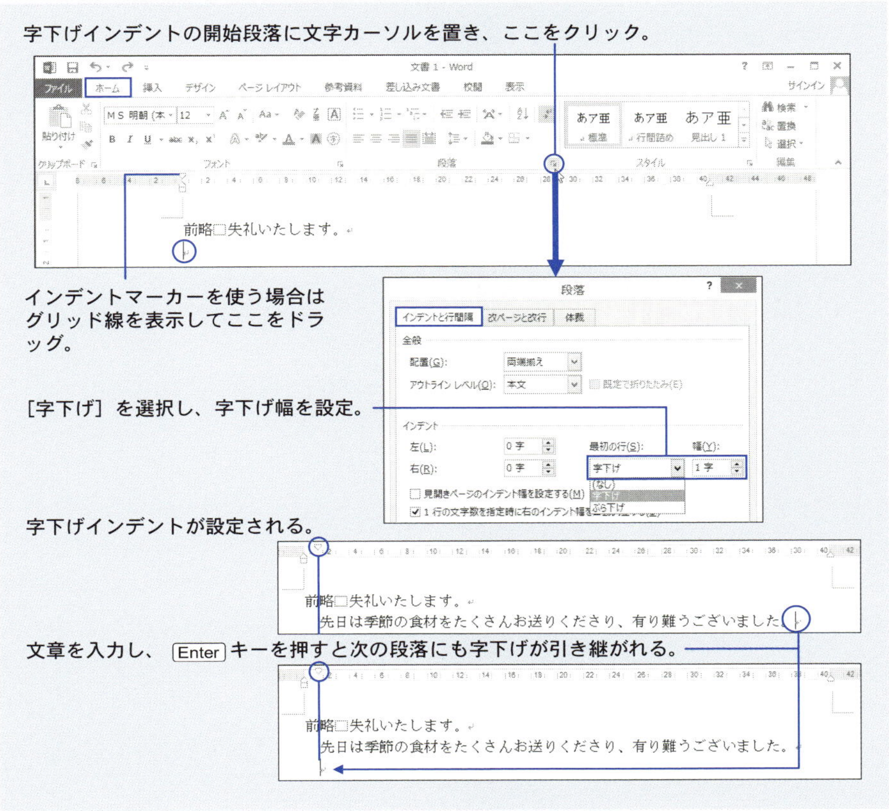
字下げインデントの開始段落に文字カーソルを置き、ここをクリック。
前略□失礼いたします。
インデントマーカーを使う場合はグリッド線を表示してここをドラッグ。
段落
インデントと行間隔
改ページと改行
体裁
全般
配置(G):
両端揃え
アウトライン レベル(O):
本文
インデント
左(L):
右(R):
0 字
最初の行(S):
幅(Y):
字下げ
1 字
(なし)
ぶら下げ
[字下げ] を選択し、字下げ幅を設定。
字下げインデントが設定される。
先日は季節の食材をたくさんお送りくださり、有り難うございました。
文章を入力し、 Enter キーを押すと次の段落にも字下げが引き継がれる。

➤入力オートフォーマットで字下げインデントを設定する方法もある

22ページでふれた入力オートフォーマットの［行の始まりのスペースを字下げに変更する］オプションをオンにすると、スペースキーを使って字下げインデントを設定できるようになります。

段落先頭に全角スペースを入力してから文章を入力し、Enterキーで段落を確定すると、全角スペースが消えて字下げインデントが設定されます。

▼入力オートフォーマットで字下げインデントを設定する

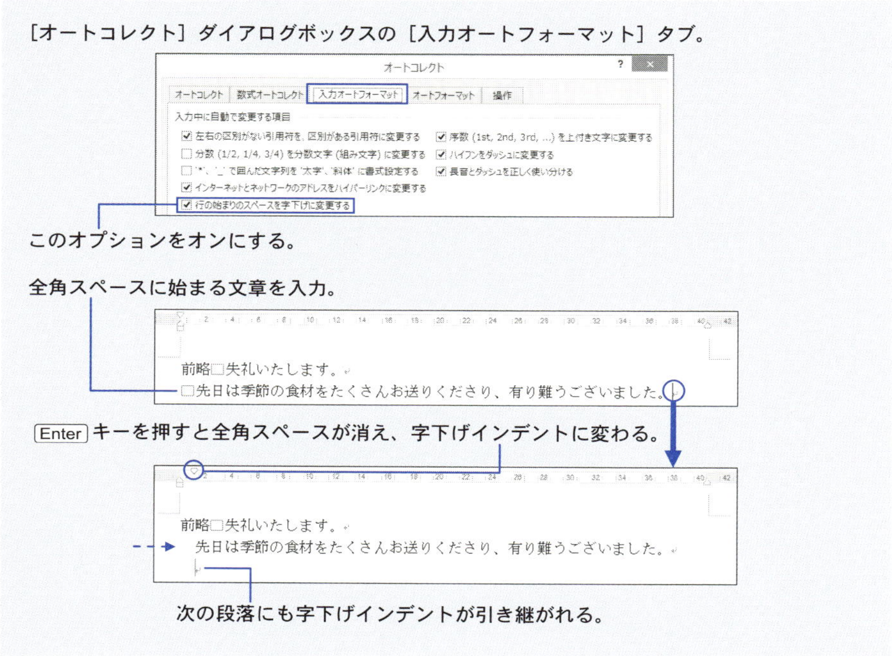

なお、上記および前ページで紹介したのは、いずれも特定の段落に字下げインデントを直接設定する方法です。

論文のように見出しと本文が入り混じるような文書では、インデントの直接設定は手間がかかるだけでなく、間違いも起こしやすくなります。したがって段落スタイルを使うのが本筋です。ただし、**［標準］スタイルに字下げインデントを登録すると不都合が生じる**ので、別途［本文］スタイルを使う必要があります。［標準］スタイルの書式については142ページ「**［標準］スタイルはすべての基準**」で解説します。

前ページで紹介したのは、これから入力する段落に字下げインデントを設定する方法ですが、24 ページ［Tab/Space/Backspace キーでインデントとタブの設定を変更する］でふれた入力オートフォーマットのオプションを使えば、入力済みの段落のインデントを スペース キーで調整できます。

入力済み段落の 1 行目左端に全角スペースを入力すると**「字下げインデント」**が 1 文字分設定され、2 行目左端に入力すると**「ぶら下げインデント」**が 1 文字分設定されます。「ぶら下げインデント」とは段落 2 行目以降を 1 行目よりも下げる書式のことです。

▼入力オートフォーマットでインデントを調整する

［オートコレクト］ダイアログボックスの［入力オートフォーマット］タブ。

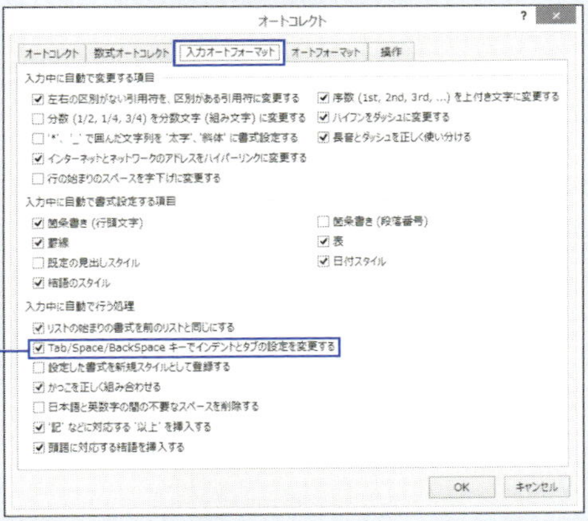

このオプションをオンにする。

入力済み段落の 1 行目左端で全角スペースを入力。

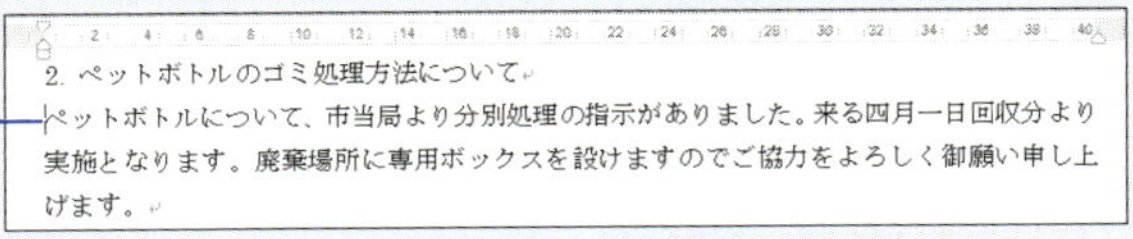

1 行目のインデントが 1 字送り分右にずれる。

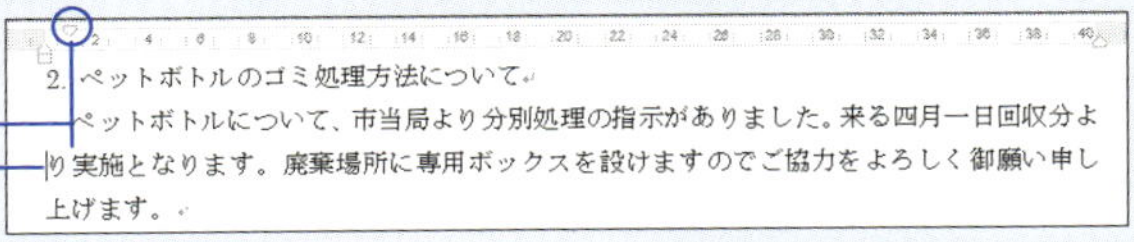

2 行目左端で全角スペースを入力。

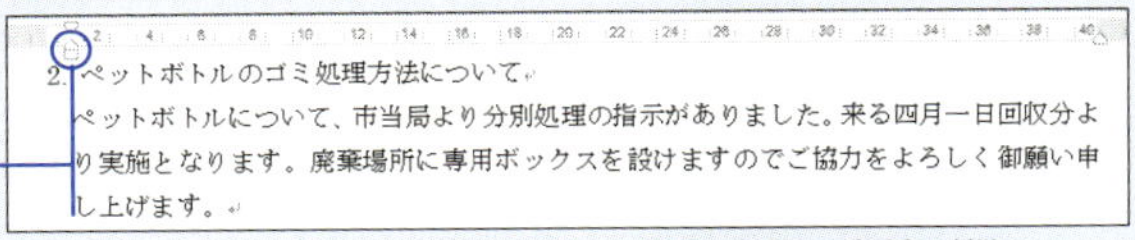

2 行目以降のインデントが 1 字送り分右にずれ、段落全体の左端が揃う。

なお、3 行目以降の左端でスペース文字を入力した場合は普通のスペース文字として処理され、インデントは調整されません。また、段落の通常の設定では、**途中行の行頭のスペース文字は前行の末尾に追い出される**仕様になっているので、スペース文字を入力してもその分字下げされるわけではありません（73 ページのコラム「**スペース文字による行端調整は最悪の方法**」参照）。

Column 使用単位のオプションとルーラーの目盛り

Word には、寸法指定が必要な場面がたくさんあります。たとえばインデントの大きさ、オートシェイプのサイズ、写真の位置設定などです。

Word の最初の設定では、文字関係の数値項目の単位は「字」「行」、寸法単位は「mm」で表示されますが、表示単位を「pt」（ポイント）や「in」（インチ）などに変えることもできます。ただし、フォントサイズについては、どんな場合でも「pt」で表示されるようになっており、「pt」以外の単位では設定できません。

▼使用単位のオプションを変える

2013/2010 [ファイル] - [オプション] をクリック。
2007 - [Word のオプション] をクリック。

ここで使用単位を選択。

このオプションをオンにすると、文字関係の数値項目が「字」「行」で表示され、ルーラーの目盛りは「字送り」「行送り」になる。

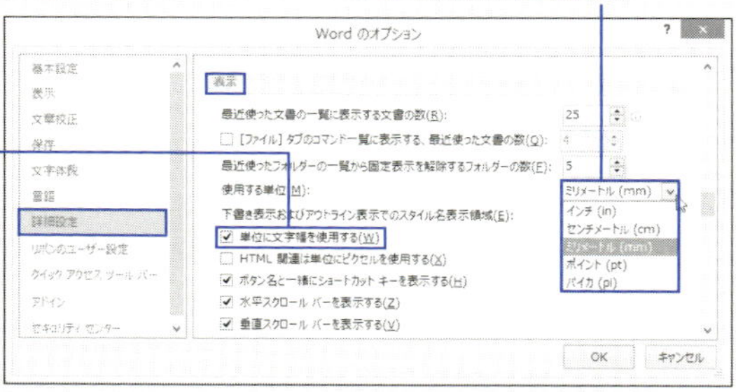

数値の設定項目は、単位付きで入力すれば、表示単位と異なる単位で設定することもできます。たとえば「～字」と表示されている項目でも、「10mm」のように入力すれば「mm」単位で設定されます。したがって、使用単位のオプションは慣れ親しんだ単位を選択すればよく、あえて設定を変える必要はありません。

なお、ルーラーの目盛りは使用単位によって変わります。[単位に文字幅を使用する] オプションをオンにすると「字送り」「行送り」単位で表示され、オフにすると使用単位にしたがって表示されます。

また、インデントマーカーをドラッグすると、[単位に文字幅を使用する] オプションの状態にかかわらず、使用単位を基準とする位置に強制されます（72 ページ「インデントマーカーはグリッド線との併用が基本」）。

Column インデントマーカーを自由にドラッグする方法

インデントマーカーやタブマーカーは、Word の使用単位の設定に従ってドラッグ位置が強制されます（前ページのコラム参照）が、Alt キーを押したままでドラッグすれば、ある程度自由にドラッグすることができます。この場合、ドラッグ時にはマーカーの前後に現在位置が表示されます。

表示単位は、前項でふれた［単位に文字幅を使用する］をオンにしている場合は「字」、オフにしている場合は使用単位に従います。ただし、Word2013 では「字」が正しく表示されず、かわりに□が表示されます。

▼インデントマーカーを自由にドラッグする

［単位に文字幅を使用する］オンの場合。

下図は Word2013 の例。Word2010 以前では「字」単位で表示される。

［単位に文字幅を使用する］オフの場合。

段落内の文字位置はタブ文字で揃える

下図に示す簡単な明細などでは、文字位置をスペース文字で調整している例を見かけますが、余計な手間がかかるだけでなく、途中に半角英数字などが入れば文字位置はずれてしまいます。このような例では、**「タブ文字」**を使うのが最善の方法です。

▼スペース文字では文字位置は揃わない

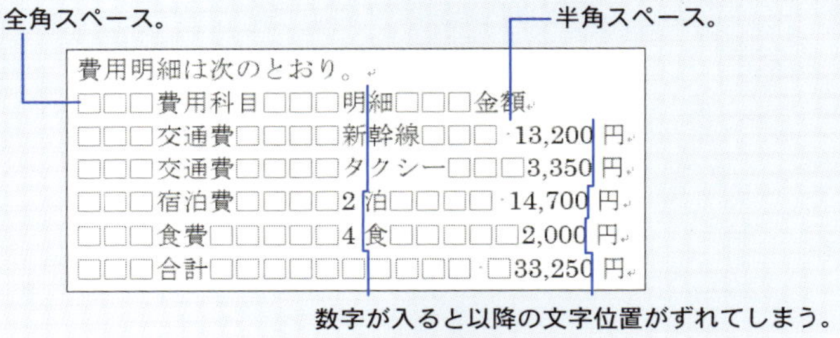
全角スペース。
半角スペース。
費用明細は次のとおり。
□□□費用科目□□□明細□□□金額
□□□交通費□□□□新幹線□□□ 13,200 円
□□□交通費□□□□タクシー□□□3,350 円
□□□宿泊費□□□□2 泊□□□□ 14,700 円
□□□食費□□□□□4 食□□□□□2,000 円
□□□合計□□□□□□□□□□□ □33,250 円
数字が入ると以降の文字位置がずれてしまう。

タブ文字を入力するには挿入位置で Tab キーを押します。これで、タブ文字以降の文字が特定の「タブ位置」に強制されます。タブ文字は編集記号の一種なので、［ホーム］タブの ［編集記号の表示／非表示］ボタンをオンにすれば画面で確かめることができます。

タブ位置には、あらかじめ決められた**「既定のタブ位置」**と、独自に設定できるタブ位置があります。

➤「既定のタブ位置」を使う

「既定のタブ位置」は、タブ文字に続く文字の左端の位置を強制します。文書全体に共通で、最初は「42pt」置きに設定されています。これは最初の基本フォントサイズ「10.5pt」の 4 文字分です。したがって、水平ルーラーの目盛りの 4 の倍数に一致します。下図は「既定のタブ位置」だけで処理した例です。

既定のタブ位置を変更する方法については 82 ページ「［タブとリーダー］ダイアログボックスを使う」で解説します。

▼「既定のタブ位置」を使った例

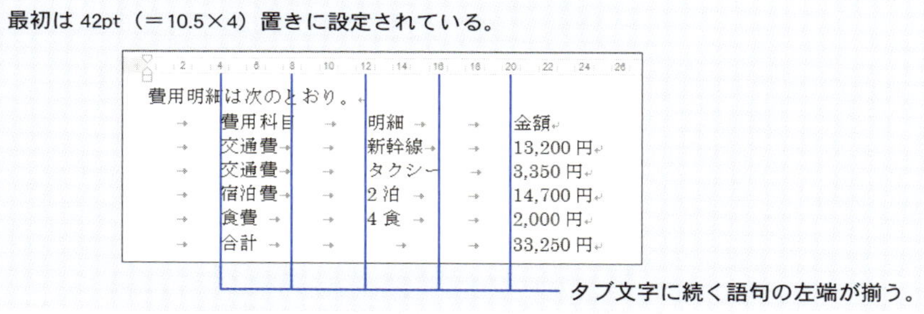

➤独自のタブ位置を設定する

上図に見られるように、「既定のタブ位置」は間隔が一定なので、語句の長さが異なればタブ文字の数で調整する必要があります。また、左揃えなので、金額などはきれいに揃いません。このような例では独自のタブ位置を設定します。独自のタブ位置は「既定のタブ位置」より優先されます。

見た目で設定するには、水平ルーラーを使う方法が便利です。まず水平ルーラー左端の の部分を何度かクリックし、タブの種類を選択します。クリックするたびに、表示が次のように変わります。

マーカー	説明
∟	［左揃えタブ］マーカーを設定
⊥	［中央揃えタブ］マーカーを設定
⌐	［右揃えタブ］マーカーを設定
⊥.	［小数点揃えタブ］マーカーを設定
│	［縦棒タブ］マーカーを設定
▽	［1行目のインデント］マーカーを設定
△	［ぶら下げインデント］マーカーを設定

　上4つが文字位置強制用のタブで、タブ文字に続く文字の左・中央・右、あるいは小数点の位置を強制します。5つ目の「**縦棒タブ**」は**タブ文字とは無関係**で、文字位置の強制力はなく、設定位置に縦線を表示するだけです。下2つを選択すると、インデントの位置をクリックで設定できるようになります。

　タブ種を選択したら、タブ位置を設定する段落範囲を選択し、水平ルーラー上をクリックまたはドラッグします。

▼水平ルーラーでタブ位置を設定する

ここでタブ種を選択。最初は ∟ ［左揃えタブ］が選択されている。
範囲を選択し、設定したい位置でクリック。
同様にタブ位置を設定。

項目の段落だけを選択し、「金額」用に
「左揃えタブ」を設定。

内訳の段落を選択し、ここを数回クリックして
⌐ ［右揃えタブ］を選択。

合計には明細項目がないので
タブ文字を2つ入れている。

金額表示用に「右揃えタブ」を設定。

参考：タブ設定を解除するにはタブマーカーを
下方にドラッグ。

設定結果。選択段落のタブ位置が示される。

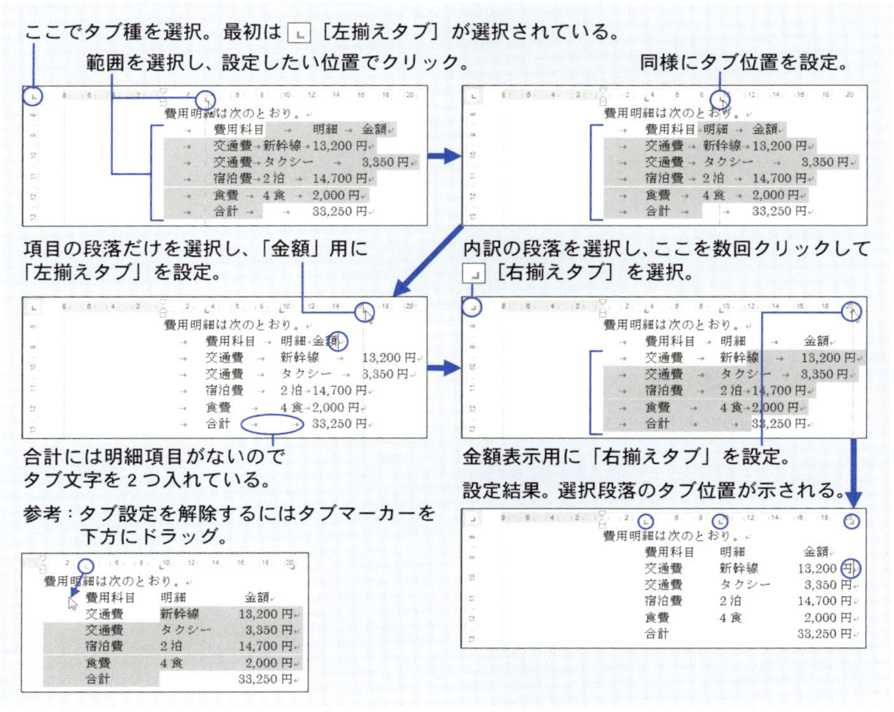

また、「グリッド線」を表示すればグリッド線に合わせてドラッグできます（72ページ「インデントマーカーはグリッド線との併用が基本」参照）。

設定済みのタブ位置は、ドラッグで調整できます。タブ位置を解除するにはタブマーカーを下方にドラッグします。

➤［タブとリーダー］ダイアログボックスを使う

［タブとリーダー］ダイアログボックスを使えば、タブ位置を「字」や「mm」単位で設定でき、タブ文字の部分を「リーダー罫」で埋めることができます。また、「既定のタブ位置」を変更することもできます。

▼［タブとリーダー］ダイアログボックスでリーダー罫を設定する

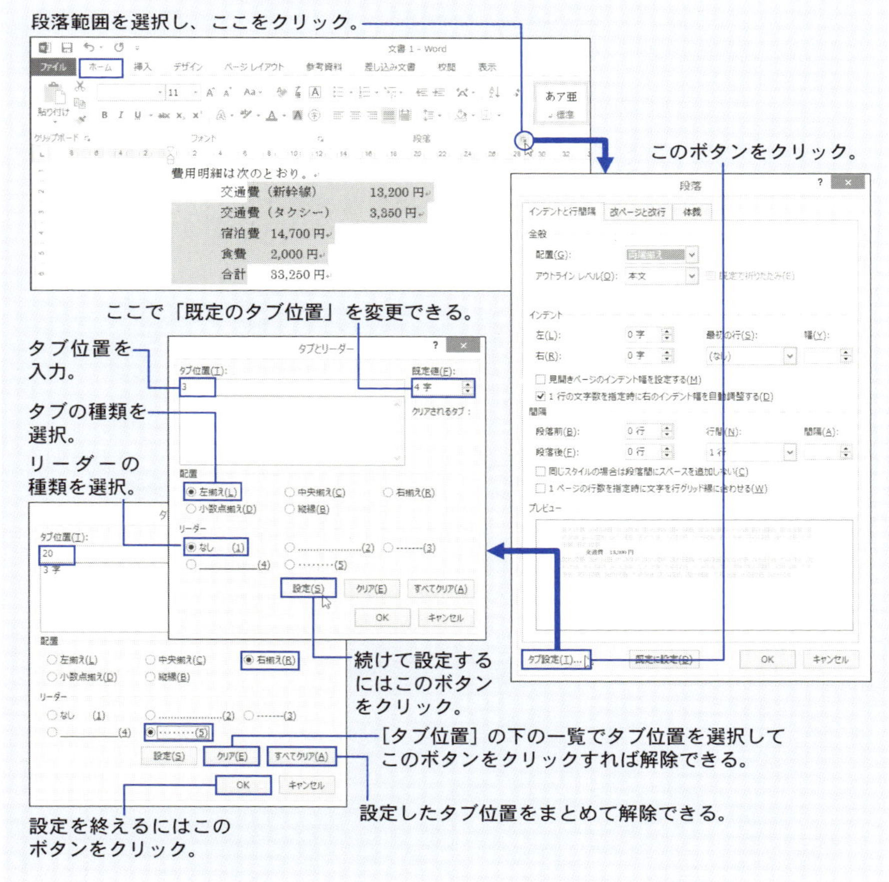
段落範囲を選択し、ここをクリック。
このボタンをクリック。
費用明細は次のとおり。
交通費（新幹線）　13,200円
交通費（タクシー）　3,350円
宿泊費　14,700円
食費　2,000円
合計　33,250円
ここで「既定のタブ位置」を変更できる。
タブ位置を入力。
タブの種類を選択。
リーダーの種類を選択。
続けて設定するにはこのボタンをクリック。
［タブ位置］の下の一覧でタブ位置を選択してこのボタンをクリックすれば解除できる。
設定したタブ位置をまとめて解除できる。
設定を終えるにはこのボタンをクリック。

［タブとリーダー］ダイアログボックスを呼び出すには［段落］ダイアログボックスの［タブ設定...］ボタンをクリックするのが標準的な方法ですが、Alt、O、Tキーを続けて押せば直接呼び出すことができます。

同ダイアログボックスでは、［タブ位置］で位置を、［配置］でタブの種類を、［リーダー］でタブ文字を埋める罫線の種類を選択します。

［タブ位置］は、数字だけを入力すると、Word の現在の使用単位に従って設定されます。78 ページのコラム「使用単位のオプションとルーラーの目盛り」でふれた［単位に文字幅を使用する］オプションをオンにしていれば、単位は「字」になります。別の単位で設定するには単位付きで入力します。

下図は、前ページの図の設定結果です。左端は「左揃えタブ」、金額は「右揃えタブ」で揃え、金額の前をリーダーで埋めています。

▼タブ位置の設定結果

［ホーム］タブの［編集記号の表示／非表示］ボタンをオンにした状態。

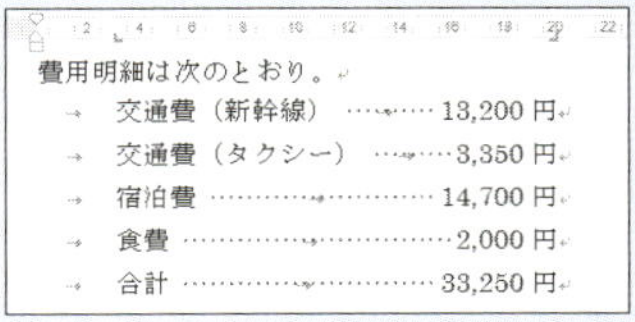
費用明細は次のとおり。
交通費（新幹線）13,200 円
交通費（タクシー）3,350 円
宿泊費 14,700 円
食費 2,000 円
合計 33,250 円

同ボタンをオフにした状態。

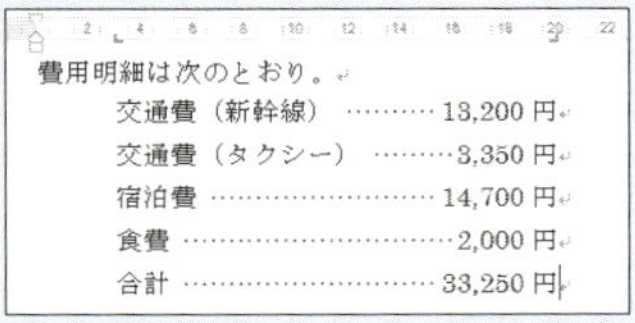
費用明細は次のとおり。
交通費（新幹線）13,200 円
交通費（タクシー）3,350 円
宿泊費 14,700 円
食費 2,000 円
合計 33,250 円

Column 「縦棒タブ」の使いみち

81 ページでふれた「縦棒タブ」は設定位置に縦線を表示するだけの特殊なタブです。段落罫線と組み合わせれば表のような体裁にすることができます。タブ位置の設定は「段落書式」の一種なので、書式をコピーして別の段落に貼り付けたり、Part3 で扱う「段落スタイル」に登録できるという利点があります。

▼縦棒タブの使用例

両端はインデントで調整。
間の縦線が「縦棒タブ」。

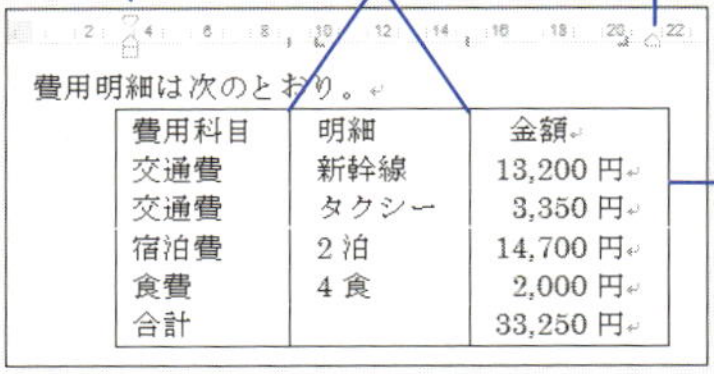
費用明細は次のとおり。
費用科目 明細 金額
交通費 新幹線 13,200 円
交通費 タクシー 3,350 円
宿泊費 2 泊 14,700 円
食費 4 食 2,000 円
合計 33,250 円

周囲は段落罫線。

明細欄と金額欄はタブ位置で調整。

2-3 段落の行高は段落のオプションで決まる

「なぜか行間が極端に広くなる」「行間をうまく調整できない」……いずれもよく耳にする疑問です。ごく基本的な問題のはずですが、多くの入門書は表面をなぞるばかりで、実践にはあまり役に立ちません。自在に扱うには行高設定の「しくみ」を知ることが大切です。

Wordの「行送り」「行間」は「行高」の誤り

行を扱う上でまず知っておきたいことがあります。それは、Wordで調整できるのは「行高」で、**「行送り」や「行間」は調整できない**ということです。

「行高」と「行送り」は似ていますが、「行高」は行の上下の空きを含む高さを表すのに対し、「行送り」は「文字高＋行間」を表します。両者が表す大きさは同じですが、レイアウト上の意味は異なります。

Wordは行高方式なので、行の上下に空きが設けられます。そのため、最上端の行と上余白との間には空きが生じることになります。

▼「行間」「行送り」「行高」の違い

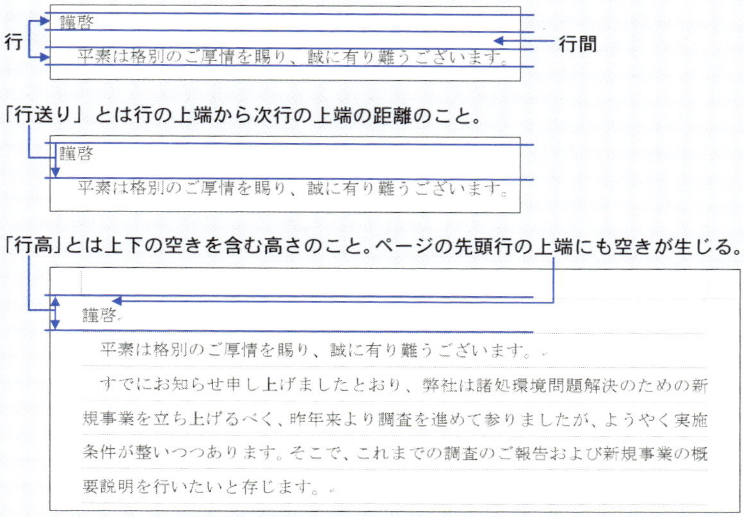
行
謹啓
平素は格別のご厚情を賜り、誠に有り難うございます。
行間
「行送り」とは行の上端から次行の上端の距離のこと。
謹啓
平素は格別のご厚情を賜り、誠に有り難うございます。
「行高」とは上下の空きを含む高さのこと。ページの先頭行の上端にも空きが生じる。
謹啓
平素は格別のご厚情を賜り、誠に有り難うございます。
すでにお知らせ申し上げましたとおり、弊社は諸処環境問題解決のための新規事業を立ち上げるべく、昨年来より調査を進めて参りましたが、ようやく実施条件が整いつつあります。そこで、これまでの調査のご報告および新規事業の概要説明を行いたいと存じます。

次項でふれるように、[ページ設定] ダイアログボックスには [行送り]、[段落] ダイアログボックスには [行間] という項目があります。しかし、これらが扱うのはいずれも「行高」で、「行送り」でも「行間」でもありません。もし「行間をうまく調整できない」と悩んでいるとしたら、この誤解を解くことが再入門の入り口です。

段落の行高はページ設定と段落のオプションで決まる

すでに Part1 で解説したように、文書の「基本行高」は、[ページ設定] ダイアログボックスの [行送り] によって決まります (47 ページ「**行数だけを指定する**」、48 ページ「**文字数と行数を指定する**」参照)。

実際の段落を基本行高に合わせるかどうかは、[段落] ダイアログボックスの次のオプションの設定によって決まります。このオプションは段落ごとに設定できますが、たとえば「注釈の段落だけ行高を低くしたい」といった場合は、注釈に使う段落スタイルの行高を調整するのが合理的な使い方です。段落スタイルについては Part3 で詳しく解説します。

▼段落の行高を決めるオプション

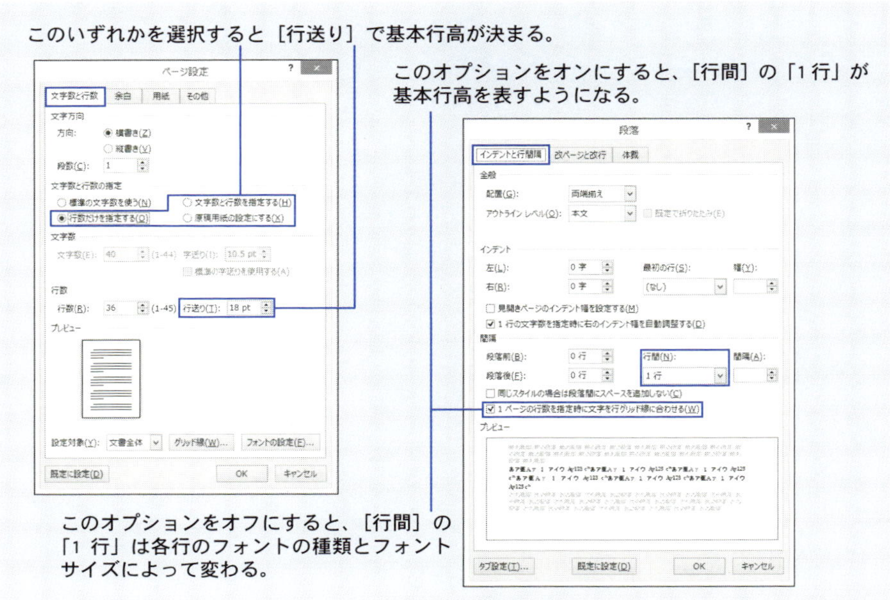
このいずれかを選択すると［行送り］で基本行高が決まる。
ページ設定
文字数と行数
標準の文字数を使う(N)
文字数と行数を指定する(H)
行数だけを指定する(O)
原稿用紙の設定にする(X)
行送り(T): 18 pt
このオプションをオンにすると、［行間］の「1 行」が基本行高を表すようになる。
段落
インデントと行間隔
行間(N):
1 行
1 ページの行数を指定時に文字を行グリッド線に合わせる(W)
このオプションをオフにすると、［行間］の「1 行」は各行のフォントの種類とフォントサイズによって変わる。

➤［1ページの行数を指定時に文字を行グリッド線に合わせる］の意味

「1ページの行数を指定時に」とは、［ページ設定］ダイアログボックスで［行数だけを指定する］［文字数と行数を指定する］［原稿用紙の設定にする］のいずれかを選択した場合のことです。［標準の文字数を使用する］を選択した場合は基本行高が決まらないので、このオプションは意味を持ちません。

このオプションをオンにすると、［行間］の［1行］**は基本行高を表す**ようになります。すでにふれたように「行間」は「行高」の誤りです。

たとえば前ページの図例では［行送り］が「18pt」なので、「1行＝18pt」です。［行間］で［2行］を選択すれば「36pt」ということになります。また、［行間］で［倍数］を選択すると［間隔］は自動的に「3」、つまり「3行分」に設定されますが、この値は自由に変更できます。「1.2」「1.8」など、小数点付きの値も可能です。

このオプションをオフにすると基本行高は無視され、［1行］**は各行のフォント自身が持つ行高とフォントサイズによって決まります**。Part1でもふれましたが、たとえば「MS明朝」の行高はフォントサイズの1.3倍となっています。したがって、行内の最大フォントサイズが10ptであれば「1行＝10×1.3＝13pt」です。［行間］の［2行］や［倍数］の基準もこの値になります。

▼［1ページの行数を指定時に文字を行グリッド線に合わせる］の働き

オプションをオンにすると、「1行」は基本行高に一致する。

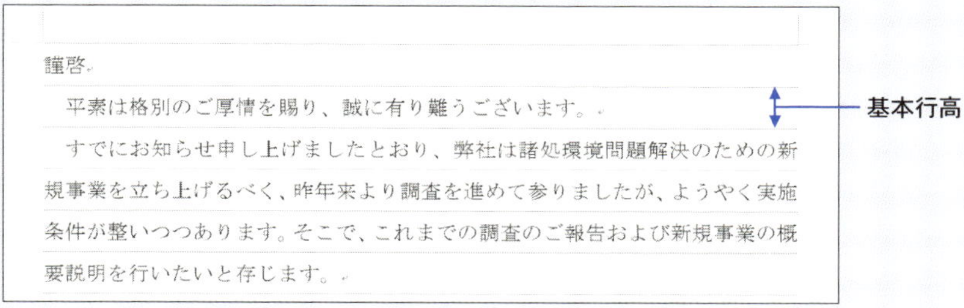
謹啓。
平素は格別のご厚情を賜り、誠に有り難うございます。
すでにお知らせ申し上げましたとおり、弊社は諸処環境問題解決のための新
規事業を立ち上げるべく、昨年来より調査を進めて参りましたが、ようやく実施
条件が整いつつあります。そこで、これまでの調査のご報告および新規事業の概
要説明を行いたいと存じます。
基本行高

オプションをオフにすると、「1行」は行内のフォントとフォントサイズで決まる。

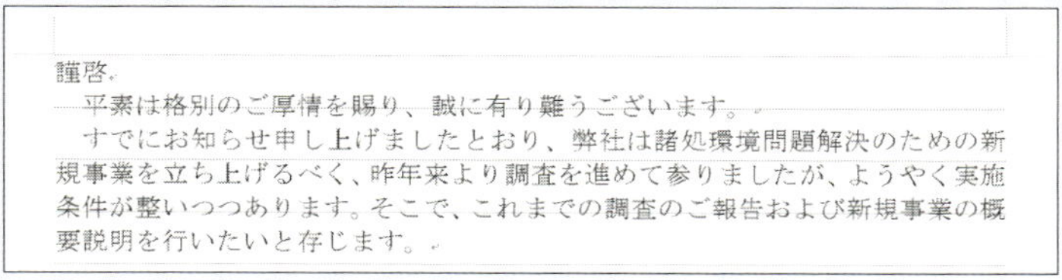
謹啓。
平素は格別のご厚情を賜り、誠に有り難うございます。
すでにお知らせ申し上げましたとおり、弊社は諸処環境問題解決のための新
規事業を立ち上げるべく、昨年来より調査を進めて参りましたが、ようやく実施
条件が整いつつあります。そこで、これまでの調査のご報告および新規事業の概
要説明を行いたいと存じます。

なお、行グリッド線には行の強制力はないので、「行グリッド線に合わせる」は「基本行高に合わせる」というのが正しい表現です。行グリッド線は最初の設定では「0.5行」で2本おき、つまり基本行高と同じ間隔で表示されますが（72ページ「**インデントマーカーはグリッド線との併用が基本**」）、この間隔を変えても基本行高は変わらず、実際の段落の行高も変わりません。

▼［1ページの行数を指定時に文字を行グリッド線に合わせる］と行グリッド線は無関係

最初の設定では行グリッド線は基本行高に一致している。

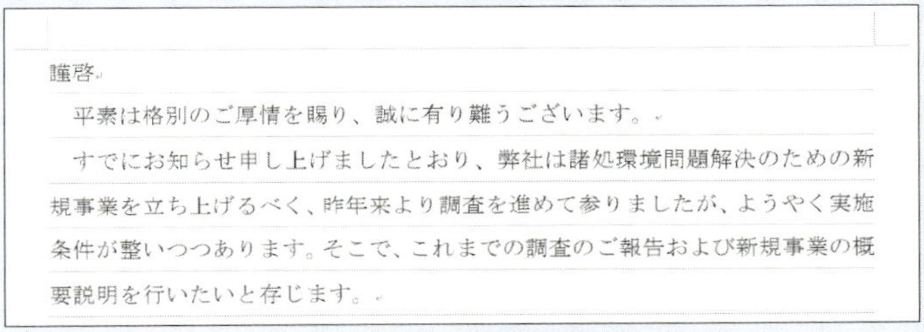
謹啓。
平素は格別のご厚情を賜り、誠に有り難うございます。
すでにお知らせ申し上げましたとおり、弊社は諸処環境問題解決のための新規事業を立ち上げるべく、昨年来より調査を進めて参りましたが、ようやく実施条件が整いつつあります。そこで、これまでの調査のご報告および新規事業の概要説明を行いたいと存じます。

行グリッド線の間隔を変えても、段落の行高は変わらない。

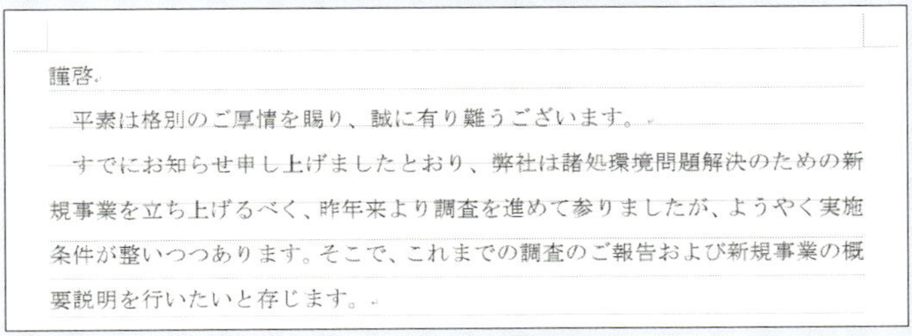
謹啓。
平素は格別のご厚情を賜り、誠に有り難うございます。
すでにお知らせ申し上げましたとおり、弊社は諸処環境問題解決のための新規事業を立ち上げるべく、昨年来より調査を進めて参りましたが、ようやく実施条件が整いつつあります。そこで、これまでの調査のご報告および新規事業の概要説明を行いたいと存じます。

➤フォントサイズが大きければ行高も2行分、3行分……になる

前ページでふれたように、［1ページの行数を指定時に文字を行グリッド線に合わせる］をオンにすると、［段落］ダイアログボックスの［行間］の［1行］はページ設定による基本行高を表すようになります。

一方、フォントはそれぞれ「最小行高」が決まっており、フォントサイズを大きくすれば最小行高も大きくなります。そのため、最小行高が［行間］の設定よりも大きくなると、実際の行高は基本行高の2行分、3行分……のように調整されます。

［1ページの行数を指定時に文字を行グリッド線に合わせる］をオフにした場合は、行内の最大フォントサイズを基準にした最小行高になります。

▼フォントサイズが大きければ行高は2行分、3行分……に調整される

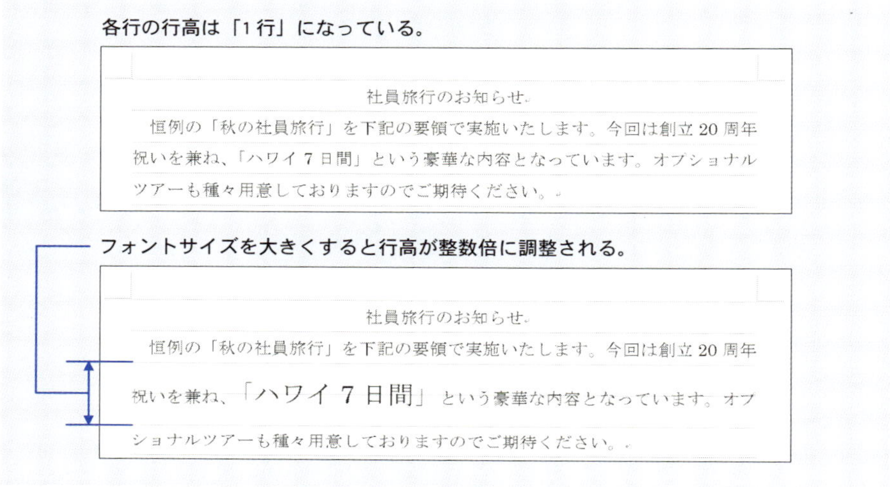
各行の行高は「1行」になっている。
社員旅行のお知らせ
恒例の「秋の社員旅行」を下記の要領で実施いたします。今回は創立20周年
祝いを兼ね、「ハワイ7日間」という豪華な内容となっています。オプショナル
ツアーも種々用意しておりますのでご期待ください。
フォントサイズを大きくすると行高が整数倍に調整される。
社員旅行のお知らせ
恒例の「秋の社員旅行」を下記の要領で実施いたします。今回は創立20周年
祝いを兼ね、「ハワイ7日間」という豪華な内容となっています。オプ
ショナルツアーも種々用意しておりますのでご期待ください。

なお、47ページ「**標準の文字数を使う**」でふれたように、Windows Vistaで登場した「**メイリオ**」とWindows 7で登場した「Meiryo UI」は、フォント自身の最小行高がそれぞれフォントサイズの約1.95倍、約1.65倍で、「MS明朝」などに比べると最初から大きい値になっています。そのため、[ページ設定] ダイアログボックスの基本行高がこれより小さい場合、実際の段落は基本行高の2倍になります。

上図の文書の基本行高は「22pt」、本文のフォントサイズは「12pt」に設定しています。「MS明朝」であれば最小行高は「12×1.3＝15.6pt」なので22pt以内に収まりますが、「メイリオ」では「12×1.95＝23.4pt」となり、行高が2行分に調整されます。

▼「メイリオ」を使うと行高が高くなる

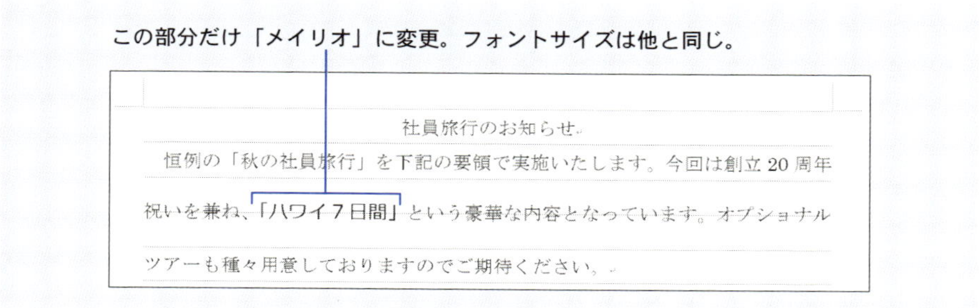
この部分だけ「メイリオ」に変更。フォントサイズは他と同じ。
社員旅行のお知らせ
恒例の「秋の社員旅行」を下記の要領で実施いたします。今回は創立20周年
祝いを兼ね、「ハワイ7日間」という豪華な内容となっています。オプショナル
ツアーも種々用意しておりますのでご期待ください。

「行間」は「行高」で調整する

Wordには「行間」という書式単位はないので、行間を直接変えることはできません。行間を変えるには「行高」を調整します。

85ページ「**段落の行高はページ設定と段落のオプションで決まる**」でふれた基本行高を設定している場合、行高を低くする一番簡単な方法は［1ページの行数を指定時に文字を行グリッド線に合わせる］をオフにすることです。これで基本行高は無視され、86ページの図「**［1ページの行数を指定時に文字を行グリッド線に合わせる］の働き**」に示したように、フォント自身が持っている最小行高に調整されます。

➤行高を自由に調整するには［固定値］を使う

フォントの種類やフォントサイズと無関係に行高を設定するには［段落］ダイアログボックスの［行間］で［固定値］を選択し、［間隔］に具体的な高さを入力します。「間隔」という名前ですが、ここで設定するのは行高で、間隔ではありません。フォントサイズより小さな値も設定できますが、その場合は文字の上部が欠けることになります。

［固定値］では［1ページの行数を指定時に文字を行グリッド線に合わせる］は無視されるので、オン・オフのどちらでもかまいません。

▼［固定値］を使えば自在に調整できる

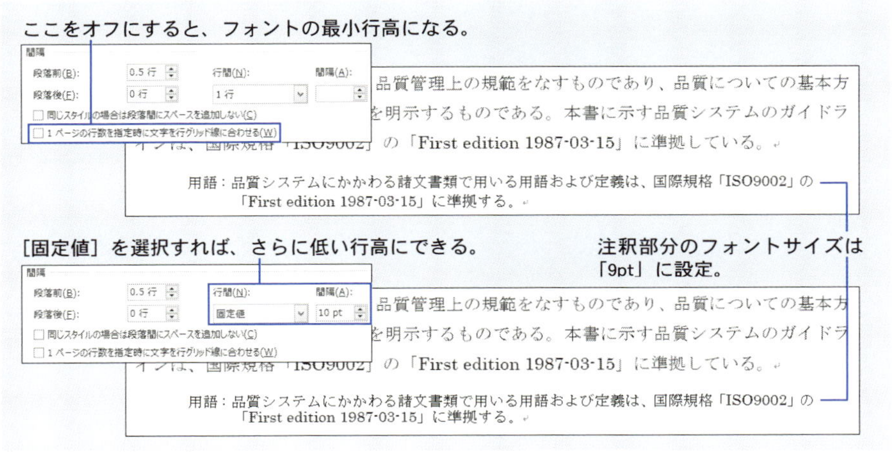
ここをオフにすると、フォントの最小行高になる。
間隔
段落前(B): 0.5行
段落後(F): 0行
行間(N): 1行
間隔(A):
同じスタイルの場合は段落間にスペースを追加しない(C)
1ページの行数を指定時に文字を行グリッド線に合わせる(W)
品質管理上の規範をなすものであり、品質についての基本方針を明示するものである。本書に示す品質システムのガイドラインは、国際規格「ISO9002」の「First edition 1987-03-15」に準拠している。
用語：品質システムにかかわる諸文書類で用いる用語および定義は、国際規格「ISO9002」の「First edition 1987-03-15」に準拠する。
［固定値］を選択すれば、さらに低い行高にできる。
行間(N): 固定値
間隔(A): 10 pt
注釈部分のフォントサイズは「9pt」に設定。

➤ルビを含む段落の行高は［固定値］で調整

　ルビを設定する場合は、［段落］ダイアログボックスの［行間］で［固定値］を選択し、ルビが行内に収まるように［間隔］の値を設定します。値が小さすぎるとルビが欠けてしまいます。

　［固定値］以外の設定では、ルビを含む行だけ上下位置が調整されるので、場所によって行間が変わってしまいます。また、［1ページの行数を指定時に文字を行グリッド線に合わせる］をオンにした場合は、ルビを含む高さが基本行高に収まらなければ、行高が2行分に調整されます。

▼ルビ段落の行高調整例

［固定値］に設定した例。
行高が［間隔］の値に統一され、行グリッド線に対する位置が揃う。

　東北有数の観光地として知られる角館は藩政時代の町並みを色濃く残し、国の重要伝統的建造物群保存地区に指定されている。江戸初期より京文化を積極的に取り入れ、現在では「みちのくの小京都」とも呼ばれている。

［1行］に設定した例。
ルビを含む行だけ行グリッド線に対する位置が下にずれる。

　東北有数の観光地として知られる角館は藩政時代の町並みを色濃く残し、国の重要伝統的建造物群保存地区に指定されている。江戸初期より京文化を積極的に取り入れ、現在では「みちのくの小京都」とも呼ばれている。

基本行高が狭ければ、ルビを含む行は2行分に調整される。

　東北有数の観光地として知られる角館は藩政時代の町並みを色濃く残し、国の重要伝統的建造物群保存地区に指定されている。江戸初期より京文化を積極的に取り入れ、現在では「みちのくの小京都」とも呼ばれている。

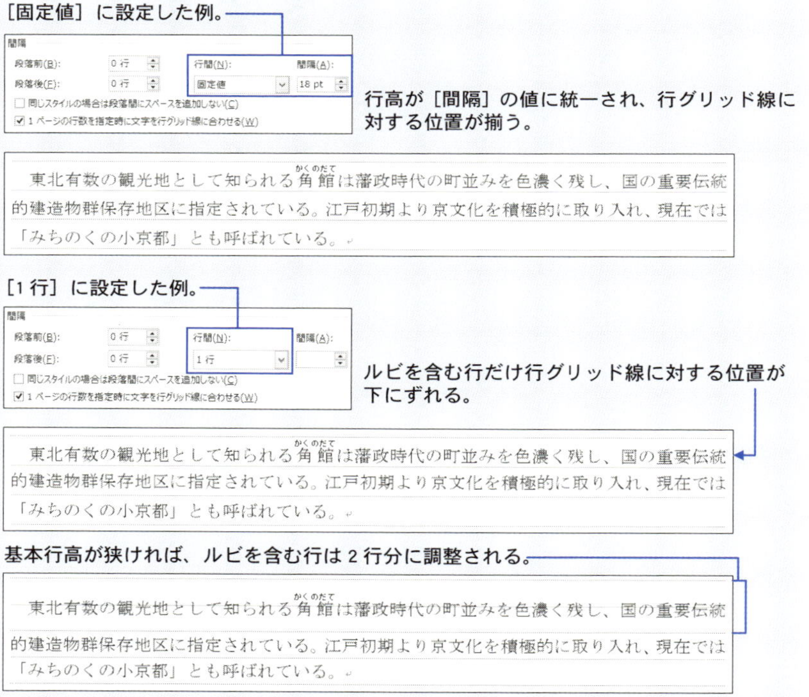

Column 同じ書式設定をショートカットキーで繰り返す

Word にはいろいろなショートカットキーがありますが、なかでもぜひ覚えておきたいのが、直前に行った操作を繰り返すショートカットキー F4 です。あらゆる操作を繰り返せるわけではありませんが、同じ文字の入力や、同じ書式の設定などを繰り返す場合に重宝します。

たとえばどこかの文字範囲に「太字」を設定したあとは、「別の文字範囲を選択→ F4 キーを押す」という操作を繰り返せば、同じ書式を次々に設定できます。「太字」では有り難みがありませんが、フォントの種類を変えたり、インデントを変えるなど、いろいろな場面で利用できます。

また、[段落] ダイアログボックスあるいは [タブとリーダー] ダイアログボックスを呼び出してそのまま [OK] ボタンをクリックし、別の段落に文字カーソルを置いて F4 キーを押せば、同じ段落書式あるいはタブ位置を設定できます。[フォント] ダイアログボックスの場合も同様に、ダイアログボックスを閉じてから別の文字範囲を選択して F4 キーを押せば、同じ文字書式をまとめて設定できます。

▼同じタブ位置を別の場所にも設定する

タブ位置を設定済みの段落内に文字カーソルを置いて [タブとリーダー] ダイアログボックスを呼び出す（82 ページ参照）。

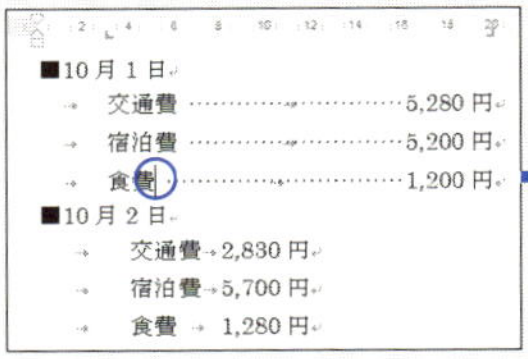

そのまま [OK] ボタンをクリック。

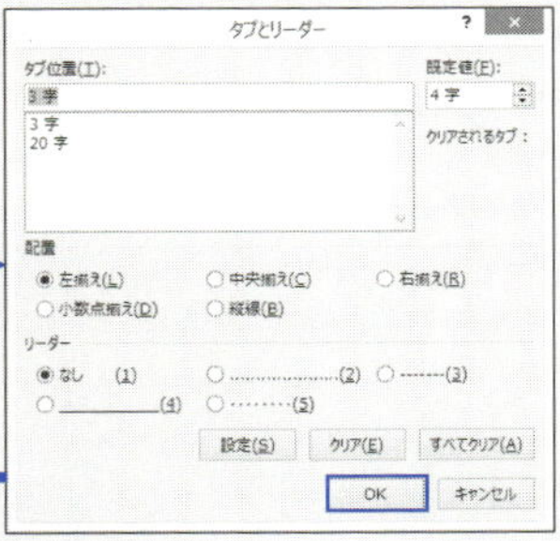

タブ位置を設定したい段落範囲を選択し、F4 キーを押す。

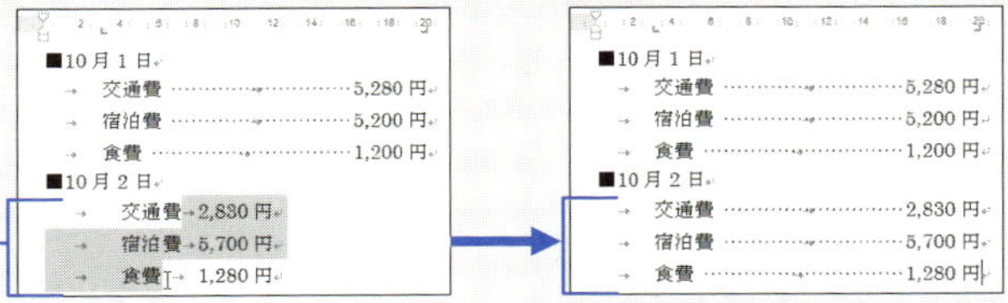

この方法は、書式の直接設定だけでなく、Part3 で扱うスタイルの設定にも利用できます。たとえばどこかで [見出し 1] スタイルを適用した直後は、別の箇所で F4 キーを押せば [見出し 1] スタイルを適用できます。

Column 設定済みの書式を別の場所にコピーする

前ページで紹介したのは特定の書式を繰り返し設定する方法ですが、設定済みの書式をまとめてコピーし、別の場所に貼り付けることもできます。貼り付け先の選択方法によって、文字書式のみ、または文字書式と段落書式が貼り付けられます。

▼文字書式のコピー

コピー元に文字カーソルを置いて［ホーム］-［書式のコピー/貼り付け］ボタンをクリック。

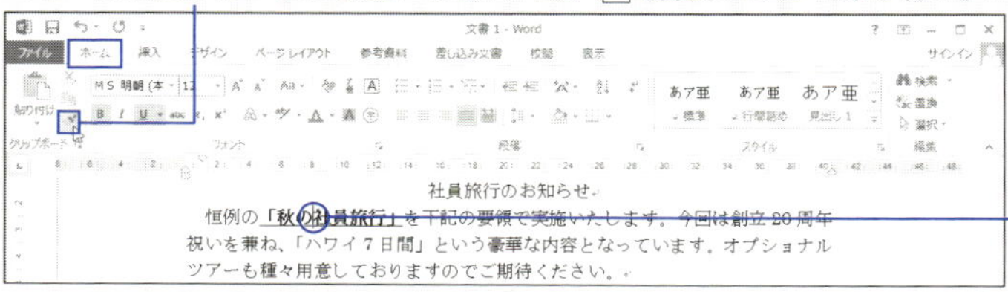
社員旅行のお知らせ
恒例の「秋の社員旅行」を下記の要領で実施いたします。今回は創立 20 周年
祝いを兼ね、「ハワイ 7 日間」という豪華な内容となっています。オプショナル
ツアーも種々用意しておりますのでご期待ください。

「太字」と「下線」が設定されている。

文字書式を貼り付ける文字範囲をドラッグで選択。

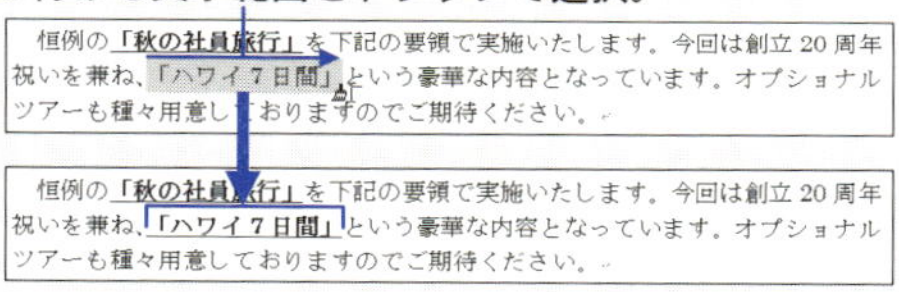
恒例の「秋の社員旅行」を下記の要領で実施いたします。今回は創立 20 周年
祝いを兼ね、「ハワイ 7 日間」という豪華な内容となっています。オプショナル
ツアーも種々用意しておりますのでご期待ください。

「太字」と「下線」が貼り付けられた。

▼段落書式のコピー

コピー元に文字カーソルを置いて［ホーム］-［書式のコピー/貼り付け］ボタンをクリック。

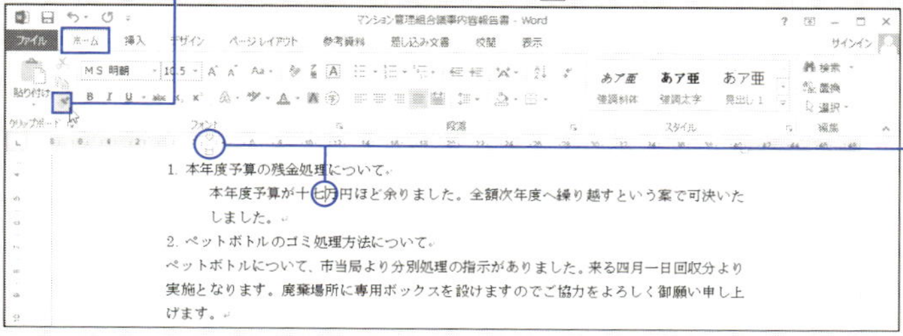
1. 本年度予算の残金処理について
本年度予算が十七万円ほど余りました。全額次年度へ繰り越すという案で可決いたしました。
2. ペットボトルのゴミ処理方法について
ペットボトルについて、市当局より分別処理の指示がありました。来る四月一日回収分より実施となります。廃棄場所に専用ボックスを設けますのでご協力をよろしく御願い申し上げます。

段落書式を貼り付ける段落内をクリック。

この段落（コピー元）のインデント。

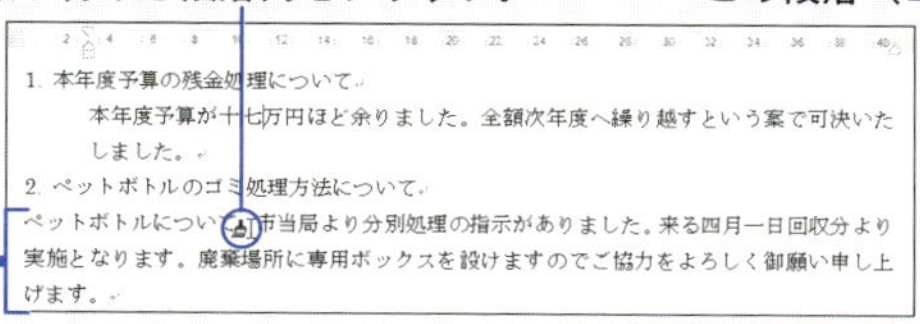

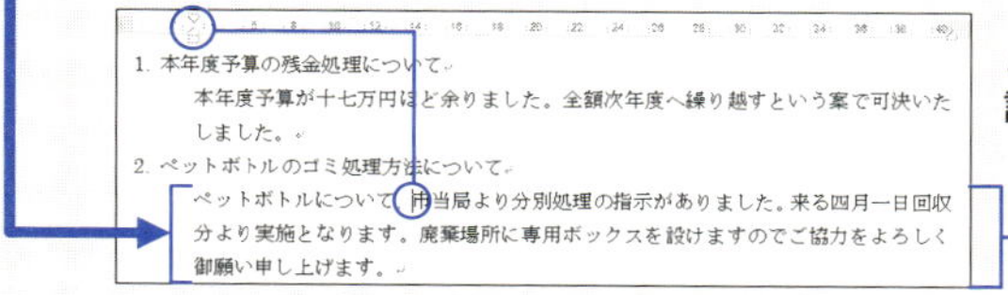

この段落にインデントの設定が貼り付けられた。

［書式のコピー/貼り付け］ボタンをクリックするとマウスポインターがに変わります。この状態で文字範囲を選択すると文字書式が貼り付けられ、段落内をクリックすると段落書式が貼り付けられます。また、単語の途中でクリックすると、段落書式とともに、その単語にのみ文字書式も貼り付けられます。

なお、この方法で貼り付け先を選択できるのは1回だけですが、［書式のコピー/貼り付け］ボタンをダブルクリックすると貼り付け先選択後もマウスポインターはのままとなり、引き続き別の場所に書式を貼り付けることができます。この場合、書式コピーを終えるには Esc キーを押します。万一 Esc キーが利かない場合は［書式のコピー/貼り付け］ボタンをクリックし、オフにしてください。

Column 直前の段落の書式をコピーする

段落内で Enter キーを押して新しい段落を作ると、その段落には直前段落末尾の文字書式と、直前段落の段落書式が引き継がれます。この仕様を利用すれば、直前の段落の書式を簡単にコピーすることができます。たとえば書式設定の範囲選択を間違えた場合や、直前段落との書式の違いに気付いた場合などに便利です。

▼直前段落の書式をコピーする

直前段落の末尾に文字カーソルを置き、段落記号 ↵ を Delete キーで削除。

「合計」の段落の書式を直前段落に揃えたい。

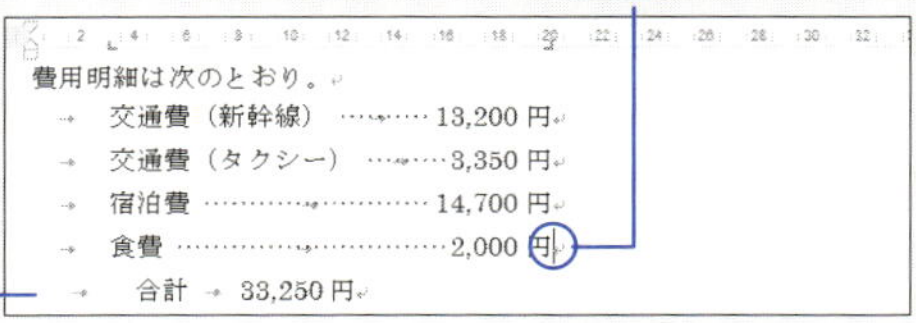

Enter キーを押す。

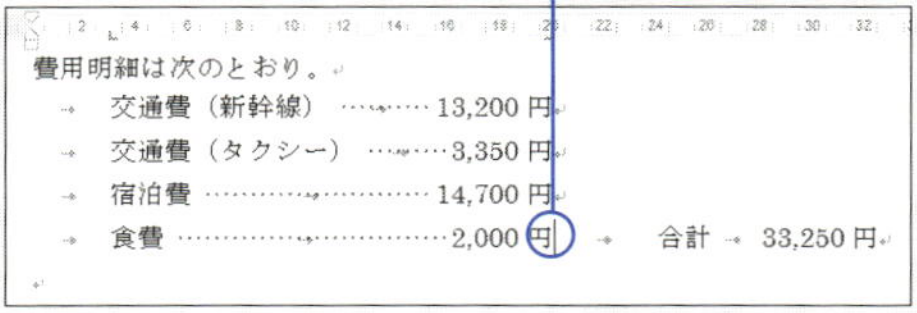

直前段落の書式が引き継がれる。

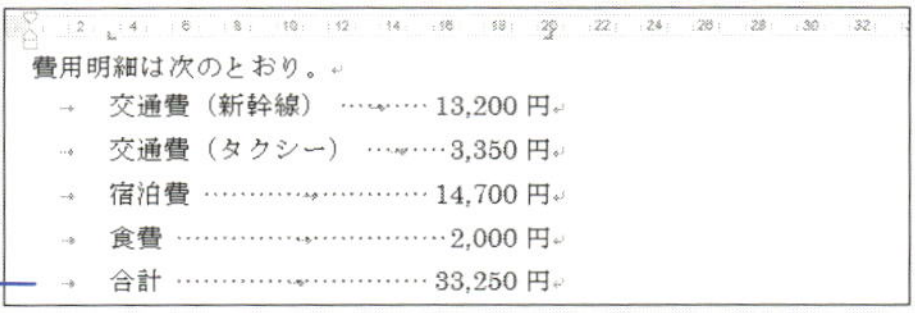

2-4 箇条書きのインデントは記号・番号と一体

Wordの箇条書きの特徴は、記号・番号と「ぶら下げインデント」です。したがって、「ぶら下げインデント」さえ理解していれば思いどおりに操作できそうです。しかし、箇条書きのインデントは記号・番号と一体で、通常のインデントとは扱いが異なります。

箇条書きのツボは記号・番号と「ぶら下げインデント」

箇条書きは、先頭に記号・番号を付け、箇条文の左端を揃える形式が一般的です。Wordでこのような体裁にする場合、**記号・番号の左端は「左インデント」で調整し、箇条文の左端は「ぶら下げインデント」で調整します。**

記号・番号を直接入力するのであれば、記号・番号に続いてタブ文字と箇条文を入力し、あとはインデントを設定するだけで済みます。

ただし、連番を付ける場合は番号の入力間違いに気を付ける必要があります。

▼手動で箇条書きの体裁にする

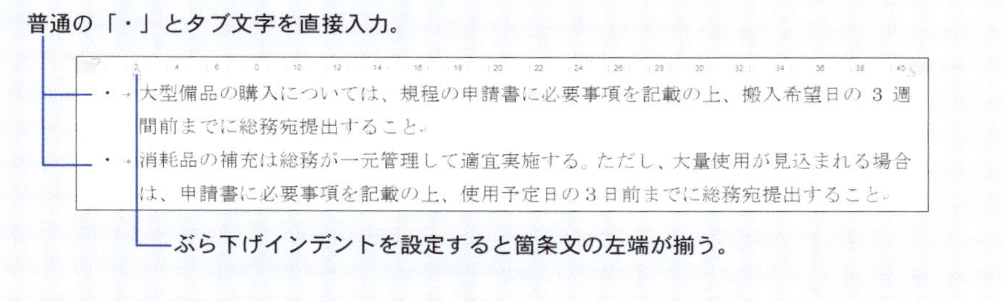
普通の「・」とタブ文字を直接入力。
・→大型備品の購入については、規程の申請書に必要事項を記載の上、搬入希望日の 3 週間前までに総務宛提出すること。↵
・→消耗品の補充は総務が一元管理して適宜実施する。ただし、大量使用が見込まれる場合は、申請書に必要事項を記載の上、使用予定日の3日前までに総務宛提出すること。↵
ぶら下げインデントを設定すると箇条文の左端が揃う。

一方、[ホーム] タブの箇条書き関連ボタンあるいは入力オートフォーマットによる箇条書きを使うと、記号・番号と「ぶら下げインデント」が自動設定されます。また、番号は自動的に連番になるので、誤入力に気をつかう必要はありません。その上、箇条書きの段落の順序を入れ替えたり、追加・削除した場合でも、連番が自動修正されるので便利です。

ちなみに、Word2003以前の箇条書きでは箇条文の先頭にあたる位置に「左揃えタブ」が設定されましたが、Word2007以降は不要になりました。

▼箇条書き用のボタンを使う

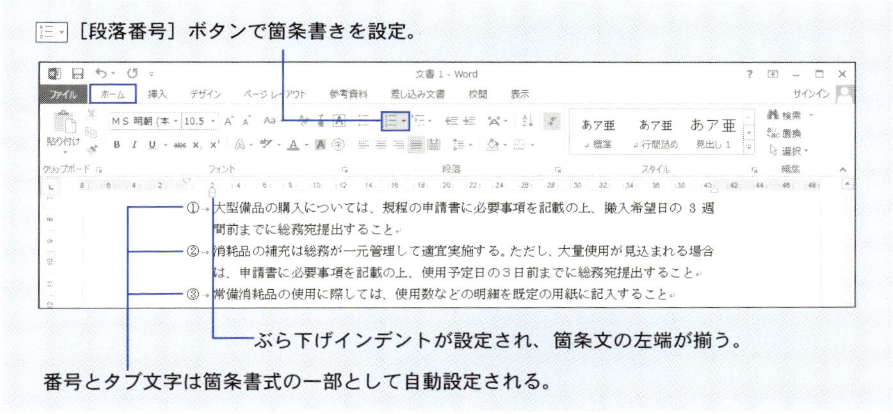
[段落番号] ボタンで箇条書きを設定。
文書 1 - Word
ファイル
ホーム
挿入
デザイン
ページレイアウト
参考資料
差し込み文書
校閲
表示
①→大型備品の購入については、規程の申請書に必要事項を記載の上、搬入希望日の 3 週間前までに総務宛提出すること。
②→消耗品の補充は総務が一元管理して適宜実施する。ただし、大量使用が見込まれる場合は、申請書に必要事項を記載の上、使用予定日の３日前までに総務宛提出すること。
③→常備消耗品の使用に際しては、使用数などの明細を既定の用紙に記入すること。
ぶら下げインデントが設定され、箇条文の左端が揃う。
番号とタブ文字は箇条書式の一部として自動設定される。

箇条書きと通常の段落ではインデントの扱いが異なる

［ホーム］タブの箇条書き関連ボタン あるいは入力オートフォーマットで設定した一連の箇条書きは全体がセットとして扱われ、いずれかの記号・番号をドラッグすれば、箇条書き全体の左端の位置を調整できます。

▼箇条書きの左端の位置を調整するには記号・番号のドラッグが簡単

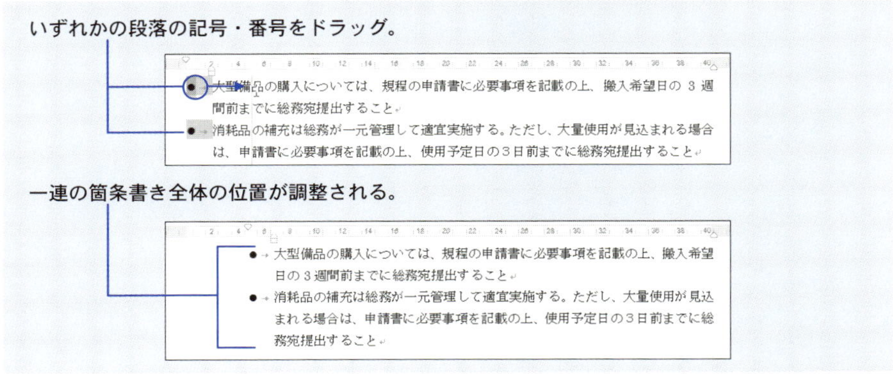
いずれかの段落の記号・番号をドラッグ。
●→大型備品の購入については、規程の申請書に必要事項を記載の上、搬入希望日の 3 週間前までに総務宛提出すること。
●→消耗品の補充は総務が一元管理して適宜実施する。ただし、大量使用が見込まれる場合は、申請書に必要事項を記載の上、使用予定日の３日前までに総務宛提出すること。
一連の箇条書き全体の位置が調整される。
●→大型備品の購入については、規程の申請書に必要事項を記載の上、搬入希望日の３週間前までに総務宛提出すること。
●→消耗品の補充は総務が一元管理して適宜実施する。ただし、大量使用が見込まれる場合は、申請書に必要事項を記載の上、使用予定日の３日前までに総務宛提出すること。

しかし、インデントマーカーや［段落］ダイアログボックスを使う場合は箇条書きと無関係の段落として扱われるので、位置を調整するには箇条書きの段落範囲全体を選択する必要があります。また、この方法でインデントを変えると記号・番号のドラッグができなくなるなどの不都合が生じます。

▼インデントマーカーを使うと段落単位でしか処理されない

適当な段落内に文字カーソルを置いてインデントマーカーをドラッグ。

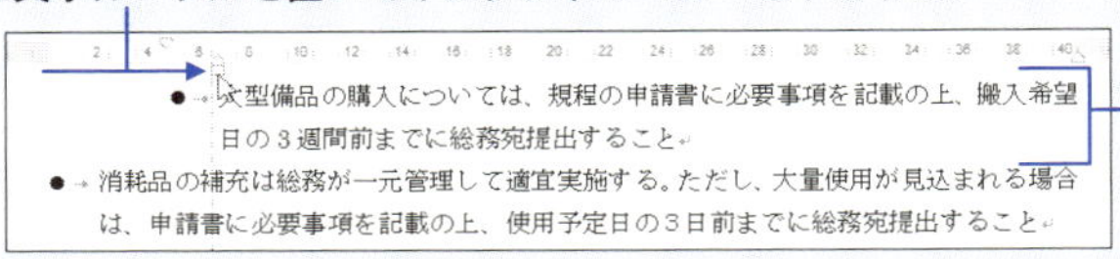

大型備品の購入については、規程の申請書に必要事項を記載の上、搬入希望日の３週間前までに総務宛提出すること
消耗品の補充は総務が一元管理して適宜実施する。ただし、大量使用が見込まれる場合は、申請書に必要事項を記載の上、使用予定日の３日前までに総務宛提出すること

選択した段落のインデントしか処理されない。

段落範囲を選択してインデントマーカーをドラッグすれば、見かけ上は処理される。

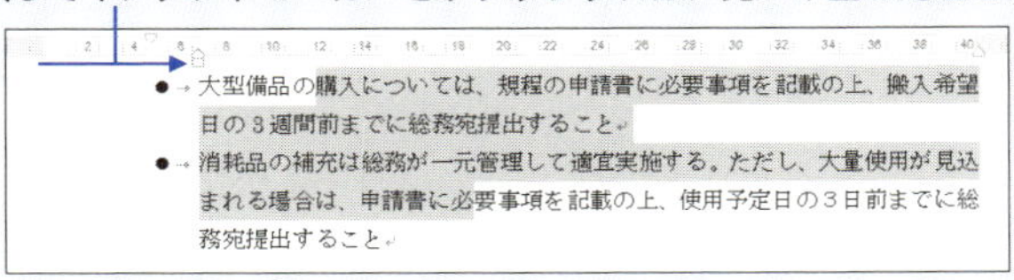

大型備品の購入については、規程の申請書に必要事項を記載の上、搬入希望日の３週間前までに総務宛提出すること
消耗品の補充は総務が一元管理して適宜実施する。ただし、大量使用が見込まれる場合は、申請書に必要事項を記載の上、使用予定日の３日前までに総務宛提出すること

インデントマーカーを使うと、以降は記号・番号のドラッグが利かなくなる。

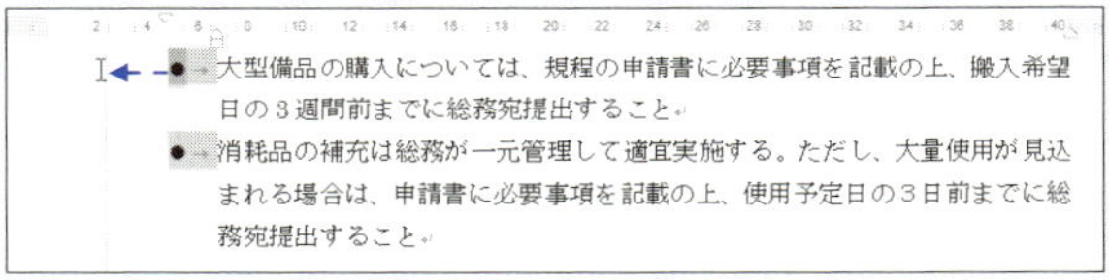

大型備品の購入については、規程の申請書に必要事項を記載の上、搬入希望日の３週間前までに総務宛提出すること
消耗品の補充は総務が一元管理して適宜実施する。ただし、大量使用が見込まれる場合は、申請書に必要事項を記載の上、使用予定日の３日前までに総務宛提出すること

➤箇条書きのインデントを調整するには専用のダイアログボックスを使う

箇条書き段落の左端およびぶら下げインデントの位置を正確に調整するには専用のダイアログボックスを使います。

▼箇条書きのインデントを調整する

箇条書き段落内で右クリックし、［リストのインデントの調整...］をクリック。

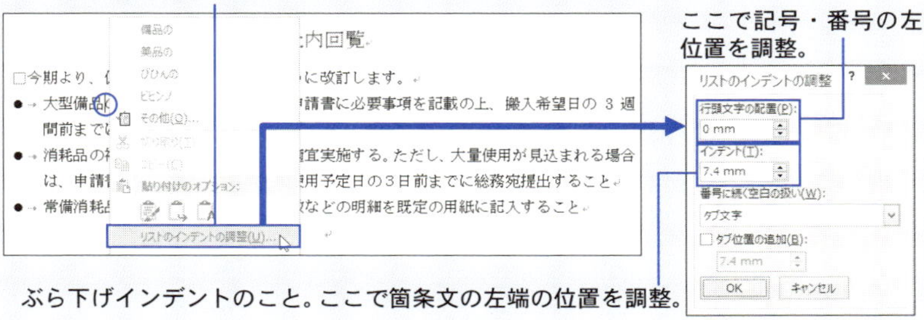

ここで記号・番号の左端の位置を調整。
リストのインデントの調整
行頭文字の配置(P):
0 mm
インデント(I):
7.4 mm
番号に続く空白の扱い(W):
タブ文字
タブ位置の追加(B):
7.4 mm
OK
キャンセル
リストのインデントの調整(U)...
貼り付けのオプション:
ぶら下げインデントのこと。ここで箇条文の左端の位置を調整。

［リストのインデントの調整］ダイアログボックスの［番号に続く空白の扱い］とは、記号・番号と箇条文１行目との間を埋める文字のことで、［タブ文字］［スペース］［なし］という３つの選択肢があります。

［タブ文字］は、箇条文 1 行目の左端を「ぶら下げインデント」に揃える場合に選択します。［スペース］と［なし］では「ぶら下げインデント」は無視され、箇条文 1 行目左端の位置はなりゆきになります。

［タブ位置の追加］は、たとえば下図のように箇条文 1 行目と 2 行目以降で左端の位置を変えたい場合に使います。

▼箇条文の先頭に小見出しを付けるには［タブ位置の追加］を使う

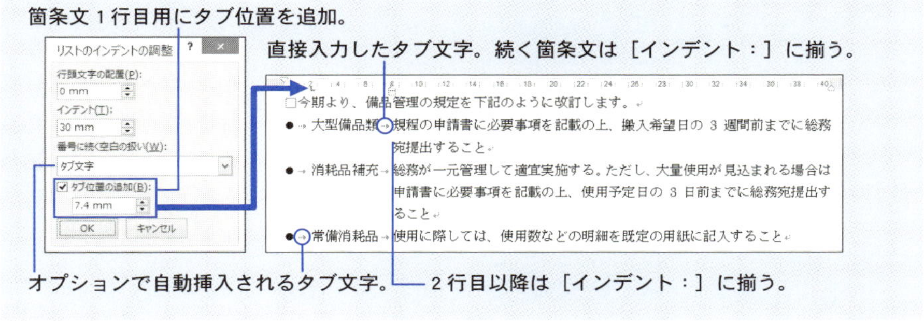
箇条文 1 行目用にタブ位置を追加。
直接入力したタブ文字。続く箇条文は［インデント：］に揃う。
リストのインデントの調整
行頭文字の配置(P):
0 mm
インデント(I):
30 mm
番号に続く空白の扱い(W):
タブ文字
タブ位置の追加(B):
7.4 mm
OK
キャンセル
今期より、備品管理の規定を下記のように改訂します。
大型備品類　規程の申請書に必要事項を記載の上、搬入希望日の 3 週間前までに総務宛提出すること
消耗品補充　総務が一元管理して適宜実施する。ただし、大量使用が見込まれる場合は申請書に必要事項を記載の上、使用予定日の 3 日前までに総務宛提出すること
常備消耗品　使用に際しては、使用数などの明細を既定の用紙に記入すること
オプションで自動挿入されるタブ文字。
2 行目以降は［インデント：］に揃う。

箇条書きの連番はショートカットメニューで処理

番号式の箇条書きは、番号の文字種とインデントが同じであれば離れていても連番にできます。連番とするか、あらたに起番するかは、箇条書式の適用直後であれば［オートコレクトのオプション］ボタンで変更できます。このボタンは、箇条文を確定して Enter キーを押すまで有効です。

▼箇条書きの番号付けの方法を選択する

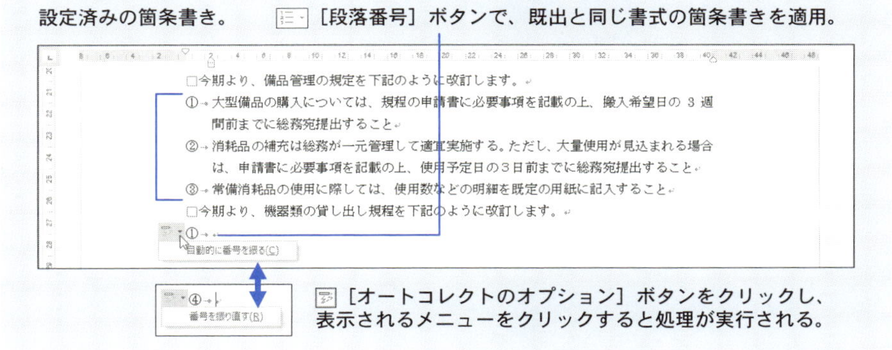
設定済みの箇条書き。
［段落番号］ボタンで、既出と同じ書式の箇条書きを適用。
今期より、備品管理の規定を下記のように改訂します。
① 大型備品の購入については、規程の申請書に必要事項を記載の上、搬入希望日の 3 週間前までに総務宛提出すること
② 消耗品の補充は総務が一元管理して適宜実施する。ただし、大量使用が見込まれる場合は、申請書に必要事項を記載の上、使用予定日の 3 日前までに総務宛提出すること
③ 常備消耗品の使用に際しては、使用数などの明細を既定の用紙に記入すること
今期より、機器類の貸し出し規程を下記のように改訂します。
①
自動的に番号を振る(C)
④
番号を振り直す(R)
［オートコレクトのオプション］ボタンをクリックし、表示されるメニューをクリックすると処理が実行される。

　連番・起番をあとから変えるには、変えたい箇条書き段落で右クリックし、ショートカットメニューで処理を選択します。

▼箇条書きの番号付けを変える

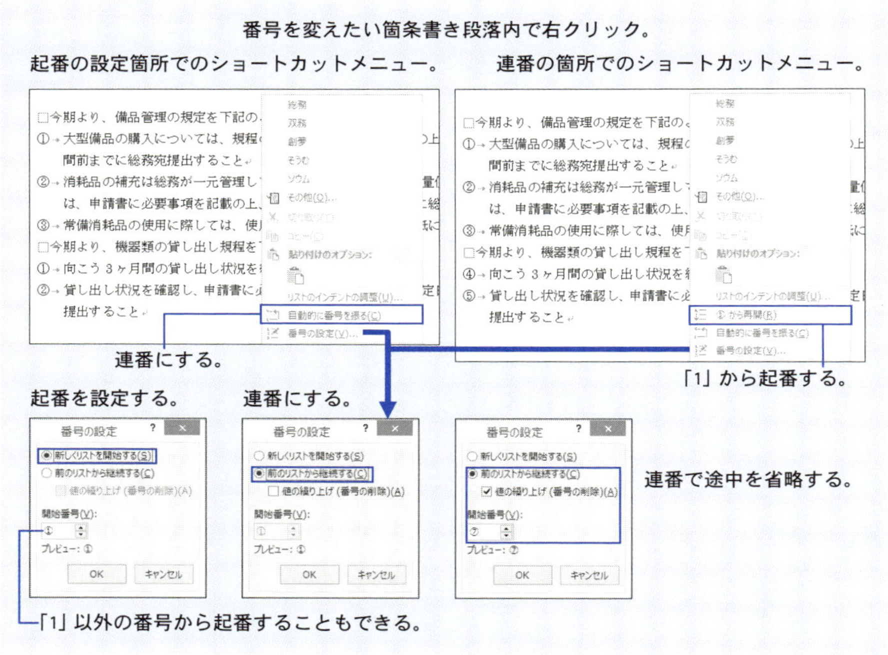
番号を変えたい箇条書き段落内で右クリック。
起番の設定箇所でのショートカットメニュー。
連番の箇所でのショートカットメニュー。
連番にする。
「1」から起番する。
起番を設定する。
連番にする。
連番で途中を省略する。
「1」以外の番号から起番することもできる。

［値の繰り上げ（番号の削除）］とは、たとえば「1、2、3……」に続いて「7、8、9……」などのように連番の途中を省略する機能です。連番は維持されているので、途中で箇条書きを追加・削除すれば、番号は自動的に修正されます。

　ただし、値の繰り上げ機能は番号自体が省略されるわけではなく、途中に「隠し文字」扱いの箇条書き段落を入れるだけです。したがって、**［ホーム］タブ**の **［編集記号の表示／非表示］ボタン**をオンにすれば見えてしまいます。

▼値の繰り上げ機能は途中の段落を「隠し文字」にしているだけ

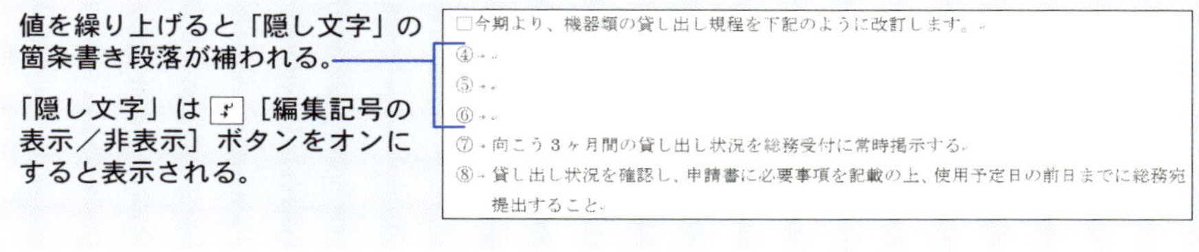
値を繰り上げると「隠し文字」の箇条書き段落が補われる。
「隠し文字」は［編集記号の表示／非表示］ボタンをオンにすると表示される。

[リスト段落] スタイルを適用しても箇条書きにはならない

「スタイルは難しいから使わない」……と思っていても、いつの間にか使っているスタイルがあります。すでに各所でふれた [標準] スタイルはもちろんですが、[ホーム] タブのボタンによる箇条書きもそうです。Word2007以降の最初の設定では、これらのボタンを [標準] スタイルの段落上で使った場合に限り、**[リスト段落] スタイル**が適用されます。

「それなら [リスト段落] スタイルを適用しても箇条書きになるのでは？」と思われた方のために補足しておきますが、[リスト段落] スタイルに登録されているのは「左インデント」だけで、あとの書式は [標準] スタイルとまったく同じです。したがって、いきなり [リスト段落] スタイルを適用しても、左インデントの位置が変わるだけです。

▼箇条書きには [リスト段落] スタイルが適用される

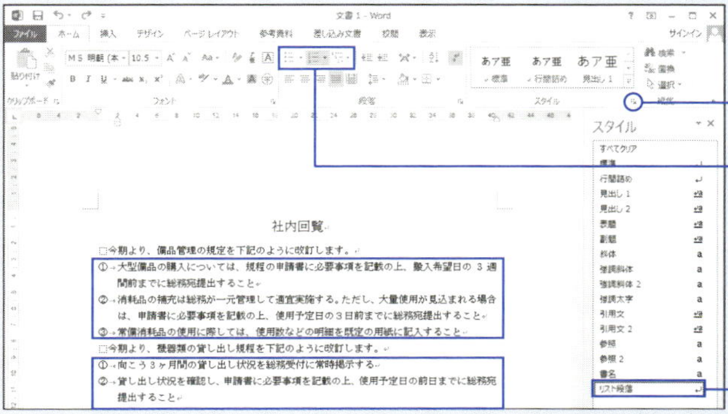

[スタイル] ウィンドウを呼び出すにはここをクリック。

[標準] スタイルの段落上でこれらのボタンをクリックすると [リスト段落] スタイルが適用される。

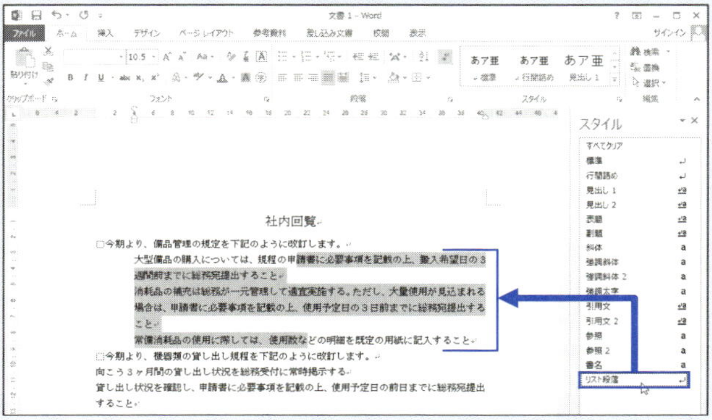

普通の本文に対して直接 [リスト段落] スタイルを適用しても、左インデントの位置が変わるだけ。

なお、[Word のオプション] ダイアログボックスの [詳細設定] - [編集オプション] の [箇条書きや段落番号に標準スタイルを使用する] をオンにすれば、[標準] スタイルのままで箇条書きにすることもできます。

➤箇条書きの前後だけを空けるには段落スタイルが便利

段落スタイルを使い分ける利点はたくさんありますが、箇条書きで便利な機能としてあげられるのが**段落前後の空きオプション**です。

箇条書きはその前後を少し空けるとメリハリが付き、読みやすくなります。空の段落を単純に補う方法もありますが、「段落の前あるいは後を空ける」という段落書式を利用すれば、空きの大きさを簡単に調整できます。

たんに空きオプションを利用する場合は、箇条書きの先頭段落と末尾の段落それぞれについて作業する必要がありますが、[同じスタイルの場合は段落間にスペースを追加しない] オプションを併用すれば、箇条書きの段落範囲を選択して空きを設定するだけで、箇条書きの前後だけ空けることができます。

ボタンによる箇条書きでこのオプションが使えるのは、自動的に [リスト段落] スタイルが適用されるおかげです。

▼段落前後を空けるには段落書式が便利

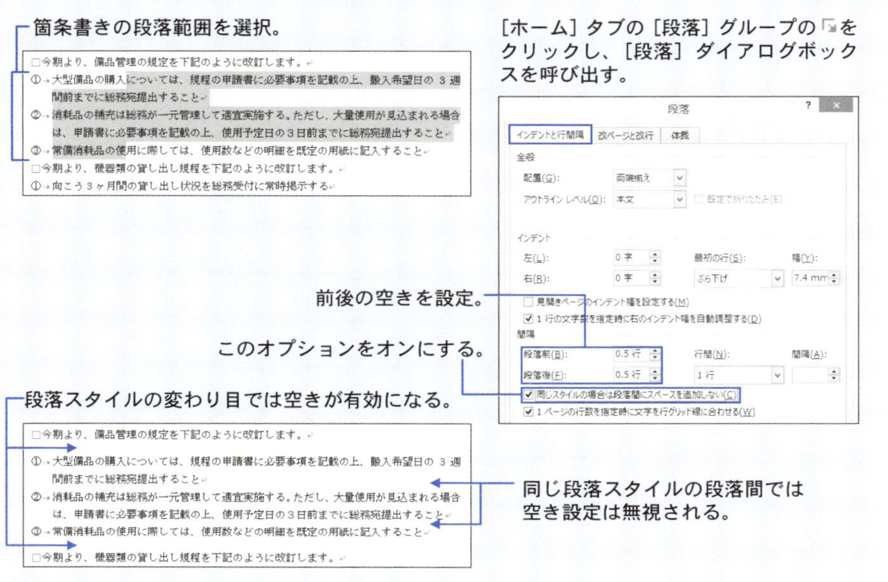
箇条書きの段落範囲を選択。
[ホーム] タブの [段落] グループのをクリックし、[段落] ダイアログボックスを呼び出す。
前後の空きを設定。
このオプションをオンにする。
段落スタイルの変わり目では空きが有効になる。
同じ段落スタイルの段落間では空き設定は無視される。
段落
インデントと行間隔
改ページと改行
体裁
段落前(B):
段落後(F):
0.5 行
同じスタイルの場合は段落間にスペースを追加しない(C)

2-5 段落飾りは段落罫線と網かけで処理

見出しや注釈など、いろいろな要素が混ざる文書では、要素ごとに書式を変えてメリハリを付けることが大切です。そこでぜひ活用したいのが「段落罫線」と段落の「網かけ」です。ごく簡単な操作で、段落を囲んだり、斜線や網点などで目立たせることができます。

「段落罫線」と段落の「網かけ」は段落書式の一種

「段落罫線」と段落の「網かけ」は、これまでに扱ってきたインデントや行高などと同じ段落書式の一種です。したがって、設定するにはまず段落範囲を選択し、関連ボタンをクリックします。

ただし、すでに68ページ「**均等割り付けと罫線関係のボタンに注意**」でふれたように、段落罫線用のボタンは文字の「囲み線」や表にも使います。したがって、段落に適用するには段落記号↵を選択範囲に含める必要があります。

▼「段落罫線」、段落の「網かけ」は選択範囲に注意

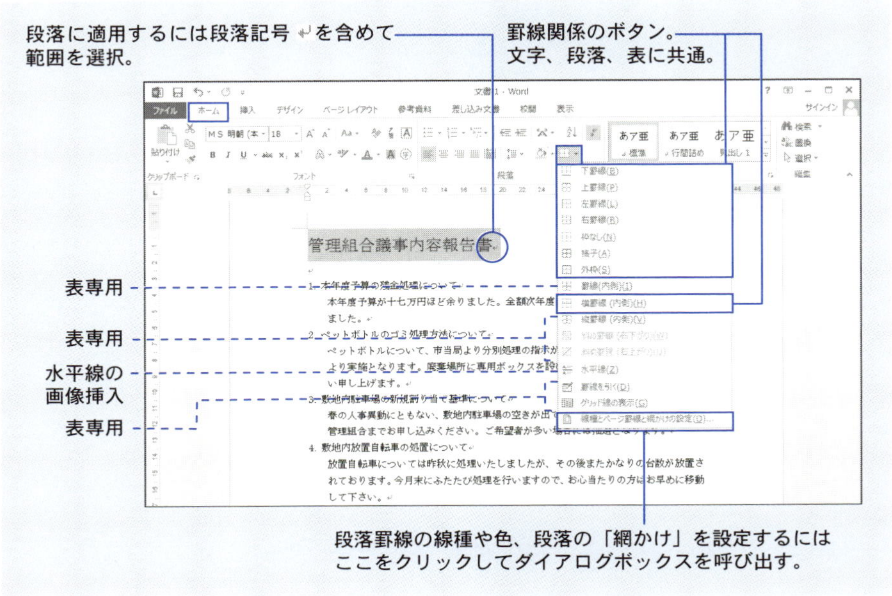
段落に適用するには段落記号↵を含めて範囲を選択。
罫線関係のボタン。文字、段落、表に共通。
管理組合議事内容報告書
表専用
表専用
水平線の画像挿入
表専用
段落罫線の線種や色、段落の「網かけ」を設定するにはここをクリックしてダイアログボックスを呼び出す。

段落の「網かけ」を設定するにはあとでふれる［線種とページ罫線と網かけの設定］ダイアログボックスを使います。［ホーム］タブの［段落］グループには［塗りつぶし］ボタンがありますが、これは文字の網かけと表のセルの網かけ用で、段落の網かけには使えません。

＞上下の罫線と段落間罫線は別のオプション

段落罫線で誤解されやすいのは上下の罫線の付き方です。たとえば複数の段落範囲を選択して周囲に段落罫線を付けると、選択範囲全体が囲まれます。これは、**連続する段落に同じ書式の上罫線あるいは下罫線が設定されている場合、途中の罫線は省略される**仕様になっているためです。

ここでいう「同じ書式」とは、線種や線の色、左右のインデントが同じという意味です。線の書式が同じでも、左右のインデントの位置が異なれば別扱いになります。線の書式については次項で解説します。

▼上罫線、下罫線は段落範囲全体の上下に付く

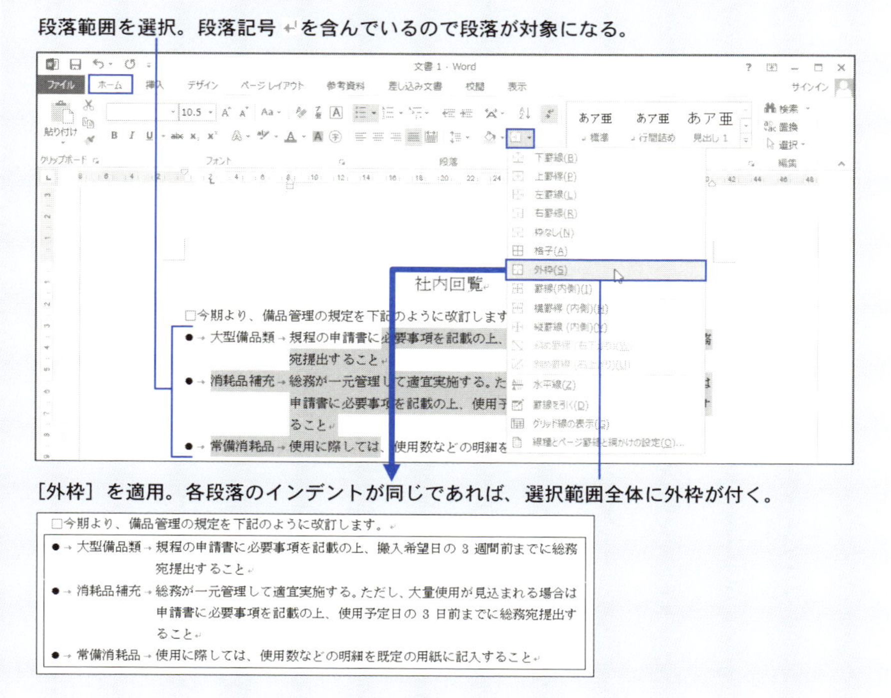
段落範囲を選択。段落記号↵を含んでいるので段落が対象になる。
外枠(S)
社内回覧
［外枠］を適用。各段落のインデントが同じであれば、選択範囲全体に外枠が付く。
□今期より、備品管理の規定を下記のように改訂します。
●→大型備品類→規程の申請書に必要事項を記載の上、搬入希望日の3週間前までに総務宛提出すること
●→消耗品補充→総務が一元管理して適宜実施する。ただし、大量使用が見込まれる場合は申請書に必要事項を記載の上、使用予定日の3日前までに総務宛提出すること
●→常備消耗品→使用に際しては、使用数などの明細を既定の用紙に記入すること

連続する段落ごとに罫線で囲むには、上下の罫線とは別に「**段落間罫線**」を設定します。ただし、段落間罫線を表示させるには、上下の段落の両方に設定する必要があります。一方だけでは表示されません。下図では 3 つの段落範囲を選択しているので、それぞれの間に段落罫線が表示されます。

▼段落ごとに囲むには上下の罫線と「段落間罫線」を併用する

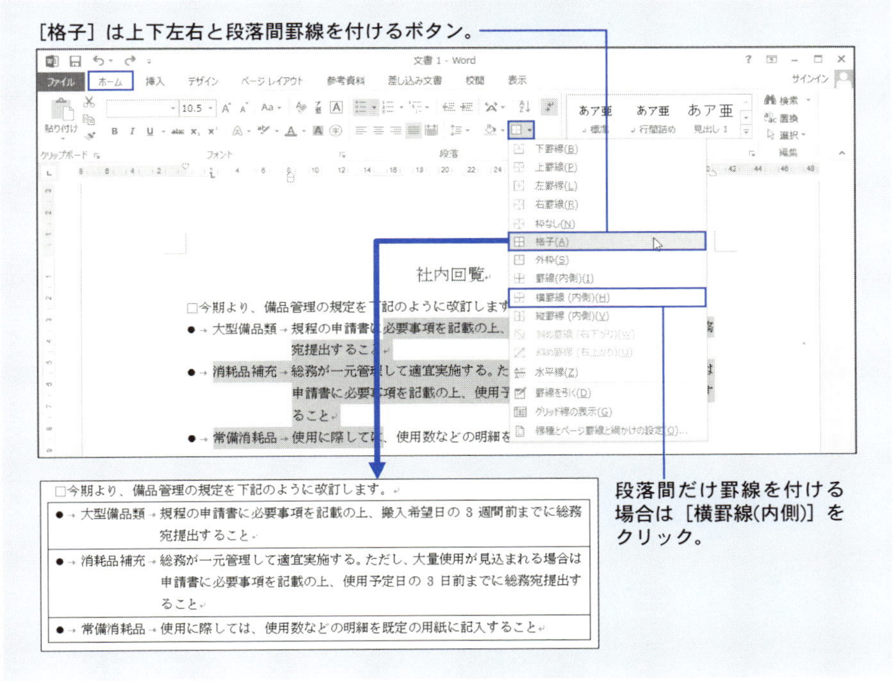
[格子] は上下左右と段落間罫線を付けるボタン。
文書 1 - Word
ファイル
ホーム
挿入
デザイン
ページ レイアウト
参考資料
差し込み文書
校閲
表示
下罫線(B)
上罫線(P)
左罫線(L)
右罫線(R)
枠なし(N)
格子(A)
外枠(S)
罫線(内側)(I)
横罫線 (内側)(H)
縦罫線 (内側)(V)
水平線(Z)
罫線を引く(D)
グリッド線の表示(G)
線種とページ罫線と網かけの設定(O)...
社内回覧
□今期より、備品管理の規定を下記のように改訂します。
●→大型備品類→規程の申請書に必要事項を記載の上、搬入希望日の 3 週間前までに総務宛提出すること
●→消耗品補充→総務が一元管理して適宜実施する。ただし、大量使用が見込まれる場合は申請書に必要事項を記載の上、使用予定日の 3 日前までに総務宛提出すること
●→常備消耗品→使用に際しては、使用数などの明細を既定の用紙に記入すること
段落間だけ罫線を付ける場合は [横罫線(内側)] をクリック。

▶行ごとに罫線を付けることはできない

段落罫線は段落書式、つまり段落単位で罫線を付ける機能です。Word には行単位の書式はなく、行ごとに罫線を付けることはできません。

▶[水平線] は段落罫線とは別の機能

上図の一覧に見られる [水平線] は段落書式ではなく、文字カーソルを置いた段落の直後に水平線の画像入りの段落を挿入する機能です。あらかじめ範囲を選択すると、その部分が水平線画像に置き換わってしまうので注意してください。本書では水平線については説明を省略します。

線種や線の色はダイアログボックスで設定する

前ページの図に見られる罫線メニューで設定される線の書式は、とくに設定を変えなければ「0.5pt」の実線、色は「自動」です。

異なる線の書式を設定するにはメニュー下端の［線種とページ罫線と網かけの設定］をクリックし、下図のダイアログボックスを呼び出します。まず左側で基本パターンを選択してから、罫線の種類、色、太さを選択します。

▼段落罫線の書式を設定する

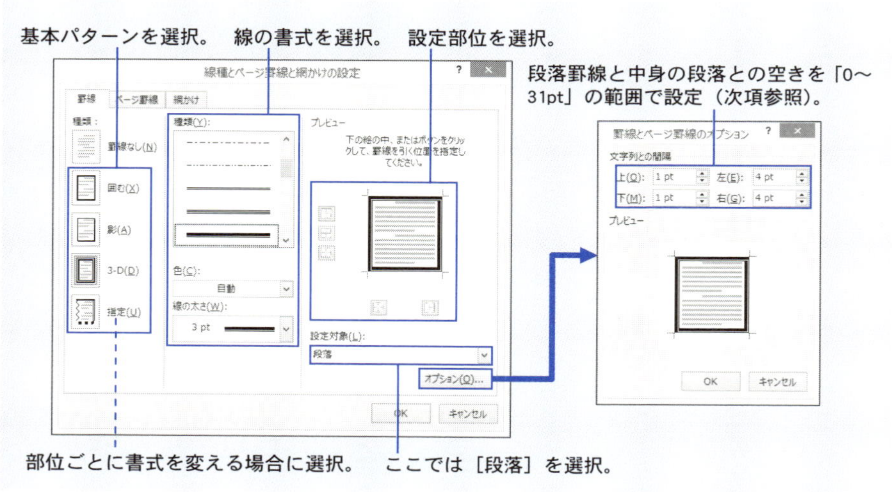

基本パターンの［囲む］は四辺に同じ書式の罫線を表示します。［影］は四辺に同じ書式の罫線を表示し、さらに右下に影を付けます。［3-D］は罫線が立体的に見えるように表示します。上図のように太さの異なる二重線、いわゆる「子持ち罫」を設定した場合にのみ効果が現れます。

［指定］は、四辺のそれぞれについて異なる書式の罫線を表示する場合に選択します。この場合は罫線の種類、色、太さを選択してから、［プレビュー］で設定部位をクリックします。下辺だけ、左辺と上辺だけ……のように、一部にのみ付けることもできます。［囲む］などでもプレビューで設定部位を選択できますが、この場合は自動的に［指定］に変わります。

段落間に罫線を付ける場合は、あらかじめ複数の段落範囲を選択してください。ひとつでは［プレビュー］の［横罫線(内側)］ボタンは表示されません。

このダイアログボックスで設定を変えると、以降は［下罫線］ボタンなどの罫線ボタンでもその書式が採用されます。

段落罫線の幅はインデントとオプションで決まる

段落罫線の幅は、上下の罫線だけであれば左右のインデントに一致します。左右の罫線を付けた場合は、罫線とインデントの間に最小限の空きが設けられ、さらに前ページの［罫線とページ罫線のオプション］ダイアログボックスの［左］［右］に設定した値と罫線の太さの分だけ飛び出します。つまり、左右の空きオプションを「0」にしても、インデントより飛び出すことになります。

▼段落罫線の幅とインデントとの関係

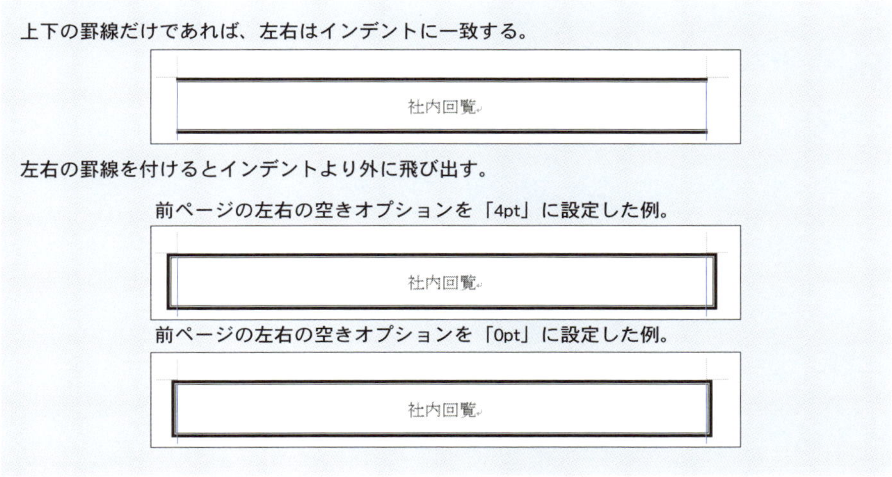
上下の罫線だけであれば、左右はインデントに一致する。
社内回覧
左右の罫線を付けるとインデントより外に飛び出す。
前ページの左右の空きオプションを「4pt」に設定した例。
社内回覧
前ページの左右の空きオプションを「0pt」に設定した例。
社内回覧

上下の段落罫線を付けると段落の高さが変わる

段落罫線の高さは、左右の罫線だけであれば段落の高さ（段落内の各行高の合計）に一致します。上下の罫線を付けた場合は、前ページの［罫線とページ罫線のオプション］ダイアログボックスの［上］［下］に設定した値と罫線の太さの分だけ行が下方にずれていきます。

すでに86ページ「［1ページの行数を指定時に文字を行グリッド線に合わせる］の意味」で解説したように、行グリッド線には行の強制力はありません。

▼段落罫線の高さと行グリッド線との関係

左右の罫線だけであれば、段落の上下位置は変わらない。

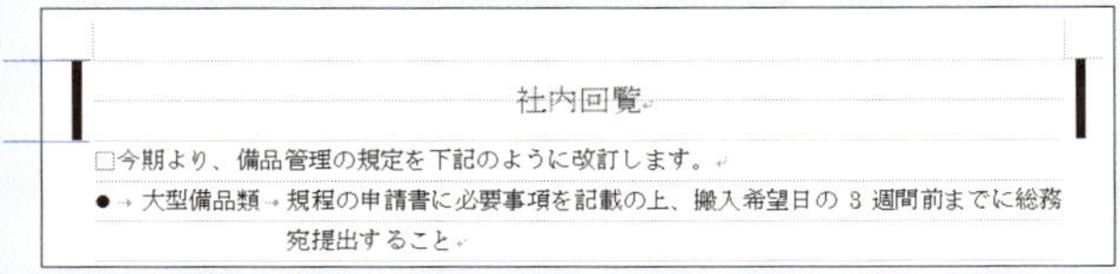
社内回覧
□今期より、備品管理の規定を下記のように改訂します。
●→大型備品類→規程の申請書に必要事項を記載の上、搬入希望日の 3 週間前までに総務宛提出すること

上下の罫線を付けると段落は下方にずれていく。

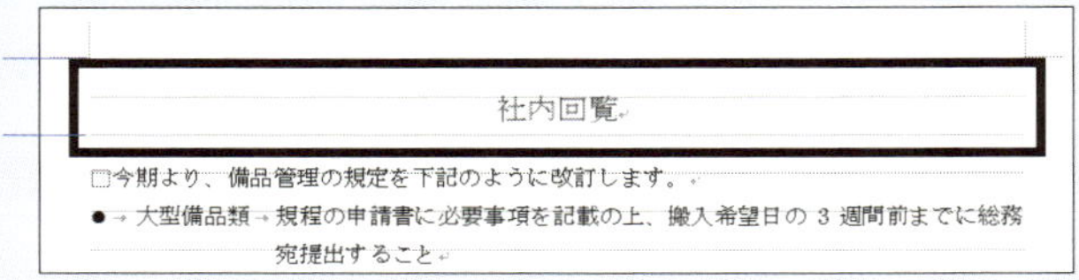
社内回覧
□今期より、備品管理の規定を下記のように改訂します。
●→大型備品類→規程の申請書に必要事項を記載の上、搬入希望日の 3 週間前までに総務宛提出すること

網かけは背景色と網パターンの組み合わせ

段落に「網かけ」を設定するには［線種とページ罫線と網かけの設定］ダイアログボックスを使います。すでにふれたように、［ホーム］タブの［塗りつぶし］ボタンは文字と表の網かけ用で、段落には使えません。

網かけは「背景色」と前景の「網パターン」からなっていますが、片方だけ設定することもできます。

▼段落に「網かけ」を設定する

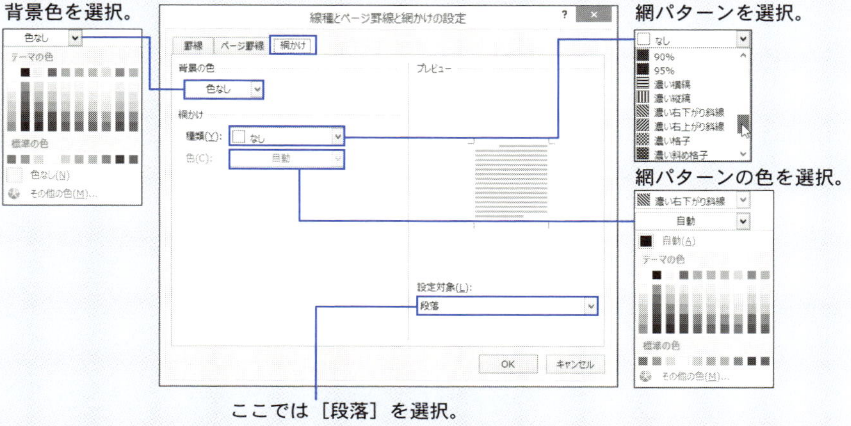
背景色を選択。
網パターンを選択。
網パターンの色を選択。
ここでは［段落］を選択。
線種とページ罫線と網かけの設定
罫線
ページ罫線
網かけ
背景の色
色なし
種類(Y):
なし
色(C):
自動
プレビュー
設定対象(L):
段落
OK
キャンセル
テーマの色
標準の色
その他の色(M)...
90%
95%
濃い横縞
濃い縦縞
濃い右下がり斜線
濃い右上がり斜線
濃い格子
濃い斜め格子
自動(A)

なお、このダイアログボックスは文字の網かけおよび表の網かけにも共通なので、設定対象に注意してください。選択範囲に段落記号↵を含めれば、設定対象は自動的に［段落］になります。

➤網かけの解除は網パターンの色を「自動」に戻すことを忘れずに

網かけの設定は簡単ですが、解除の操作は誤りやすいので注意してください。［背景の色］は［色なし］を選択すれば解除できます。網パターンは［色：］で［自動］を選択した上で、［種類：］で［なし］を選択します。

先に［種類：］を［なし］にすると［色：］は［白］に固定され、変更できなくなります。種類は「なし」でも実際には塗りつぶし 100％の「白」になるので、その段落の背面に置いた図形などは隠れてしまいます。

この場合は［種類：］でいったん適当な網パターンを選択した上で［色：］を［自動］に戻し、あらためて［種類：］を［なし］に設定してください。

▼段落の網かけの解除は網パターンの色設定に注意

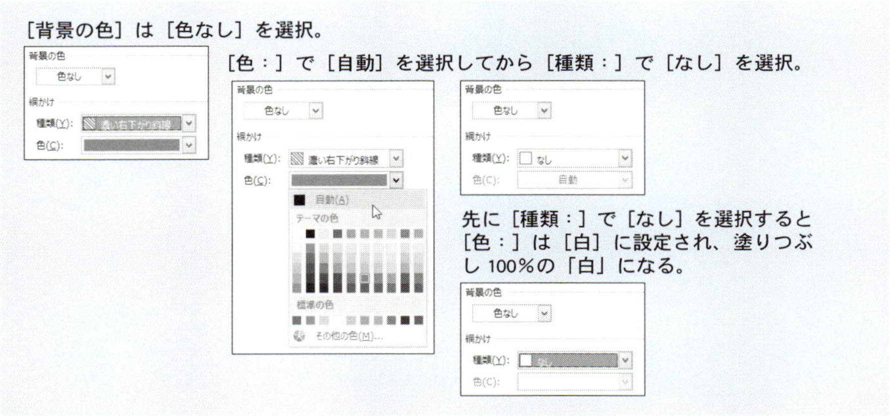
［背景の色］は［色なし］を選択。
［色：］で［自動］を選択してから［種類：］で［なし］を選択。
先に［種類：］で［なし］を選択すると［色：］は［白］に設定され、塗りつぶし 100％の「白」になる。
背景の色
色なし
網かけ
種類(Y):
色(C):
濃い右下がり斜線
自動(A)
テーマの色
標準の色
その他の色(M)...
なし
自動

段落の網かけの幅と高さは段落罫線で調整できる

段落の網かけの幅は左右のインデントに従い、高さは段落全体の高さに従います。段落罫線を併用した場合は、段落罫線に合わせて調整されます。段落罫線と背景色を同じ色に設定すれば、網かけだけのように見せかけることもできます。

試してみよう～ワンポイントレッスン

☑次の例文を入力し、段落配置とインデントで整形してみよう

Part2では段落書式の扱い方について解説しました。段落書式の中でもとくによく使われるのが「段落配置」と「インデント」です。もしこれまでスペースで整形しているなら、このさい「場当たり式」を卒業し、実際に使ってみることをお勧めします。次の文は「見出し」「本文」「箇条書き」「署名」からなる典型的な案内状の例です。簡単すぎるかもしれませんが、以降のレッスンでも使うので試してみてください。

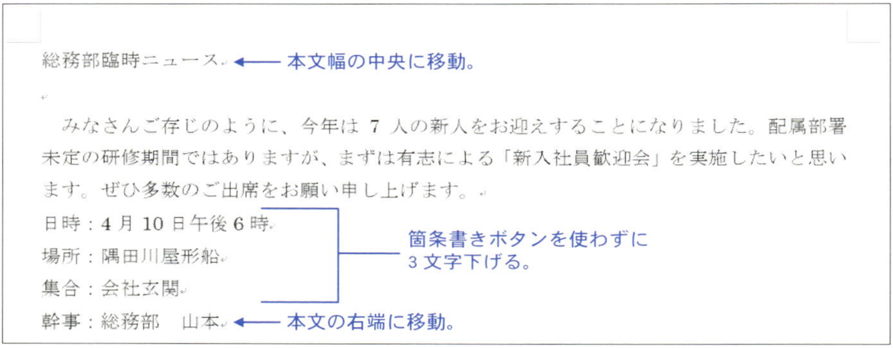
総務部臨時ニュース
本文幅の中央に移動。
みなさんご存じのように、今年は 7 人の新人をお迎えすることになりました。配属部署未定の研修期間ではありますが、まずは有志による「新入社員歓迎会」を実施したいと思います。ぜひ多数のご出席をお願い申し上げます。
日時：4 月 10 日午後 6 時
場所：隅田川屋形船
集合：会社玄関
箇条書きボタンを使わずに
3 文字下げる。
幹事：総務部　山本
本文の右端に移動。

解説

見出しの中央移動と署名の右端移動は［ホーム］タブの［中央揃え］ボタンと［右揃え］ボタンを使えば簡単です。いずれも段落はひとつなので、段落内に文字カーソルを置いてこれらのボタンをクリックするだけで移動できます。

「日時」～「集合」の段落は箇条書きに変えてもよいのですが、ここでは普通のインデントだけで調整してみましょう。「3 文字下げる」ということなので、［ホーム］タブの［インデントを増やす］ボタンが便利です。段落範囲を選択し、このボタンを3回クリックすれば処理できます。

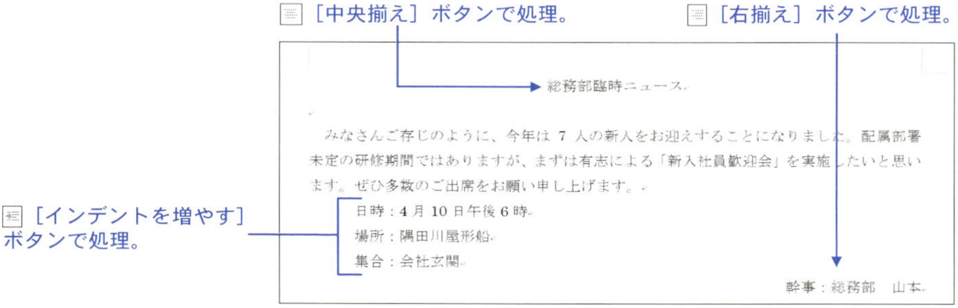
［中央揃え］ボタンで処理。
［右揃え］ボタンで処理。
総務部臨時ニュース
みなさんご存じのように、今年は 7 人の新人をお迎えすることになりました。配属部署未定の研修期間ではありますが、まずは有志による「新入社員歓迎会」を実施したいと思います。ぜひ多数のご出席をお願い申し上げます。
［インデントを増やす］
ボタンで処理。
日時：4 月 10 日午後 6 時
場所：隅田川屋形船
集合：会社玄関
幹事：総務部　山本

☑見出しのフォントサイズを変え、段落罫線で飾ってみよう

前ページで入力した例文の見出しを大きくし、段落罫線で飾ってみてください。フォントサイズを大きくすると見出しの行高は高くなります。段落罫線の高さは、段落の行高に合わせて自動的に調整されます。

見出しのフォントサイズを大きくする。この例は「16pt」に設定。

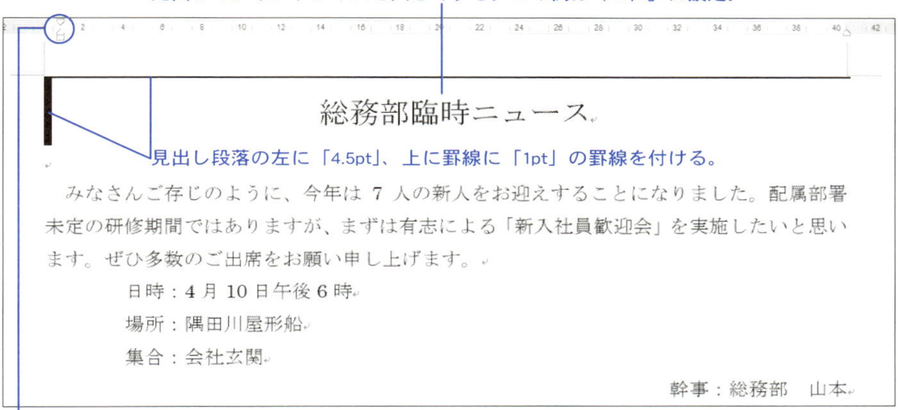
総務部臨時ニュース

みなさんご存じのように、今年は 7 人の新人をお迎えすることになりました。配属部署未定の研修期間ではありますが、まずは有志による「新入社員歓迎会」を実施したいと思います。ぜひ多数のご出席をお願い申し上げます。

日時：4 月 10 日午後 6 時

場所：隅田川屋形船

集合：会社玄関

幹事：総務部　山本

見出し段落の左に「4.5pt」、上に罫線に「1pt」の罫線を付ける。

罫線の左端が本文に揃うようにインデントを調整。

解説

段落罫線は段落書式ですが、罫線関係のボタンは文字や表にも使います。したがって、段落罫線を設定する場合は段落記号 ↵ を含む範囲を選択します（68 ページ「均等割り付けと罫線関係のボタンに注意」参照）。

例題のように四辺の部位によって罫線の書式を変えるには［線種とページ罫線と網かけの設定］ダイアログボックスの［指定］オプションを使います（104 ページ「線種や線の色はダイアログボックスで設定する」参照）。

部位によって罫線の書式を変えるには［指定］を選択。

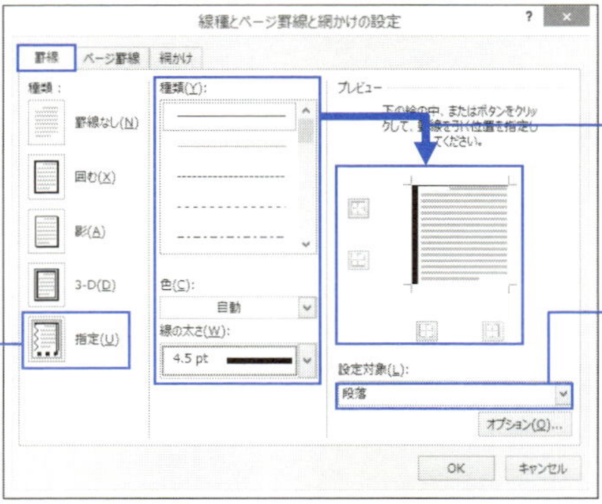

罫線書式を選択し、部位をクリック。

ここが［段落］になっていることを確認。

段落罫線を左右に付けると、インデントより外に飛び出す仕様になっています（105ページ［段落罫線の幅はインデントとオプションで決まる］参照）。四辺を囲む場合はまだしも、片側にのみ付けると不揃いが目立ってしまいます。このような場合はインデントマーカーの□の部分を内側にドラッグして調整してみてください。前ページの例題は調整済みの例です。
ちなみに、［中央揃え］は「左右のインデントの中央を基準にする」という意味なので、［中央揃え］にしても左右のインデントは活きています。

左右の段落罫線はインデントより飛び出す仕様になっている。

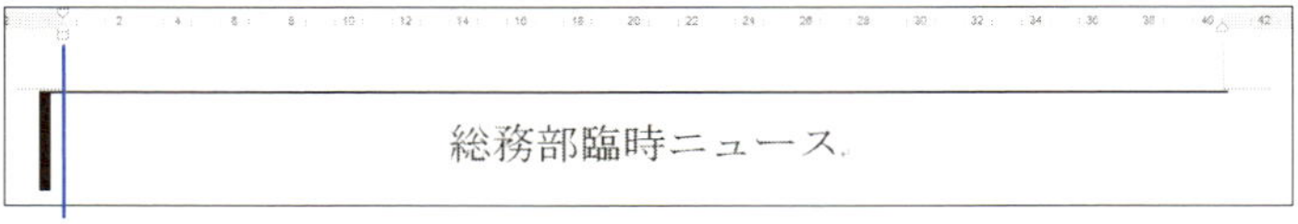
総務部臨時ニュース

☑箇条書きの部分を専用書式で整形してみよう

108ページのレッスンでは、「日時」～「集合」の段落を普通のインデントで字下げしました。この部分を箇条書きの書式に変えてみましょう。［箇条書き］ボタン、［段落番号］ボタンは、字下げされた段落にそのまま使うこともできますが、ここでは練習を兼ねて、［インデントを減らす］ボタンでいったん「0」の位置に戻してから［箇条書き］ボタンをクリックしてみてください。
なお、［箇条書き］ボタンで設定される記号の種類とインデントの状態は使用状況によって異なるので、下図のとおりでなくともかまいません。

段落範囲を選択。

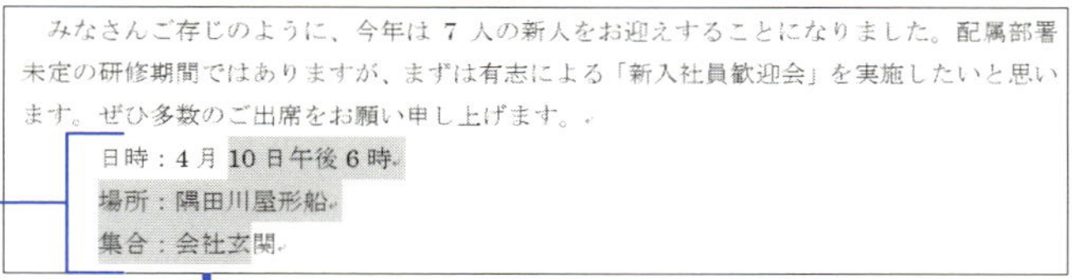
みなさんご存じのように、今年は7人の新人をお迎えすることになりました。配属部署未定の研修期間ではありますが、まずは有志による「新入社員歓迎会」を実施したいと思います。ぜひ多数のご出席をお願い申し上げます。
日時：4月10日午後6時。
場所：隅田川屋形船。
集合：会社玄関。

［インデントを減らす］ボタンをクリックし、「0」の位置に戻す。

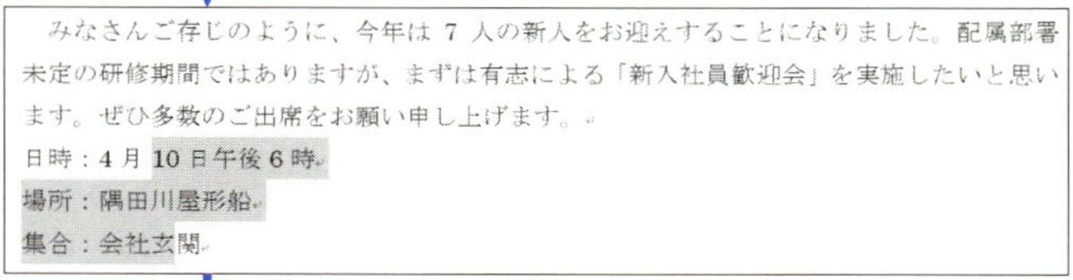
みなさんご存じのように、今年は7人の新人をお迎えすることになりました。配属部署未定の研修期間ではありますが、まずは有志による「新入社員歓迎会」を実施したいと思います。ぜひ多数のご出席をお願い申し上げます。
日時：4月10日午後6時。
場所：隅田川屋形船。
集合：会社玄関。

あらためて［箇条書き］ボタンをクリック。

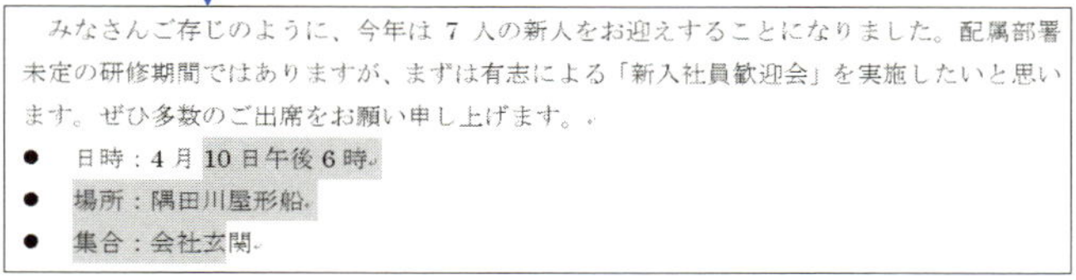
みなさんご存じのように、今年は7人の新人をお迎えすることになりました。配属部署未定の研修期間ではありますが、まずは有志による「新入社員歓迎会」を実施したいと思います。ぜひ多数のご出席をお願い申し上げます。
● 日時：4月10日午後6時。
● 場所：隅田川屋形船。
● 集合：会社玄関。

☑箇条書きの左端の位置、記号と箇条文の空きを変えてみよう

箇条書きのインデントは記号・番号と一体になっており、通常のインデントとは扱いが異なります。インデントマーカーや［段落］ダイアログボックスを使わず、正しい方法で調整してみてください。ヒントは 96 ページの図「箇条書きのインデントを調整する」です。下図は左端を 3 字分下げ、箇条文を左端から 4 字分の位置に設定した例です。

左端を 3 字分、箇条文を 4 字分下げた例。

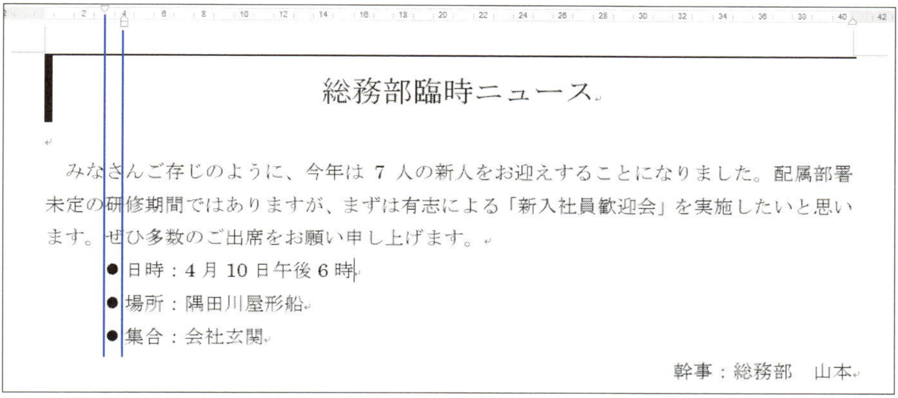
総務部臨時ニュース
みなさんご存じのように、今年は 7 人の新人をお迎えすることになりました。配属部署未定の研修期間ではありますが、まずは有志による「新入社員歓迎会」を実施したいと思います。ぜひ多数のご出席をお願い申し上げます。
●日時：4 月 10 日午後 6 時
●場所：隅田川屋形船
●集合：会社玄関
幹事：総務部　山本

解説

［箇条書き］ボタンや［段落番号］ボタンを使って設定した箇条書きのインデントの位置はインデントマーカーを見ればわかります。しかし、位置の調整にインデントマーカーや［段落］ダイアログボックスを使うといろいろな不都合が生じます。

箇条書きのインデントを調整するには、いずれかの段落の記号・番号をドラッグするか、下図のように［リストのインデントの調整］ダイアログボックスを呼び出します。ダイアログボックスでは位置を寸法で調整できるほか、「3 字」「4 字」のように単位付きで入力すれば、ページ設定の字送り単位で調整することもできます。

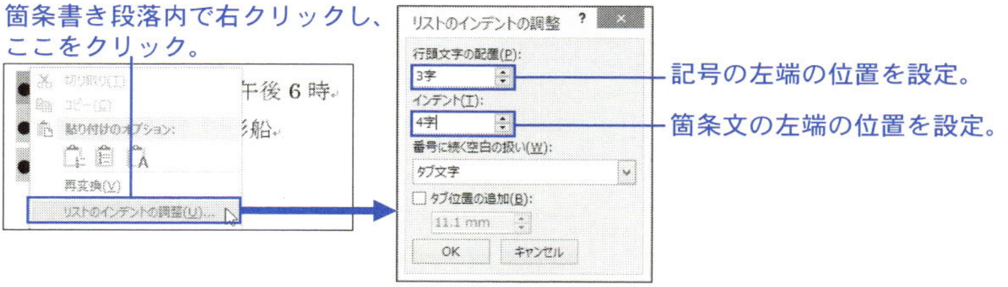
箇条書き段落内で右クリックし、ここをクリック。
リストのインデントの調整(U)...
リストのインデントの調整
行頭文字の配置(P):
3字
インデント(I):
4字
番号に続く空白の扱い(W):
タブ文字
タブ位置の追加(B):
11.1 mm
OK
キャンセル
記号の左端の位置を設定。
箇条文の左端の位置を設定。

☑箇条書きの行間と前後の空きを変えてみよう

箇条書きは、本文との間を少し空けたり、箇条書き段落の行高を変えるとメリハリが付きます。下図は本文との間を「0.5行」空け、箇条書き段落の行高を少し低くした例です。[段落]ダイアログボックスのオプションを活用し、似たような体裁に変えてみてください。ヒントは86ページ「[1ページの行数を指定時に文字を行グリッド線に合わせる]の意味」と100ページ「箇条書きの前後だけを空けるには段落スタイルが便利」です。

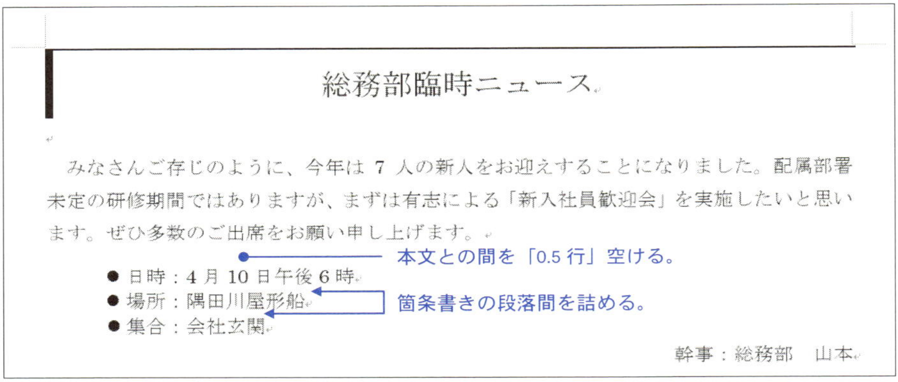
総務部臨時ニュース
みなさんご存じのように、今年は7人の新人をお迎えすることになりました。配属部署未定の研修期間ではありますが、まずは有志による「新入社員歓迎会」を実施したいと思います。ぜひ多数のご出席をお願い申し上げます。
本文との間を「0.5行」空ける。
● 日時：4月10日午後6時
● 場所：隅田川屋形船
● 集合：会社玄関
箇条書きの段落間を詰める。
幹事：総務部　山本

解説

例文では箇条書きの下端が短い上に次の段落が右揃えの署名なので、そのままでも空いて見えます。そこで本文との間だけ空けることにしました。この場合、空きは本文下端または箇条書き先頭の段落にのみ設定すればよいのですが、箇条書き段落の行高調整は3つの段落に対して行う必要があります。

そこで、3つの段落を選択した上で[段落]ダイアログボックスを呼び出し、[同じスタイルの場合は段落間にスペースを追加しない]オプションを利用すれば、まとめて設定することができます。このオプションの意味については100ページ「箇条書きの前後だけを空けるには段落スタイルが便利」をご参照ください。

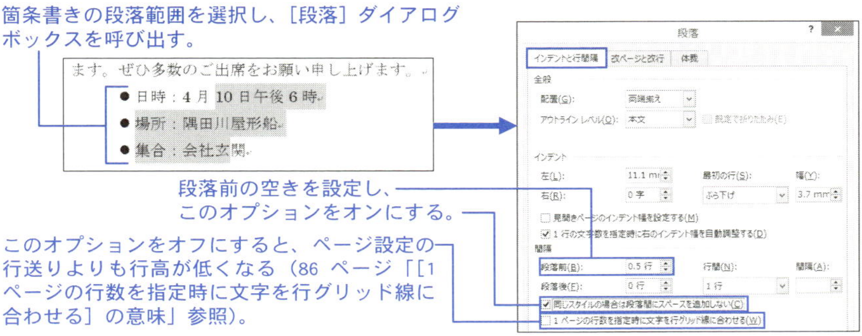
箇条書きの段落範囲を選択し、[段落]ダイアログボックスを呼び出す。
ます。ぜひ多数のご出席をお願い申し上げます。
● 日時：4月10日午後6時
● 場所：隅田川屋形船
● 集合：会社玄関
段落
インデントと行間隔
改ページと改行
体裁
全般
配置(G):
両端揃え
アウトライン レベル(O):
本文
インデント
左(L):
11.1 mm
右(R):
0字
最初の行(S):
ぶら下げ
幅(Y):
3.7 mm
1行の文字数を指定時に右のインデント幅を自動調整する(D)
間隔
段落前(B):
0.5行
段落後(F):
0行
行間(N):
1行
間隔(A):
同じスタイルの場合は段落間にスペースを追加しない(C)
1ページの行数を指定時に文字を行グリッド線に合わせる(W)
段落前の空きを設定し、このオプションをオンにする。
このオプションをオフにすると、ページ設定の行送りよりも行高が低くなる(86ページ「[1ページの行数を指定時に文字を行グリッド線に合わせる]の意味」参照)。

「段落スタイル」を避けていませんか？

～段落スタイルはWordのかなめ

Part 3

「スタイルなんて、とてもとても」……という人でも、知らずに使っているのが段落スタイルです。段落スタイルが難しいと思うのは錯覚です。むしろ、段落スタイルを理解することで Word はわかりやすくなり、ずっと便利で快適なものになります。あいまいな理解で済ませているなら、このさい段落スタイルの知識をしっかりと身に付けてください。

3-1 文字書式・段落書式の基本は段落スタイル

Part2では段落書式の設定方法について解説しましたが、とても大切なことを省略しています。それは「設定した書式を解除する方法」です。もちろん元の書式に戻せばよいのですが、では、「元の書式」とは何でしょうか。その答えが「段落スタイル」です。

段落の書式は段落スタイルで決まる

「白紙の文書」テンプレートから新しい文書を開き、そのまま文字を入力すると「MS明朝」「10.5pt」で表示されます。また、段落配置は「両端揃え」、行高はページ設定の字送りに従って「1行」で表示されます。これらは文章を表示する上で最小限必要な書式です。これらの情報がひとつでも欠ければ、文章を表示することはできません。

ところで、[ホーム]タブの[スタイル]グループを見ると[標準]というメニューが選択状態になっています。これは文字カーソル位置の段落に[標準]スタイルが適用されていることを表します。

スタイルとは、いろいろな書式の組み合わせを登録し、まとめて設定できる機能です。文字書式と段落書式の両方を扱う「**段落スタイル**」と、文字書式専用の「**文字スタイル**」があります。[標準]スタイルは段落スタイルの一種です。

実は、上記の書式は直接設定されているわけではなく、[標準]スタイルが提供している書式です。したがって、スタイルを変えれば書式も変わります。

▼段落の基本書式は段落スタイルで決まる

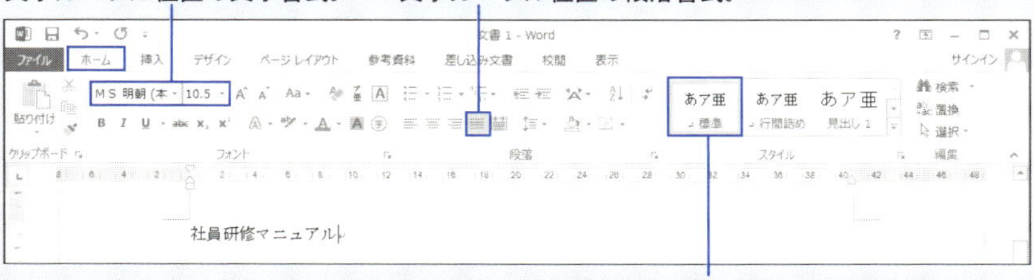

➤段落スタイルを変えれば書式が変わる

ここで試しに適当な文字を入力し、別のスタイルを適用してみましょう。下図は前ページの図に示した［標準］スタイルの段落に対し、［表題］スタイルを適用した例です。

▼段落スタイルを変えてみる

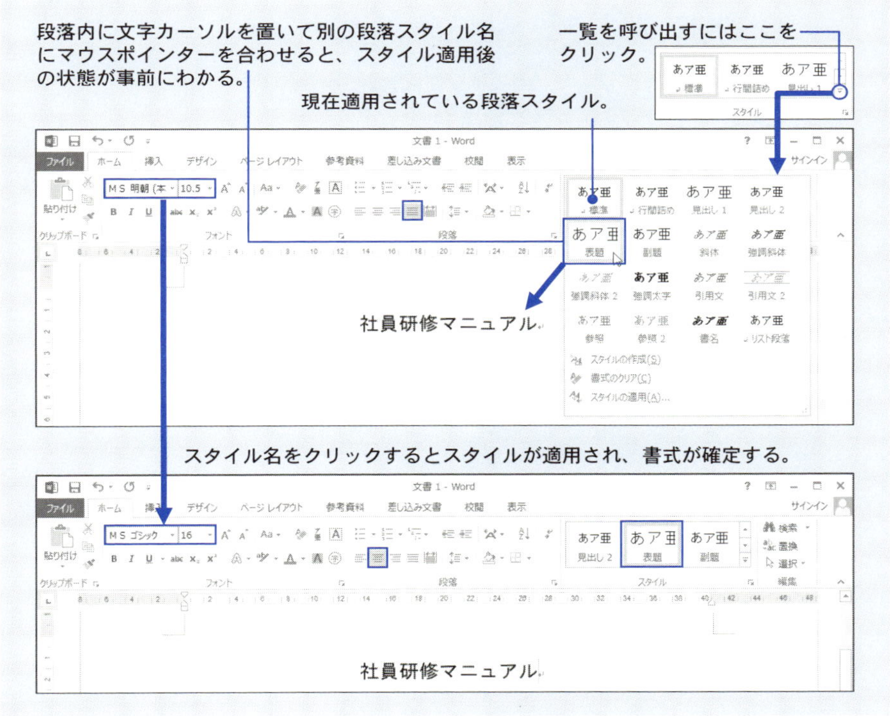
段落内に文字カーソルを置いて別の段落スタイル名にマウスポインターを合わせると、スタイル適用後の状態が事前にわかる。
一覧を呼び出すにはここをクリック。
現在適用されている段落スタイル。
社員研修マニュアル
スタイル名をクリックするとスタイルが適用され、書式が確定する。
社員研修マニュアル

このように、**段落スタイルを変えると段落全体の文字書式と段落書式がまとめて変わります**。たとえば見出しや箇条書きなど、文書内のあちこちに出てくる要素でも、段落スタイルを使えば書式設定の手間が省けるだけでなく、書式の統一も簡単です。これが段落スタイルを活用する一番の利点です。

何となく「難しい」と思われているスタイルですが、所詮は書式の集まりです。したがって、書式がわかればスタイルもわかります。何より、スタイルはWordで最も重要かつ便利な機能です。使わずに済ませる手はありません。

➤自動的に適用されるスタイルもある

99 ページ「[リスト段落] スタイルを適用しても箇条書きにはならない」でふれたように、[箇条書き] ボタンなどで箇条書きの書式を適用すると自動的に [リスト段落] スタイルが適用されます。

20 ページの図「入力オートフォーマットの設定を確かめる」に示した [頭語に対応する結語を挿入する] オプションでは、「謹啓」などの頭語と「謹白」などの結語にそれぞれ [挨拶文] スタイルと [結語] スタイルが適用されます。

▼入力オートフォーマットで段落スタイルが自動適用される例

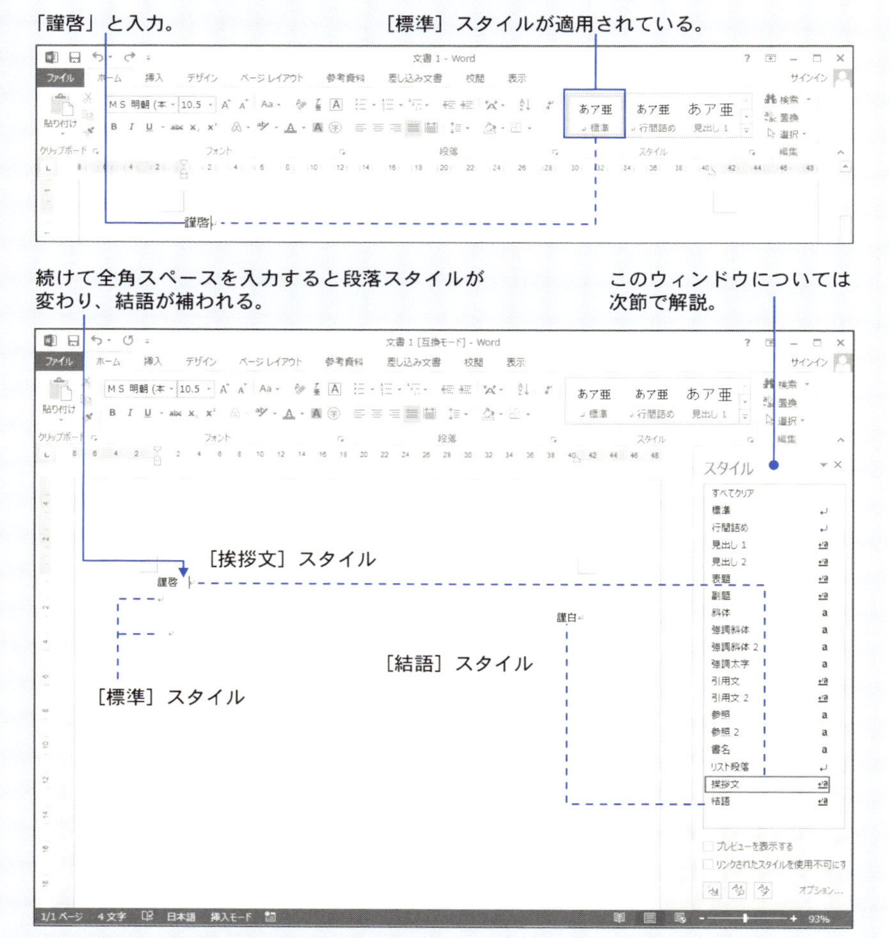

このほか、58ページ「**ヘッダー・フッターの書式統一は専用の段落スタイルで**」でふれたように、ヘッダー・フッターには最初から［ヘッダー］スタイル、［フッター］スタイルが適用されています。

このように、段落スタイルはいろいろな場面で自動適用されます。スタイルの扱い方を知っていれば、書式の変更その他で利用できますが、知らなければムダな手間を強いられるかもしれません。

「書式の解除」とは段落スタイルの書式に戻すこと

段落スタイルはとても強力な機能です。たとえば論文のように「見出し」「本文」「注釈」といった定型的な要素を書式で区別する場合は、「すべて段落スタイルで処理する」と割り切るのが合理的です。

手紙や回覧などの短い文書を随時作成するような場合は、段落スタイルを使い分けるよりも書式の直接設定の方が現実的ですが、このような文書でも段落スタイルの知識は大切です。

たとえば［標準］スタイルのままで表題を大きくしたり、部分的にインデントや行高を変えることは可能です。これは、「**直接設定した書式はスタイルに優先する**」という仕様になっているためです。

▼［標準］スタイルだけで仕上げた例

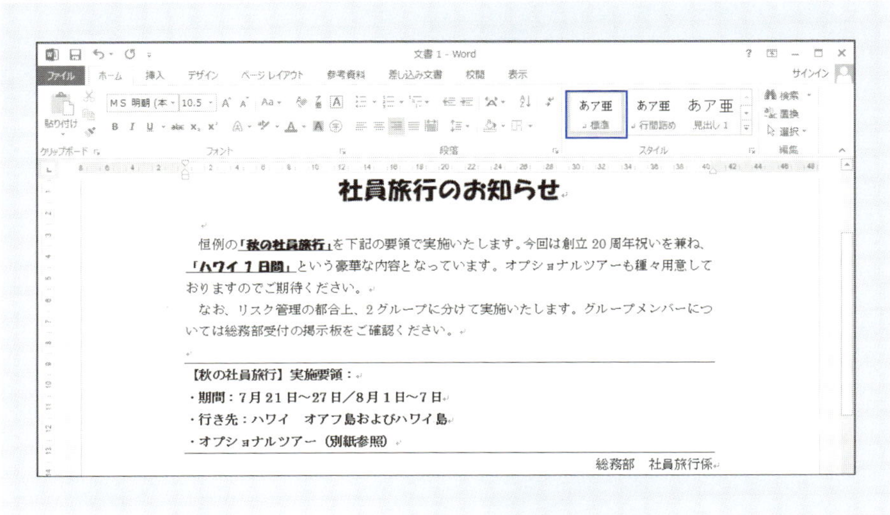
文書 1 - Word
ファイル
ホーム
挿入
デザイン
ページ レイアウト
参考資料
差し込み文書
校閲
表示
サインイン
標準
行間詰め
見出し 1
社員旅行のお知らせ
恒例の「秋の社員旅行」を下記の要領で実施いたします。今回は創立 20 周年祝いを兼ね、「ハワイ 7 日間」という豪華な内容となっています。オプショナルツアーも種々用意しておりますのでご期待ください。
なお、リスク管理の都合上、2 グループに分けて実施いたします。グループメンバーについては総務部受付の掲示板をご確認ください。
【秋の社員旅行】実施要領：
・期間：7 月 21 日～27 日／8 月 1 日～7 日
・行き先：ハワイ　オアフ島およびハワイ島
・オプショナルツアー（別紙参照）
総務部　社員旅行係

では、**直接設定した書式を解除**するにはどうすればよいでしょうか。たとえばフォントを変え、「太字」と「下線」を設定した場合、これらを解除するには？……設定した書式の一部だけを解除するなら、書式ごとに処理するしかありません。しかし、まとめて解除してよければとても簡単な方法があります。それは「**段落スタイルの書式に戻す**」という方法です。

前項で解説したように、段落の基本的な文字書式と段落書式は段落スタイルが提供しています。したがって、直接設定した書式を段落スタイルの書式に戻せば、書式が解除されることになります。

➤書式の解除はショートカットキーがお勧め

直接設定した書式を段落スタイルの書式に戻す方法はいくつかありますが、一番確実でわかりやすいのは次のショートカットキーです。

Ctrl ＋ スペース	**文字書式を解除**
Ctrl ＋ Q	**段落書式を解除**

▼ショートカットキーで書式を解除する

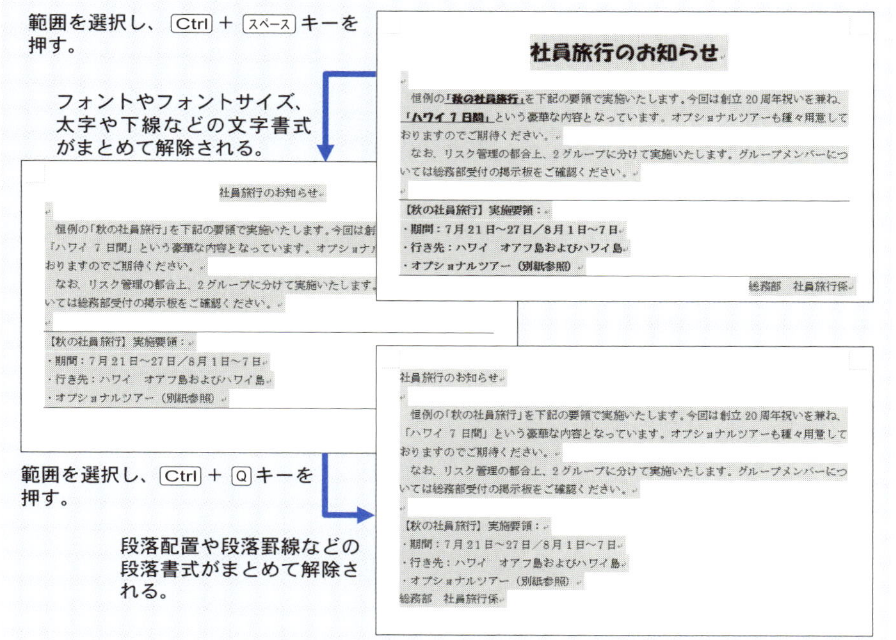
範囲を選択し、Ctrl ＋ スペース キーを押す。
フォントやフォントサイズ、太字や下線などの文字書式がまとめて解除される。
範囲を選択し、Ctrl ＋ Q キーを押す。
段落配置や段落罫線などの段落書式がまとめて解除される。
社員旅行のお知らせ
恒例の「秋の社員旅行」を下記の要領で実施いたします。今回は創立 20 周年祝いを兼ね、「ハワイ 7 日間」という豪華な内容となっています。オプショナルツアーも種々用意しておりますのでご期待ください。
なお、リスク管理の都合上、2 グループに分けて実施いたします。グループメンバーについては総務部受付の掲示板をご確認ください。
【秋の社員旅行】実施要領：
・期間：7月21日～27日／8月1日～7日
・行き先：ハワイ　オアフ島およびハワイ島
・オプショナルツアー（別紙参照）
総務部　社員旅行係

これらのショートカットキーは、**選択範囲の書式を、選択箇所に適用されている段落スタイルの書式に戻します。**

前ページの図例はすべてを［標準］スタイルで仕上げているので全段落が［標準］スタイルの書式に戻りましたが、選択範囲に異なる段落スタイルが混在している場合は、それぞれの段落スタイルの書式に戻ります。したがって、各所の適用スタイルを変えることなく書式を解除することができます。

ちなみに、文書全体を選択するには次のショートカットキーが便利です。

Ctrl ＋ A　　文書全体を選択

＞「書式のクリア」ボタンは混乱の元

［ホーム］タブには、いかにも便利そうに見える［書式のクリア］ボタンがあります。文字どおり、直接設定した書式を解除するボタンです。しかし、文字書式の扱いに不自然な仕様が見受けられるので、使わない方が無難です。

段落内の文字範囲を選択した場合は文字書式だけが解除されますが、段落内に文字カーソルを置いた場合、および連続する段落範囲を選択した場合の文字書式は、**選択箇所の状態によって処理結果が異なります。**

▼［書式のクリア］ボタンの処理方法は不自然

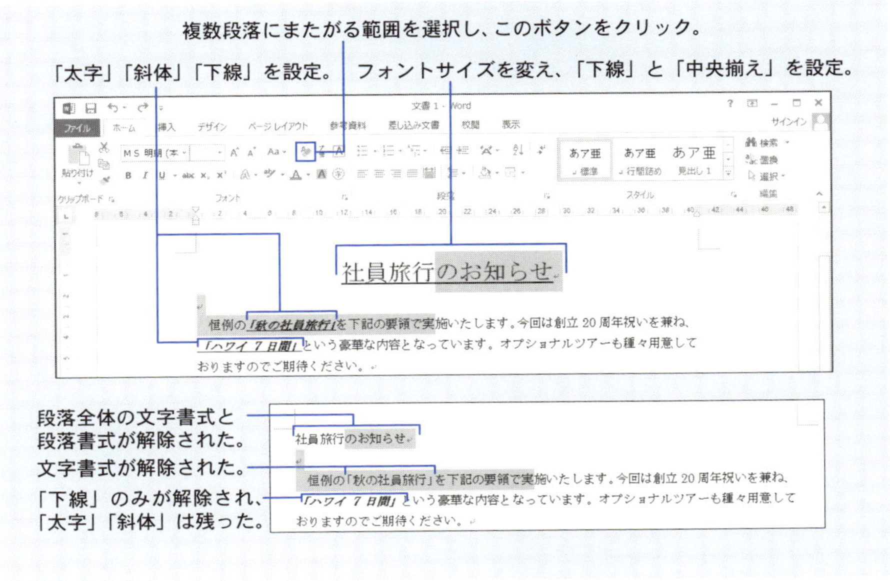
複数段落にまたがる範囲を選択し、このボタンをクリック。
「太字」「斜体」「下線」を設定。
フォントサイズを変え、「下線」と「中央揃え」を設定。
社員旅行のお知らせ
恒例の「秋の社員旅行」を下記の要領で実施いたします。今回は創立 20 周年祝いを兼ね、
「ハワイ 7 日間」という豪華な内容となっています。オプショナルツアーも種々用意して
おりますのでご期待ください。
段落全体の文字書式と段落書式が解除された。
文字書式が解除された。
「下線」のみが解除され、「太字」「斜体」は残った。

前ページの例では、見出し段落の途中から本文段落の途中まで選択し、[書式のクリア] ボタンをクリックしています。その結果、選択範囲の段落書式と文字書式は解除され、[標準] スタイルの段落書式に戻りました。

ここで、選択段落内で選択から除外した文字を見ると、奇妙な結果になっています。まず、見出し段落の前半部分、つまり「社員旅行」の文字書式は解除されています。一方、本文段落内の「ハワイ 7 日間」は「下線」だけが解除され、「太字」「斜体」はそのままです。

このしくみはあまりに不自然なので、詳細を知ることはほとんど無意味ですが、一応解説しておきましょう。

選択範囲の先頭、つまり「のお知らせ」の部分はフォントサイズを変えて「下線」を設定しています。この状態で書式を解除すると、選択段落内で選択から除外した文字については、「のお知らせ」と同じフォントサイズあるいは「下線」を設定した箇所は書式が解除されます。しかし、「のお知らせ」に設定していない「太字」と「斜体」は処理されません。

文字書式を確実に解除するには前ページのような部分選択ではなく文字範囲全体を選択すればよいのですが、段落書式も解除されてしまうのが難点です。

また、のボタン名は「書式のクリア」ですが、**実際に行われるのは [標準] スタイルの適用**です。したがって、別の段落スタイルを適用した箇所でクリックすれば、[標準] スタイルに変わってしまいます。それが目的であれば話は別ですが、いろいろな段落スタイルが混在する文書全体を選択し、直接設定した書式だけを単純に解除するといったことはできません。

このように融通の利かない機能を覚えるよりも、前述のショートカットキーを使う方が明快で簡単です。

➤お勧めできない「段落スタイルの再適用」

直接設定した書式を解除するには段落スタイルを適用し直すという方法もあります。上記の [書式のクリア] ボタンを使う場合と異なり、現在適用されている段落スタイルを再適用するので、[標準] スタイルに変わるという問題は生じません。しかし、文字書式と段落書式の処理方法は同ボタンと同じです。

何より、現在適用されている段落スタイルを確かめる必要がある上、操作を誤って別の段落スタイルを適用してしまうおそれもあります。その点、先に紹介したショートカットを使えば、そのような不都合は生じません。

3-2 スタイル操作の基本は適用・変更・作成・削除

スタイル関連の操作としては、スタイルの適用、変更、作成、削除などがあります。これらの処理を行うには［スタイル］ウィンドウを使います。また、スタイル関係のオプションもこのウィンドウから操作します。［スタイル］ウィンドウはスタイル操作の中心です。

最初に知りたい［スタイル］ウィンドウのオプション

Word には、見出し関係や本文関係などたくさんのスタイルが登録されています。スタイルの書式内容は自由に変えられるので、論文や報告書など一般的な文書であれば、既存のスタイルをアレンジするだけで十分間に合います。

ただし、［ホーム］タブの［スタイル］グループにはすべてのスタイルが表示されるわけではありません。そこでまず同グループの◪をクリックして［スタイル］ウィンドウを呼び出します。

▼［スタイル］ウィンドウを呼び出す

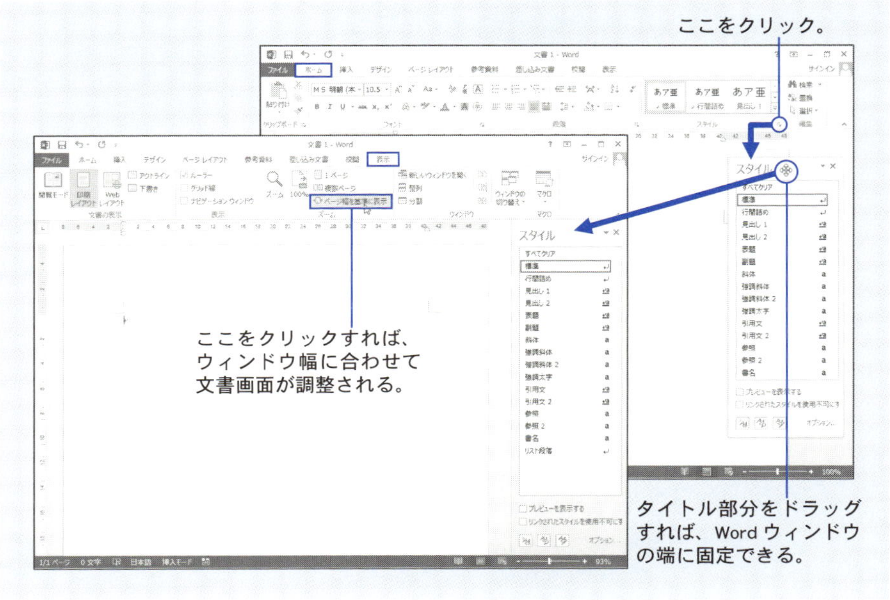

［スタイル］ウィンドウは、最初は文書画面上に表示されますが、タイトル部分をドラッグして端に固定すれば、文書画面の表示領域が調整されます。文書のページ幅が表示領域からはみ出すような場合は、［表示］タブの［ページ幅を基準に表示］をクリックすれば調整されます。

➤使うスタイルを［スタイル］ウィンドウに呼び出す

［スタイル］ウィンドウを呼び出した直後は「推奨されたスタイル」としてWordが定義しているスタイルが表示されますが、そのほかにもたくさんのスタイルが隠れています。そこでまず、下図の手順で表示オプションを変更しすべてのスタイルを表示させ、ひととおり確かめておくことをお勧めします。

▼［スタイル］ウィンドウの表示オプションを変える

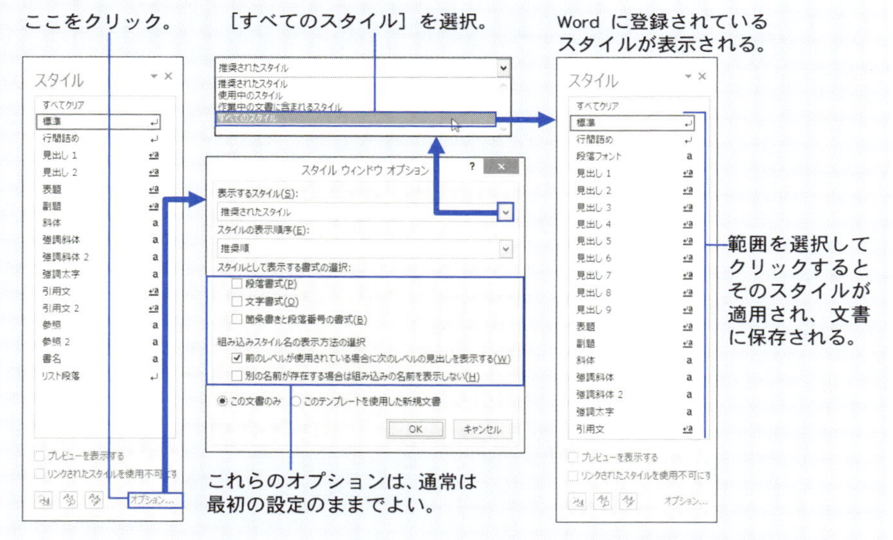

一覧のスタイル名をクリックすると選択範囲に適用され、そのスタイルが文書に保存されます。適用スタイルはいつでも自由に変えられるので、**これから使うスタイルを適当な段落にひととおり適用して文書に保存し**、上図の表示オプションを変えて表示を絞り込めば使いやすくなります。

また、あとでふれますが、スタイルを［ホーム］タブの［スタイル］グループに登録すれば、［スタイル］ウィンドウを閉じても利用できるようになります。

前ページの図に見られる［スタイルとして表示する書式の選択：］の各オプションをオンにすると、直接適用した文字書式や段落書式も［スタイル］ウィンドウに表示され、クリックすれば選択範囲に適用できるようになります。しかし、「書式設定にはスタイルを使う」と決めたら、直接設定は行わず、このオプションも使わない方が賢明です。基本的にオフにすることをお勧めします。

なお、Word2007 でこのオプションを利用するには、［Word のオプション］ダイアログボックスの［書式の履歴を維持する］オプションをオンにする必要があります。Word2010 以降はこのオプションは無関係になりました。

▼直接設定した書式を［スタイル］ウィンドウに表示するオプション

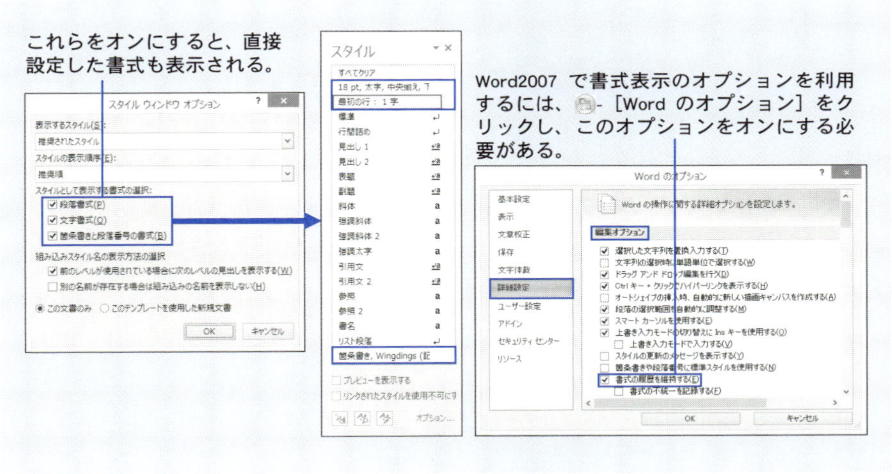

➤使ってはいけない「リンクスタイル」

［スタイル］ウィンドウには 3 種類のスタイルが表示されます。aは「文字スタイル」、↵は「段落スタイル」、↵aは「リンクスタイル」です。

リンクスタイルとは、文字に対して適用すると文字スタイルとして働き、段落全体に適用すると段落スタイルとして働くという変則的な機能です。一見便利なようですが、**混乱を招きやすいのでお勧めできません。**

［スタイル］ウィンドウ下方の［リンクされたスタイルを使用不可にする］をオンにすれば、文字スタイルとしての使用を禁止し、段落スタイルとして利用できるようになります。スタイルが使用不可になるわけではありません。なお、オンにしても↵aの表示は変わりません。

スタイルを適用する3つの方法

スタイルを適用するには、あらかじめ適用範囲を選択します。前ページでふれた［リンクされたスタイルを使用不可にする］をオンにすれば、範囲選択は簡単です。どんな範囲を選択しても、段落スタイルは段落に、文字スタイルは文字にしか適用されません。

範囲を選択したら、次のいずれかの方法でスタイルを設定します。

- ［ホーム］タブの［スタイル］グループでスタイル名をクリック
- ［スタイル］ウィンドウでスタイル名をクリック
- スタイルに割り当てられたショートカットキーを押す

ちなみに、［ホーム］タブの［スタイル］グループの一覧のことを、Word2010/2007では「クイックスタイルギャラリー」、Word2013では「スタイルギャラリー」と呼んでいます。本書では「スタイルギャラリー」と呼ぶことにします。

［スタイル］ウィンドウはスタイル操作の中心です。文書画面が広ければ、このウィンドウが一番便利です。スタイルギャラリーは画面を塞ぐこともなく、手軽に操作できますが、スタイルを表示させるには、スタイルごとに表示オプションをオンにする必要があります。設定についてはあとで解説します。

ちなみに、スタイルギャラリーと［スタイル］ウィンドウの内容は無関係です。したがって、前ページでふれた表示オプションを変えてもスタイルギャラリーの内容は変わりません。

➤覚えておきたいスタイルのショートカットキー

入力済みの文書にスタイルを適用するには上記の方法が便利ですが、入力中にぜひ活用したいのがショートカットキーです。次のスタイルについてはショートカットキーがあらかじめ割り当てられていますが、次項でふれるように、独自に別のキーを割り当てることもできます。

Shift + Ctrl + N	［標準］スタイルを適用
Alt + Ctrl + 1	［見出し 1］スタイルを適用
Alt + Ctrl + 2	［見出し 2］スタイルを適用
Alt + Ctrl + 3	［見出し 3］スタイルを適用

上記の数字は、テンキーではなく**キーボード最上段のキー**を使います。ただし、キーボードによってはとても押しにくいので、[見出し] スタイルについては次の方法を覚えることをお勧めします。

Alt ＋ Shift ＋ ←　前出と同じレベルの見出しスタイルを適用
Alt ＋ Shift ＋ →　前出の下位レベルの見出しスタイルを適用

既存のスタイルをアレンジして利用する

Word にはたくさんのスタイルが用意されています。スタイルの書式内容を変更するには、一覧から **[スタイルの変更] ダイアログボックス**を呼び出します。

▼ [スタイルの変更] ダイアログボックスを呼び出す

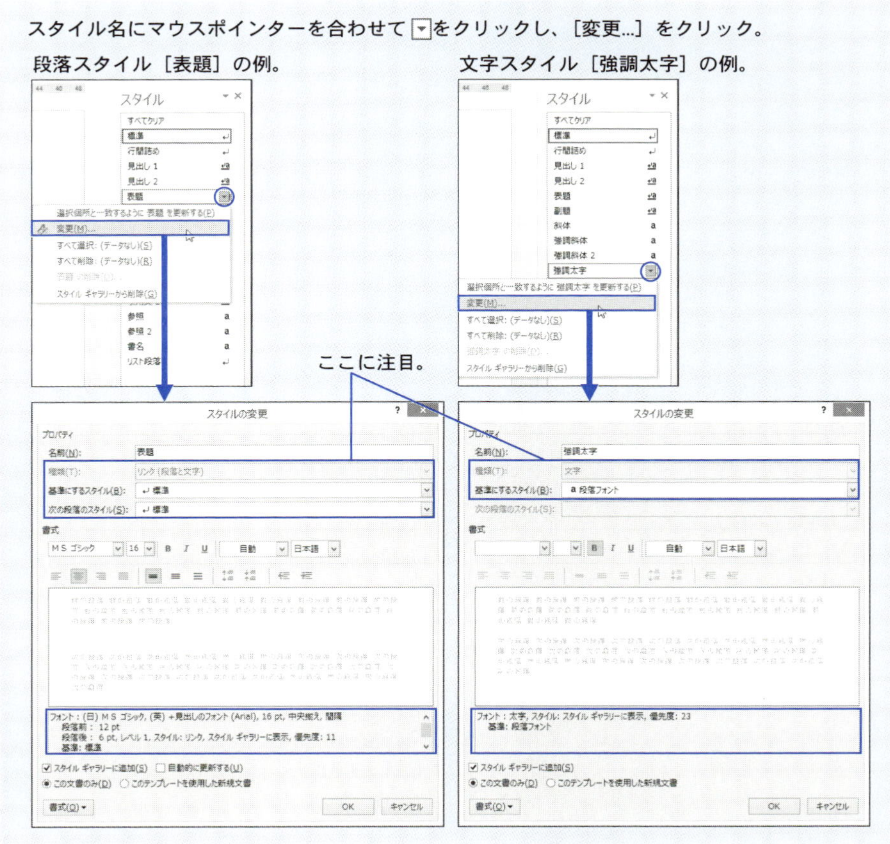
スタイル名にマウスポインターを合わせて▼をクリックし、[変更...] をクリック。
段落スタイル [表題] の例。
文字スタイル [強調太字] の例。
ここに注目。
スタイル
スタイルの変更

［スタイルの変更］ダイアログボックスの内容は、段落スタイルと文字スタイルで異なります。両者の区別は［種類：］に示されます。

［表題］スタイルは123ページ「**使ってはいけないリンクスタイル**」でふれた「リンクスタイル」なので、［リンク(段落と文字)］と表示されていますが、設定できる書式項目は段落スタイルと同じです。

➤段落スタイルの基準は［標準］スタイルが定番

スタイルの内容を決める上で最も大切な項目は［基準にするスタイル］です。

Wordにはたくさんの段落書式、文字書式がありますが、そのすべてをスタイルに登録するのでは大変です。そこで、まずは基準とするスタイルを決め、**基準スタイルと異なる書式だけ登録**すればよいことになっています。登録していない書式は基準スタイルに準じます。

現在登録されている書式は［スタイルの変更］ダイアログボックスの下方、前ページの図では色枠で囲んだ部分に表示されます。たとえば［表題］スタイルの基準スタイルは［標準］で、登録されているおもな書式は、前ページの例では次のようになっています。

文字書式：(日)MS ゴシック、(英)「見出しのフォント」、「16pt」
段落書式：「中央揃え」「段落前：12pt」「段落後：6pt」「レベル 1」

つまり、［表題］スタイルの文字書式はフォントの種類とフォントサイズだけ、段落書式は前後の空き、「中央揃え」、レベルだけが設定されており、それ以外の書式は［標準］スタイルに従います。

ちなみに、「**見出しのフォント**」とは、その文書に適用されている「テーマ」で「見出し用」として登録されているフォントのことです。具体的には137ページのコラム「**見出しのフォント、本文のフォント**」をご参照ください。

［表題］スタイルでは英数字用のフォントだけ「見出しのフォント」が採用されており、和文字は「MS ゴシック」となっています。

段落書式の「**レベル1**」は「**アウトライン表示モード**」での表示レベルのことで、［表題］はレベル1、「副題」はレベル2に設定されています。また、あとで解説する［見出し1］～［見出し9］の各スタイルには最初から「レベル1」～「レベル9」が設定されています。見出しスタイルについては155ページ「**［見出し］スタイルを活用する**」で解説します。

›文字スタイルの基準は「段落フォント」が定番

125ページに示した［強調太字］スタイルの基準スタイルは［段落フォント］が設定されています。「**段落フォント**」とは、個々の段落に適用されている段落スタイルの文字書式のことです。

「段落フォント」を基準にすると、文字スタイル自身に登録した文字書式以外は、個々の段落の設定に従います。たとえば［強調太字］スタイルに登録されているのは「太字」だけです。したがって、［強調太字］スタイルを適用すると「太字」になりますが、フォントの種類やフォントサイズは該当箇所の段落スタイルの文字書式がそのまま生かされます。

基本的に、**文字スタイルの基準には「段落フォント」を選択**し、文字スタイル自身にはとくに設定したい文字書式だけを登録します。

なお、適用箇所の段落スタイル自身に「太字」あるいは「斜体」が登録されている場合、「太字」や「斜体」を登録した文字スタイルを適用すると状態が反転し、それらの文字書式が解除される仕様になっているので注意してください。

›スタイルには「基準」と異なる書式だけを登録する

書式は［書式］グループから設定できるものもありますが、詳細は［書式］ボタンから設定します。

▼スタイルに書式を登録する

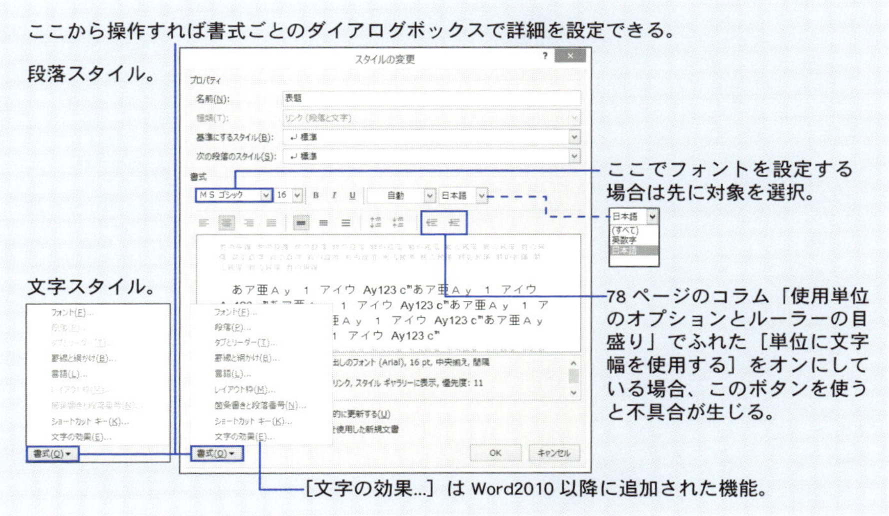

段落スタイルには段落書式と文字書式の両方を登録できます。文字スタイルに登録できるのは文字書式だけです。

ただし、いずれのスタイルでも、「ルビ」や「囲い文字」など、[フォント]ダイアログボックスにない文字書式は登録できません。また、同ダイアログボックスの[文字幅と間隔]タブにある[OpenType の機能]グループのオプションは欧米言語仕様のテンプレートでのみ有効です。[白紙の文書]などから作った文書では利用できません。

そのほか、[書式]ボタンの[言語]は、スタイルの適用箇所に対して実施する校正用の言語を設定します。日本語と英語しか使わない場合はとくに設定する必要はありません。

また、[レイアウト枠]はスタイルの適用箇所を自動的にレイアウト枠で囲む場合に設定します。たとえば注釈段落を本文の横に置くような場合に利用できますが、どちらかといえば特殊です。

レイアウト枠は Word の古いバージョンで活躍していた機能で、文字や表などをページ上に自由に配置するために使われていましたが、最近のバージョンではスタイルの書式として登録する以外は出番がありません。「レイアウト枠」の詳細については説明を割愛します。

➤[次の段落のスタイル]を活用すれば段落適用の手間が省ける

段落スタイルの[スタイルの変更]ダイアログボックスには[次の段落のスタイル]というオプションがあります。これは、段落スタイルを適用した段落の末尾で Enter キーを押した場合、**新しく作られる段落に自動的に適用される段落スタイル**のことです。

たとえば[標準]スタイルや本文用のスタイル、あるいは箇条書き用のスタイルなど、同じ段落スタイルが続くことが多ければ、自身と同じ段落スタイルを登録します。見出し関係のスタイルのように、本文関係の段落スタイルが続くことが多ければ、その段落スタイルを登録します。

[表題]スタイルの同項目には[標準]スタイルが設定されていますが、「表題の後には必ず副題を入れる」という場合はこの部分を[副題]スタイルに変更しておけば便利です。

なお、段落の末尾ではなく途中で Enter キーを押した場合は、現在の段落スタイルがそのまま適用されます。

➤スタイルにショートカットキーを割り当てる

入力済みの文書にスタイルを適用するには［スタイル］ウィンドウかスタイルギャラリーを使えばよいのですが、**入力中はショートカットキーの方が便利**です。

たとえば見出し、本文、箇条書きなどを随時入力したり、本文の途中に文字スタイルを適用するような場合は、それらにショートカットキーを割り当てておけば、作業が楽になります。

スタイルにショートカットキーを割り当てるには、［スタイルの変更］ダイアログボックスで［書式］ボタンの［ショートカットキー］をクリックします。下図は［強調太字］スタイルの例ですが、手順は段落スタイルでも同様です。

▼［強調太字］スタイルにショートカットキーを割り当てる

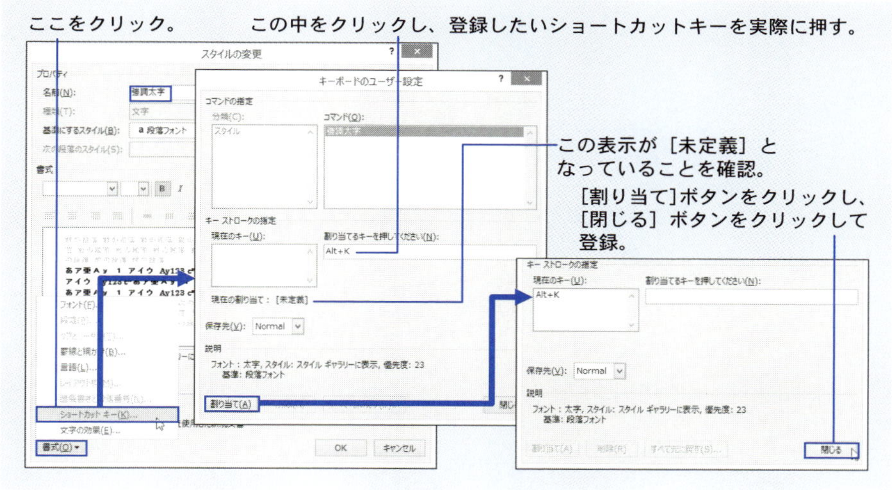
ここをクリック。
この中をクリックし、登録したいショートカットキーを実際に押す。
この表示が［未定義］となっていることを確認。
［割り当て］ボタンをクリックし、［閉じる］ボタンをクリックして登録。
スタイルの変更
キーボードのユーザー設定
Alt+K
現在の割り当て：［未定義］
割り当て(A)
ショートカット キー(K)...
書式(O)
閉じる

なお、文字スタイルの場合は文字範囲を選択してからショートカットキーを押しても適用できますが、次ページの図に示すように、**適用直前にショートカットキーを押してから語句を入力**する方法もあります。語句の終わりで Ctrl ＋ スペース **キー**を押せば、以降は該当箇所の段落スタイルの文字書式に戻ります。

［強調太字］スタイルは、最初は「太字」しか登録されていないので、見かけ上は太字を直接設定するのと変わりません。しかし、強調語句の文字書式をあとから変えたい場合は［強調太字］スタイルの書式内容を変えるだけで済みます。ごく簡単な書式であっても、スタイルは直接設定よりも強力です。

▼ショートカットキーで文字スタイルを適用する

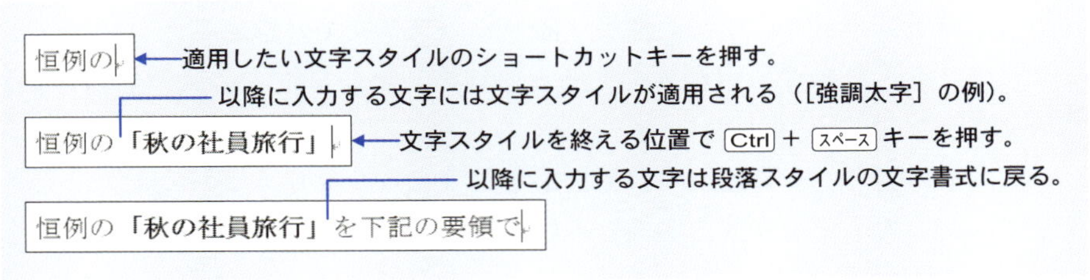

恒例の
適用したい文字スタイルのショートカットキーを押す。
以降に入力する文字には文字スタイルが適用される（[強調太字] の例）。
恒例の「秋の社員旅行」
文字スタイルを終える位置で Ctrl + スペース キーを押す。
以降に入力する文字は段落スタイルの文字書式に戻る。
恒例の「秋の社員旅行」を下記の要領で

＞文字スタイルの書式を解除するポイントは「削除」と「更新」

文字スタイルに余計な文字書式まで登録してしまった場合、その書式を解除し、基準スタイルに従うように戻す方法は少し複雑です。

まず、［スタイルの変更］ダイアログボックスの［書式］-［フォント...］をクリックして［フォント］ダイアログボックスを呼び出し、下図右のように設定します。書式が解除されたかどうかは、［スタイルの変更］ダイアログボックスの登録書式一覧を見ればわかります。

▼文字スタイルから文字書式を解除する

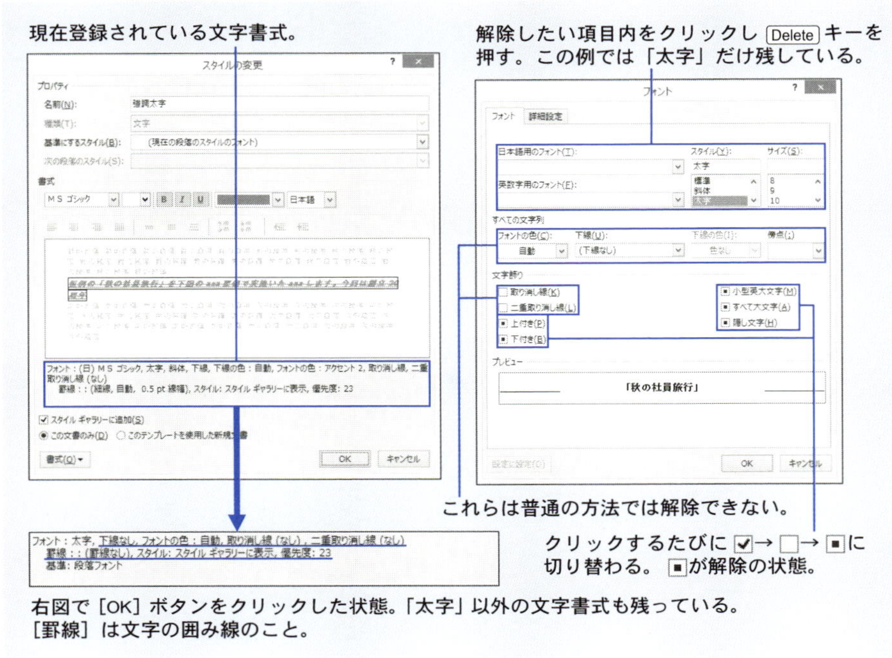

クリックするたびに ☑→□→■に切り替わる。■が解除の状態。

［罫線］は文字の囲み線のこと。

ただし、「**フォントの色**」「**下線**」「**傍点**」「**取り消し線**」「**二重取り消し線**」、および［書式］-［罫線と網かけ...］の設定はこの方法では解除できません。たとえばフォントの色を「自動」にすると「自動」という文字書式が登録され、「下線なし」にすると「下線なし」という文字書式が登録されます。

そのため、フォントの色や下線を設定した段落スタイルの箇所にこの文字スタイルを適用すると、下図の例のようにその部分だけフォントの色と下線が変わってしまいます。

▼文字スタイルから文字書式を削除できない場合

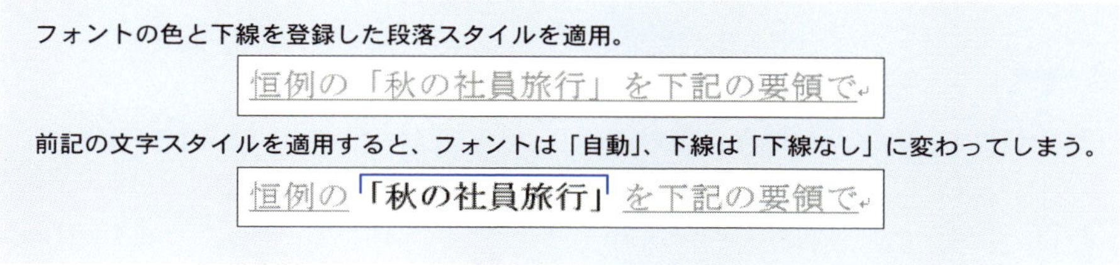

これらの文字書式を解除するには、「**スタイル書式の更新**」が簡単です。まず、［標準］スタイルで適当な文字を入力します。次に、その中の文字範囲を選択し、文字スタイルに登録したい書式だけを直接設定します。最後に、その文字範囲を使って文字スタイルの書式を「更新」します。これで、直接設定した文字書式だけが登録されます。

▼文字スタイルの書式を更新する

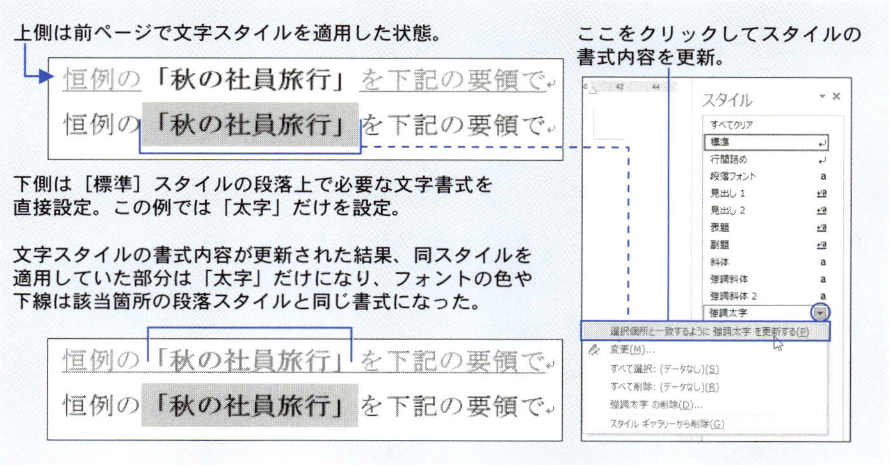

上側は前ページで文字スタイルを適用した状態。
恒例の「秋の社員旅行」を下記の要領で↵
恒例の「秋の社員旅行」を下記の要領で↵
下側は［標準］スタイルの段落上で必要な文字書式を直接設定。この例では「太字」だけを設定。
文字スタイルの書式内容が更新された結果、同スタイルを適用していた部分は「太字」だけになり、フォントの色や下線は該当箇所の段落スタイルと同じ書式になった。
恒例の「秋の社員旅行」を下記の要領で↵
恒例の「秋の社員旅行」を下記の要領で↵
ここをクリックしてスタイルの書式内容を更新。
スタイル
すべてクリア
標準
行間詰め
段落フォント
見出し 1
見出し 2
表題
副題
斜体
強調斜体
強調斜体 2
強調太字
選択個所と一致するように 強調太字 を更新する(P)
変更(M)...
すべて選択: (データなし)(S)
すべて削除: (データなし)(R)
強調太字 の削除(D)...
スタイル ギャラリーから削除(G)

➤段落スタイルから書式を解除するには基準スタイルと同じ書式を登録

段落スタイルの書式を解除するには、［基準にするスタイル］と同じ書式を登録します。これで書式一覧からその書式が消えます。

フォントや「太字」などの文字書式については、文字スタイルの場合と異なり、［フォント］ダイアログボックスの項目を削除しても解除されません。また、［文字飾り］で設定できるのは☑または☐だけで、▣の状態にはできません。

下図は［表題］スタイルからフォントの設定と［中央揃え］を解除する例です。基準になっている［標準］スタイルと同じフォントに変更し、［両端揃え］に変更すると、書式一覧からフォントと段落配置が消えているのがわかります。

▼段落スタイルから書式を解除する

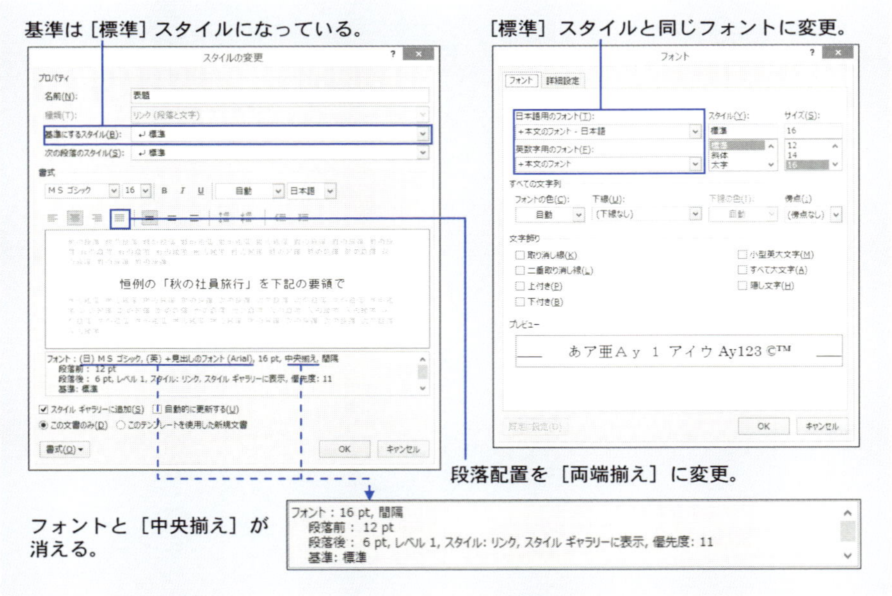

➤直接設定した書式をスタイルに自動登録する

［標準］スタイル以外の段落スタイルでは、［スタイルの変更］ダイアログボックスの下方に［自動的に更新する］というオプションがあります。ここをオンにしてダイアログボックスを閉じると、以降は同段落スタイルを適用した箇所に直接設定した書式が段落スタイルに自動登録されます。［標準］スタイルおよび文字スタイルにはこのオプションはありません。

下図は［見出し 1］スタイルを 2 つの段落に適用し、一方の段落について和文字用のフォントを直接変更した例です。段落書式を自動登録するには段落内に文字カーソルを置けばよいのですが、**文字書式を自動登録するには段落全体の文字範囲を選択**する必要があります。一部だけでは反映されません。

また、「**和文フォント**」を設定する場合は、必ず［ホーム］タブの［フォント］グループのをクリックし、［フォント］ダイアログボックスを呼び出してください。［ホーム］タブの［フォント］ボックス MS ゴシック (. から操作すると、半角英数字用にも和文フォントが登録されてしまいます。

ただし、Word のオプションを変えれば、半角英数字に和文フォントを適用させないようにすることもできます。その方法については **138 ページのコラム「変えておきたい和文フォントの適用オプション」**をご参照ください。

もし誤操作に気が付いたら、直後であればクイックアクセスツールバーの［元に戻す］ボタンで取り消すことができます。あとから取り消すには、段落範囲を選択し、適切な欧文フォントを設定します。欧文フォントは和文字には適用されないので、和文字用に欧文フォントが登録されることはありません。

▼書式の自動更新を利用する

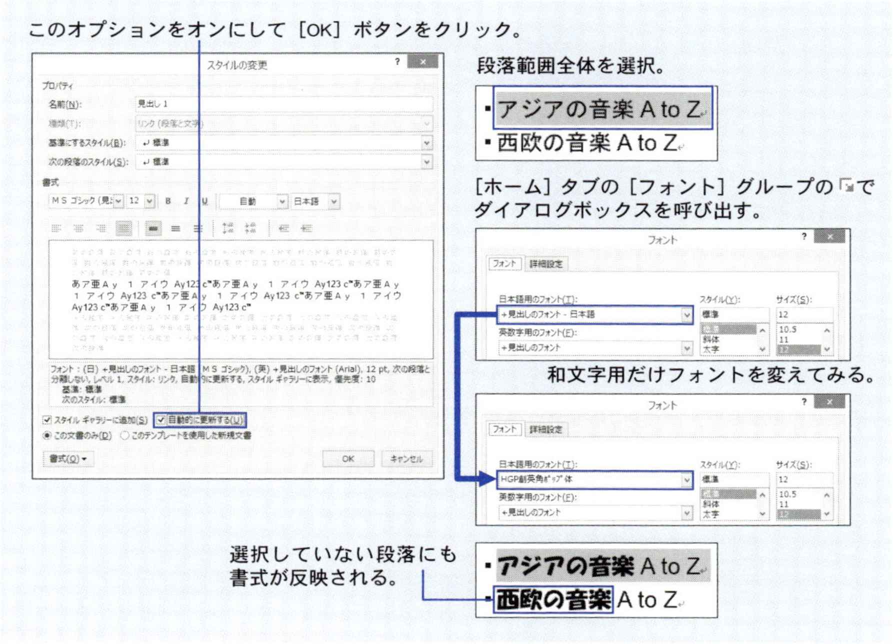

なお、「**段落罫線**」と「**段落の網かけ**」は、設定しただけではスタイルに反映されません。反映させるには、設定した箇所を選択し、［スタイル］ウィンドウでその段落スタイルをクリック、つまり再適用します。

スタイル書式の自動更新は、書式を試行錯誤で決める場合などには便利ですが、そのままにしておくと思わぬところで書式が変わってしまうおそれがあります。書式が決まったら、**必ずオフに戻しておく**ことをお勧めします。

➤スタイルを「スタイルギャラリー」に表示する

［スタイルの変更］ダイアログボックスの下方の［スタイルギャラリーに追加］をオンにすると、そのスタイルを［ホーム］タブの「スタイルギャラリー」（Word 2010/2007 では「クイックスタイルギャラリー」）に表示させることができます。また、［スタイル］ウィンドウのスタイル名右側の▼ボタンをクリックしても、「スタイルギャラリー」への追加・削除を行うことができます。

➤スタイルの変更結果をテンプレートに保存する

［スタイルの変更］ダイアログボックス下方の［このテンプレートを使用した新規文書］の「このテンプレート」とは文書に添付されているテンプレートで、通常は文書作成時に選択したテンプレートのことです。Word2010/2007 で起動時に表示される「文書１」は［白紙の文書］テンプレートから作られています。

テンプレートに保存されているスタイルは、文書作成時に文書にコピーされます。一方、文書側で行ったスタイルの書式変更は、そのままではテンプレートには反映されません。そのおかげで、同じテンプレートから作った文書でも、それぞれ自由にスタイルをアレンジすることができます。

しかし、たとえば企業文書のように、テンプレートを利用して書式を統一場合もあります。スタイルの統一は、テンプレート側できちんと作り込むのが最良の方法ですが、文書側で変更した場合は、［このテンプレートを使用した新規文書］をオンにして［OK］ボタンをクリックすれば、文書の保存時に添付テンプレートにも反映されます。

ただし、すでに作成済みの文書にテンプレート側の変更を反映させるには、文書側で更新作業を行う必要があります。その方法については217 ページ「**テンプレートを使って文書のスタイルを統一する**」をご参照ください。

➤スタイルの書式変更が反映されない場合はショートカットキーで更新

段落スタイルの書式内容を変更すると、その段落スタイルの適用箇所の書式も自動的に変わるはずです。もし変わらない場合は該当箇所を選択し、すでに紹介した次のショートカットキーを押せば反映されます。これらは直接設定した書式を該当箇所の段落スタイルの書式に戻すショートカットキーです。あらかじめ文書全体を選択すれば、まとめて修正することもできます。

Ctrl ＋ スペース	文字書式を解除
Ctrl ＋ Q	段落書式を解除
Ctrl ＋ A	文書全体を選択

➤スタイルの「更新」はフォントの扱いに注意

132 ページ「**直接設定した書式をスタイルに自動登録する**」で、直接設定した書式を段落スタイルに登録するオプションを紹介しました。これはオプションをオンにしている限り働き続けます。

一方、下図で紹介する「スタイルの更新」でも**選択箇所の書式をスタイルに反映させる**ことができます。たとえば［標準］スタイルだけで仕上げた書式を各スタイルに反映させ、直接設定方式からスタイル方式に切り替えるような場合に便利です。この方法は文字スタイルにも使えます。

▼直接設定した書式を使ってスタイルの書式内容を更新する

［標準］スタイルの段落でフォント、フォントサイズ、「中央揃え」を直接設定。

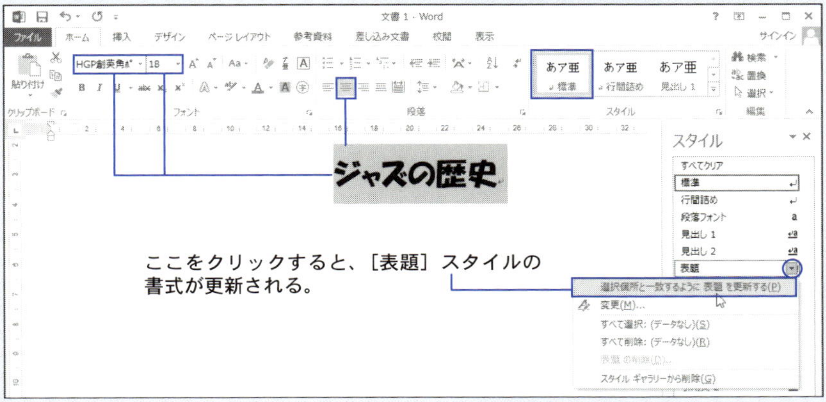

ここをクリックすると、［表題］スタイルの書式が更新される。

この方法で段落スタイルを更新すると、更新に使った箇所の段落スタイルが更新先スタイルの［基準にするスタイル］として設定されます。ただし、ほとんどの段落スタイルは［標準］スタイルが基準スタイルとして設定されているので、通常は**［標準］スタイルの段落上で操作**すれば問題ありません。

更新されたスタイルには、基準スタイルと異なる書式だけが登録されます。上図の例ではフォント、フォントサイズ、「中央揃え」が該当します。

また、この方法でフォントを更新する場合は、**更新に使う箇所のフォント設定に注意**してください。Word では和文字用と半角英数字用でフォントを使い分ける仕様になっており、本文のすべての場所に両方のフォント情報が保存されています。たとえば和文字の箇所にも半角英数字用のフォント情報が含まれており、半角英数字の箇所にも和文字用のフォント情報が含まれています。

ここで、［ホーム］タブの［フォント］ボックスを使って和文字用のフォントを設定すると、半角英数字用にもそのフォントが設定されます。この状態に気付かずにスタイルを更新すれば、半角英数字用のフォントも変わってしまうことになります。下図はこの方法によるフォント設定の変化を、［フォント］ダイアログボックスで確かめた例です。

▼［フォント］ボックスで和文字用フォントを設定すると半角英数字にも適用される

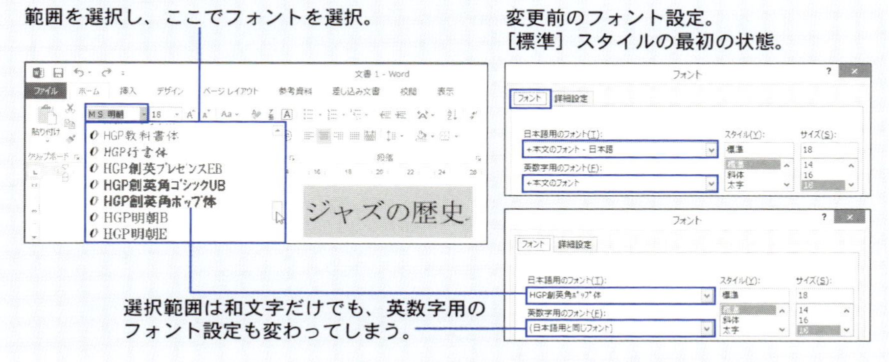
範囲を選択し、ここでフォントを選択。
変更前のフォント設定。
［標準］スタイルの最初の状態。
ジャズの歴史
選択範囲は和文字だけでも、英数字用のフォント設定も変わってしまう。

欧文フォントについては、設定しても和文字では無視されるだけなので、和文字フォントの情報が失われることはありません。

この不都合を避けるには、［フォント］ダイアログボックスを使ってフォントを設定するか、または 138 ページのコラム「**変えておきたい和文フォントの適用オプション**」で解説するオプションをオフにします。

Column 「見出しのフォント」「本文のフォント」

［標準］スタイルのフォントは、最初の設定では和文字用が「本文のフォント-日本語」、半角英数字用が「本文のフォント」になっています。また、［見出し１］スタイルは和文字用が「見出しのフォント-日本語」、半角英数字用が「見出しのフォント」になっています。

「見出しのフォント」「本文のフォント」とは文書に適用されている「テーマ」のフォントのことです。テーマのフォントはテーマごとに登録されており、テーマを変えればフォントも変わります。

たとえば既存の［表題］スタイルは和文字用が「MS ゴシック」、半角英数字用が「見出しのフォント」となっています。この場合は半角英数字だけがテーマの影響を受けることになります。

なお、テーマには「フォント」のほか、フォントや図などの色を変える「配色」、オートシェイプなどの視覚効果を変える「効果」があります。

▼文書の「テーマ」を変える

テーマの「フォント」「配色」「効果」をまとめて変えるメニュー。

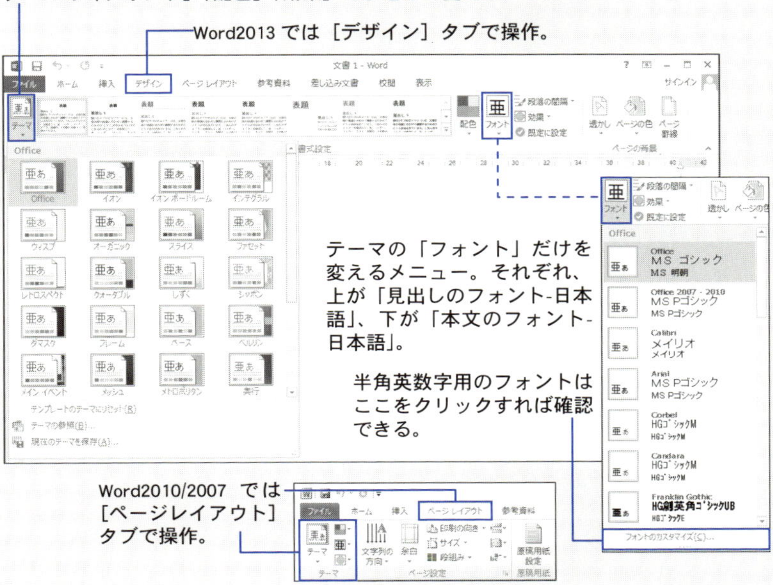
Word2013では［デザイン］タブで操作。
テーマの「フォント」だけを変えるメニュー。それぞれ、上が「見出しのフォント-日本語」、下が「本文のフォント-日本語」。
半角英数字用のフォントはここをクリックすれば確認できる。
Word2010/2007 では［ページレイアウト］タブで操作。

たとえば見出しにはテーマを利用し、「本文は常に MS 明朝にしたい」といった場合は、本文用の段落スタイルを用意し、具体的なフォントを適用してください。

Column 変えておきたい和文フォントの適用オプション

たとえば［標準］スタイルの段落に文字を入力すると、とくに設定を変えていなければ和文字は「MS 明朝」、半角英数字は「Century」になります。このように、Word では通常、文字種によって和文フォントと欧文フォントを使い分けるようになっています。

しかし、文字範囲を選択して［ホーム］タブの［フォント］ボックスで和文フォントを選択すると、半角英数字にも和文フォントが適用されてしまいます。操作時の選択範囲が和文字だけであっても、あとからその部分に半角英数字を入力すれば、和文フォントになります。したがって、場合によっては同じ文書内の半角英数字について和文フォントと欧文フォントが混在することになります。

一般に、半角英数字は欧文フォントの方が種類が豊富で、デザインも洗練されています。したがって、基本的には最初の設定どおり和文字用には和文フォント、半角英数字用には欧文フォントを使うことをお勧めします。

そこで変えておきたいのが次のオプションです。最初はオンになっていますが、オフにすれば半角英数字には和文フォントを適用できなくなり、不統一を避けやすくなります。

▼半角英数字への和文フォント適用を禁止する

2013/2010［ファイル］-［オプション］をクリック。

2007 - ［Word のオプション］をクリック。

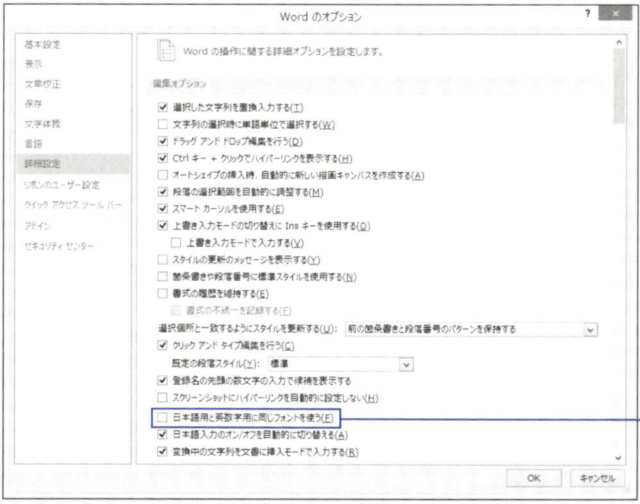

スタイルの変更がわかればスタイル作成は簡単

スタイルは、独自の書式で自由に作ることができます。既存のスタイルの書式は自由にアレンジできますが、場合によっては最初から作った方が簡単です。

新しいスタイルを作るには、［スタイル］ウィンドウ下端の［新しいスタイルの作成］ボタンをクリックし、［書式から新しいスタイルを作成］ダイアログボックスを呼び出します。呼び出した直後は［種類：］が［段落］になっていますが、［文字］に変えれば文字スタイルも作成できます。

スタイルは基本的に、「**基準にするスタイル＋独自の書式**」という構成になっています。したがって、一番大切なのは基準スタイルを適切に選択することです。通常、段落スタイルでは［標準］スタイル、文字スタイルは［段落フォント］を選択します。

ダイアログボックスを呼び出すと文字カーソル位置の段落スタイルが［基準にするスタイル］に設定されるので、［標準］スタイルの段落から呼び出せば手間が省けます。種類を［文字］に変えると基準スタイルは［段落フォント］に変わります。

▼新しいスタイルを作る

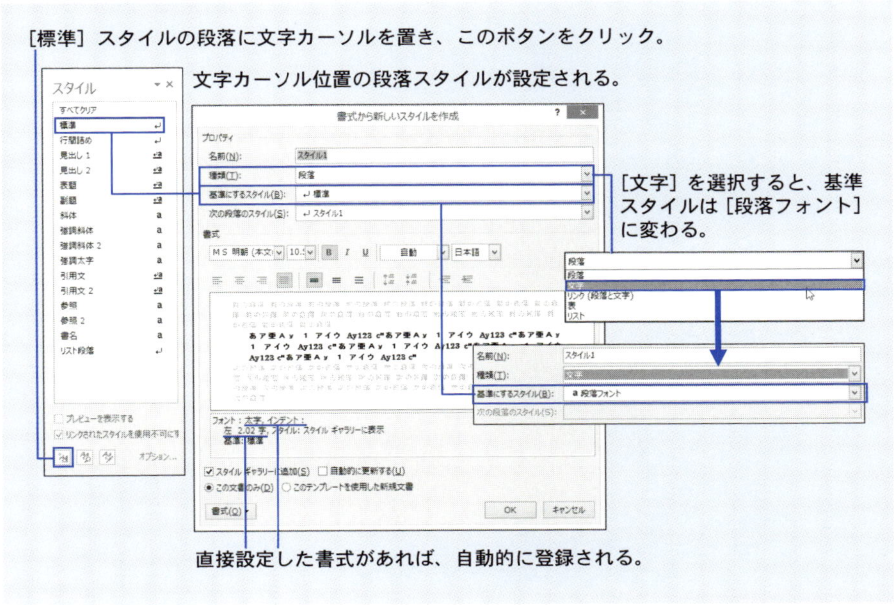
［標準］スタイルの段落に文字カーソルを置き、このボタンをクリック。
文字カーソル位置の段落スタイルが設定される。
書式から新しいスタイルを作成
［文字］を選択すると、基準スタイルは［段落フォント］に変わる。
直接設定した書式があれば、自動的に登録される。

文字カーソル位置に直接設定した書式は、自動的にダイアログボックスに反映されます。したがって、登録したい書式は、文字カーソル位置にあらかじめ設定しても、ダイアログボックスで最初から設定してもかまいません。

ただし、書式を直接設定する場合は、136ページの図「**[フォント]ボックスで和文字用フォントを設定すると半角英数字にも適用される**」に示した問題に注意してください。

このほか、**[種類：]**の**[リンク(段落と文字)]**は、すでに123ページ「**使ってはいけないリンクスタイル**」で解説した「リンクスタイル」のことです。段落スタイルと文字スタイルの混合型ですが、書式を混乱させるもとなので使わないことをお勧めします。

[表]スタイルについてはPart4で解説します。**[リスト]**とは箇条書きや章節項の見出しなどに適用する階層形式の書式のことです。154ページ「**リストスタイルは使わなくてもかまわない**」であらためて解説します。

文書に保存されているスタイルを削除する

スタイルを文書から削除するには、**[スタイル]ウィンドウ**で次のように操作します。文書内で適用しているスタイルを削除すると、適用箇所はそのスタイルの基準スタイルに変わります。

なお、**[スタイル]ウィンドウ**の表示オプションで**[推奨されたスタイル][すべてのスタイル]**によって表示されるスタイルは文書内での使用・不使用とは無関係なので、削除しても表示は消えません。また、**[標準]スタイルや[見出し]関連のスタイルは削除できません。**

▼スタイルを削除する

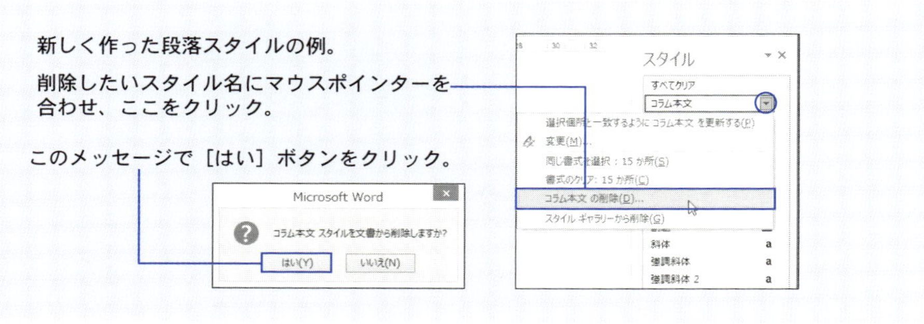

Column 類似書式の一括選択

たとえば「太字の箇所に下線も付けたい」「インデントを設定した箇所のフォントを変えたい」といった場合、まとめて処理するにはいくつかの方法があります。そのひとつが「類似書式の一括選択」機能です。文字どおり、似たような書式の箇所をまとめて選択できる機能で、選択した状態で別の書式を設定したり、文字スタイルや段落スタイルを適用するといった処理を行うことができます。

▼類似した書式を選択

選択したい書式の箇所に文字カーソルを置き、ここをクリック。

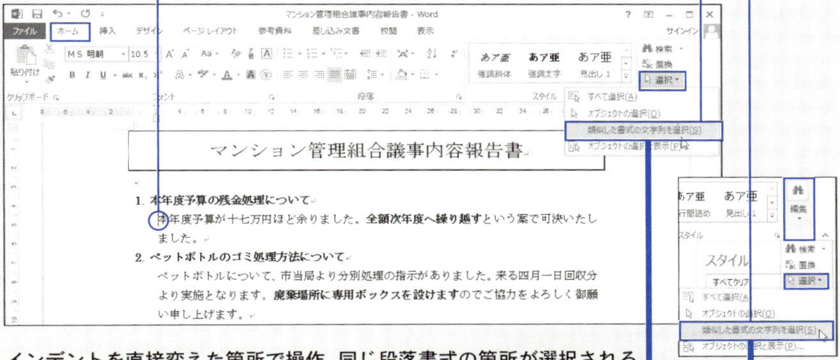

インデントを直接変えた箇所で操作。同じ段落書式の箇所が選択される。

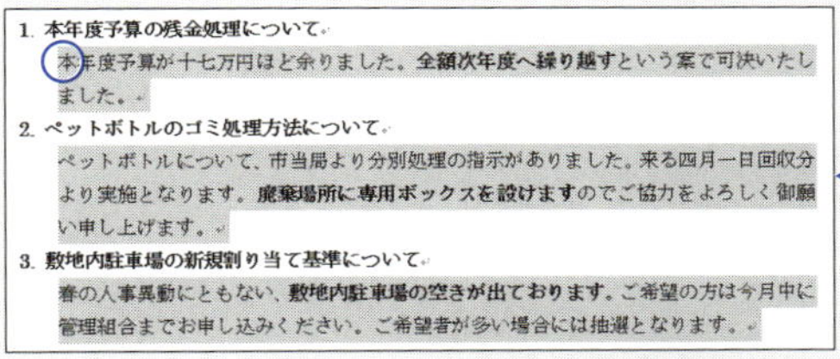
1. 本年度予算の残金処理について
本年度予算が十七万円ほど余りました。全額次年度へ繰り越すという案で可決いたしました。
2. ペットボトルのゴミ処理方法について
ペットボトルについて、市当局より分別処理の指示がありました。来る四月一日回収分より実施となります。廃棄場所に専用ボックスを設けますのでご協力をよろしく御願い申し上げます。
3. 敷地内駐車場の新規割り当て基準について
春の人事異動にともない、敷地内駐車場の空きが出ております。ご希望の方は今月中に管理組合までお申し込みください。ご希望者が多い場合には抽選となります。

「太字」を直接設定した箇所で操作。同じ文字書式の箇所が選択される。

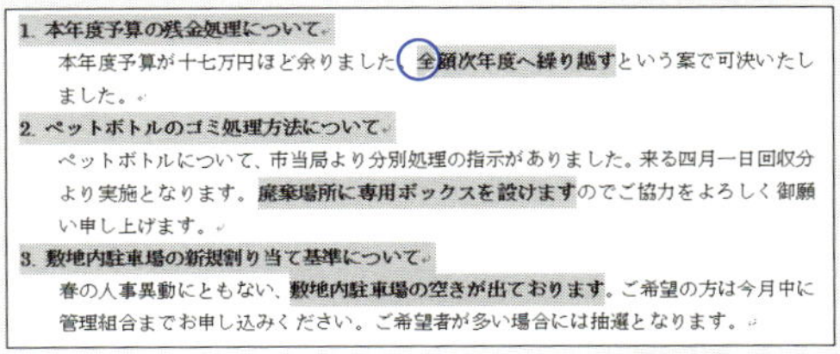
1. 本年度予算の残金処理について
本年度予算が十七万円ほど余りました。全額次年度へ繰り越すという案で可決いたしました。
2. ペットボトルのゴミ処理方法について
ペットボトルについて、市当局より分別処理の指示がありました。来る四月一日回収分より実施となります。廃棄場所に専用ボックスを設けますのでご協力をよろしく御願い申し上げます。
3. 敷地内駐車場の新規割り当て基準について
春の人事異動にともない、敷地内駐車場の空きが出ております。ご希望の方は今月中に管理組合までお申し込みください。ご希望者が多い場合には抽選となります。

3-3 標準・箇条書き・見出し ～主要スタイルの書式ポイント

Wordにはたくさんの段落スタイルがありますが、とくに重要なのは本文用、箇条書き用、見出し用のスタイルです。この3つに必要な書式と操作方法を理解すれば、ほとんどのスタイルは自在に扱えるようになります。

[標準] スタイルはすべての基準

126ページ「**段落スタイルの基準は [標準] スタイルが定番**」で解説したように、段落スタイルにはその基準となるスタイルが設定されており、ほとんどの段落スタイルは [標準] スタイルを基準としています。**[標準] スタイルの書式変更は文書全体に影響する**ので、扱いには注意が必要です。

Part1で解説したように、[ページ設定] ダイアログボックスの行送りと字送りは、[標準] スタイルのフォントサイズとの関係で決まります。したがって、どんな文書でも [標準] スタイルのフォントサイズだけはきちんと設定する必要があります。初期設定のままでフォントサイズを直接変更して仕上げることは可能ですが、場合によっては余計な手間を増やすことになります。

➤[標準] スタイルで変えてよい文字書式は「フォントサイズ」だけ

表題や見出し関係の段落スタイルには独自のフォントが登録されていますが、他のほとんどの段落スタイルには登録されていません。したがって、たとえば「文書全体をゴシック系で統一したい」という場合は [標準] スタイルのフォントを変えれば手間が省けます。

ただし、**[標準] スタイルのフォントを変えると、表で使う「表スタイル」のフォント設定が無効になります**。したがって、表スタイルで独自のフォントを使う場合、[標準] スタイルのフォント変更は避ける必要があります。また、「太字」「斜体」の設定も表スタイルに影響します。

このような事情を考えると、「**[標準] スタイルの文字書式はフォントサイズ以外は変えない**」と割り切った方が無難です。表スタイルについては177ページ「**表の体裁は表スタイルが基本**」で解説します。

▶文書の基本行高、基本文字間隔を［標準］スタイルで有効にする

［標準］スタイルの段落書式はほとんどすべての段落スタイルに反映されます。行高を変えれば、文書全体の段落の行高が変わります。とくに**インデントの変更は箇条書きなどの段落スタイルで不具合を起こす**ので避けてください。

ただし、一部確認しておきたい書式があります。それは、本文の基本行高、基本文字間隔、行端の処理を決めるオプションです。これらはどちらかといえば**文書全体で統一すべき書式**なので、［標準］スタイルで設定します。

▼［標準］スタイルの行高と文字間隔のオプションを設定する

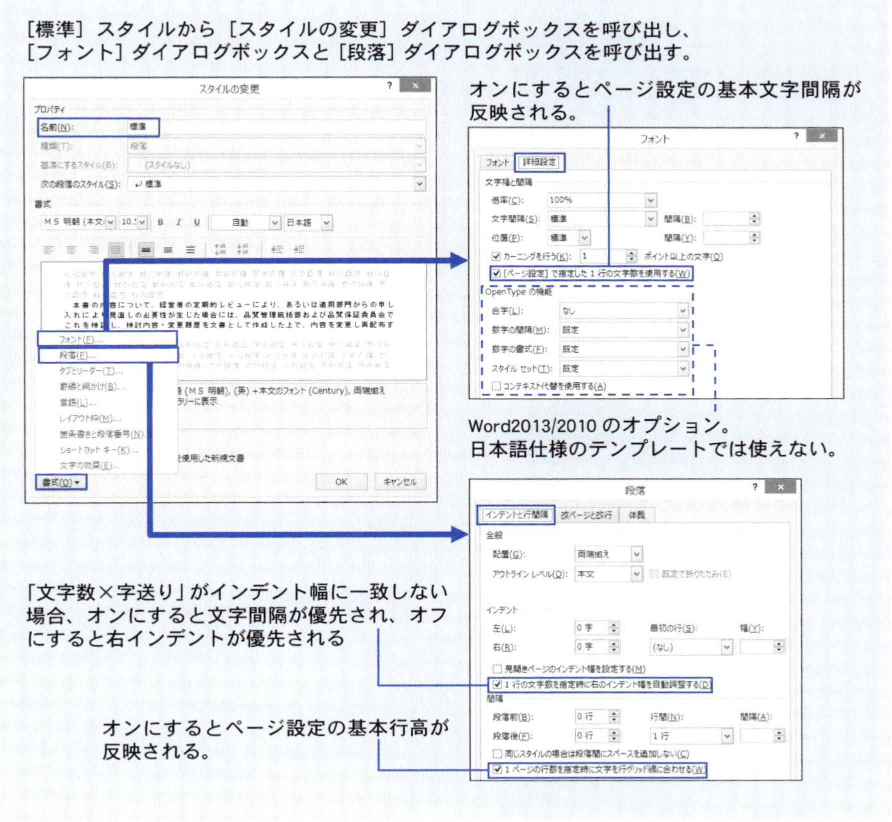
［標準］スタイルから［スタイルの変更］ダイアログボックスを呼び出し、
［フォント］ダイアログボックスと［段落］ダイアログボックスを呼び出す。
スタイルの変更
フォント(F)...
段落(P)...
書式(O)
オンにするとページ設定の基本文字間隔が反映される。
フォント
詳細設定
［ページ設定］で指定した 1 行の文字数を使用する(W)
OpenType の機能
Word2013/2010 のオプション。
日本語仕様のテンプレートでは使えない。
段落
インデントと行間隔
「文字数×字送り」がインデント幅に一致しない場合、オンにすると文字間隔が優先され、オフにすると右インデントが優先される
1 行の文字数を指定時に右のインデント幅を自動調整する(D)
オンにするとページ設定の基本行高が反映される。
1 ページの行数を指定時に文字を行グリッド線に合わせる(W)

48 ページ「文字数と行数を指定する」で解説したように、［ページ設定］ダイアログボックスで［文字数と行数を指定する］を選択すると文書の基本文字間隔が決まります。

ただし、基本文字間隔を実際の段落に反映させるには、前ページの図に示した［フォント］ダイアログボックスの［[ページ設定] で指定した1行の文字数を使用する］をオンにする必要があります。

このオプションは文字単位で設定できる文字書式ですが、通常は段落スタイルの書式として設定します。「**字送り＝フォントサイズ＋基本文字間隔**」なので、これで段落の字送りが決まります。

ところで、基本文字間隔を使う場合、実際の段落で「文字数×字送り」が本文幅に一致しなければ余りが出てしまいます。前ページの図に示した［段落］ダイアログボックスの［1行の文字数を指定時に右のインデント幅を自動調整する］は、この余りの処理方法を決めるオプションです。

オンにすると字送りが優先され、余りは行の右端に割り当てられます。オフにすると右インデントが優先され、余りは各文字間に割り当てられます。

ただし、このオプションが意味を持つのはWord2010以前です。Word2013では常に右インデントが優先されます。

▼［1行の文字数を指定時に右のインデント幅を自動調整する］オプションの意味

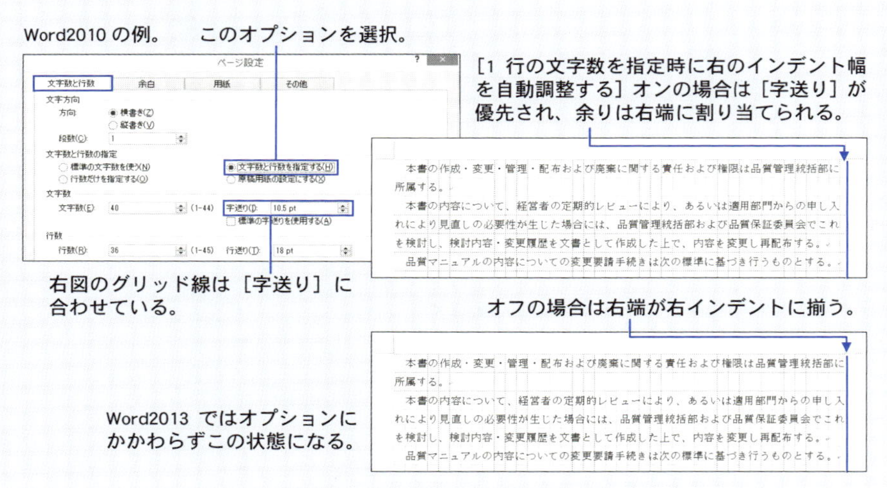
Word2010の例。
このオプションを選択。
[1行の文字数を指定時に右のインデント幅を自動調整する] オンの場合は [字送り] が優先され、余りは右端に割り当てられる。
右図のグリッド線は [字送り] に合わせている。
オフの場合は右端が右インデントに揃う。
Word2013ではオプションにかかわらずこの状態になる。

［段落］ダイアログボックスの［1ページの行数を指定時に文字を行グリッド線に合わせる］は、［ページ設定］ダイアログボックスで設定した文書の基本行高を実際の段落に反映させるオプションです（86ページ「[1ページの行数を指定時に文字を行グリッド線に合わせる] の意味」参照）。

段落ごとに設定することもできますが、［標準］スタイルの書式として登録するのが基本です。たとえば箇条書きや見出しなど、特定の段落で行高を変えたい場合は、その段落に適用する段落スタイルの行高設定を変えてください。

➤活用したい行端処理と文字間隔のオプション

［標準］スタイルで設定すべき書式のうち、意外に見落としやすいのが［段落］ダイアログボックスの［体裁］タブです。ここには**段落の行端処理**と、**英数記号－和文字間の空け方**を決めるオプションが含まれています。

▼段落の行端と英数記号－和文字間の空け方を設定

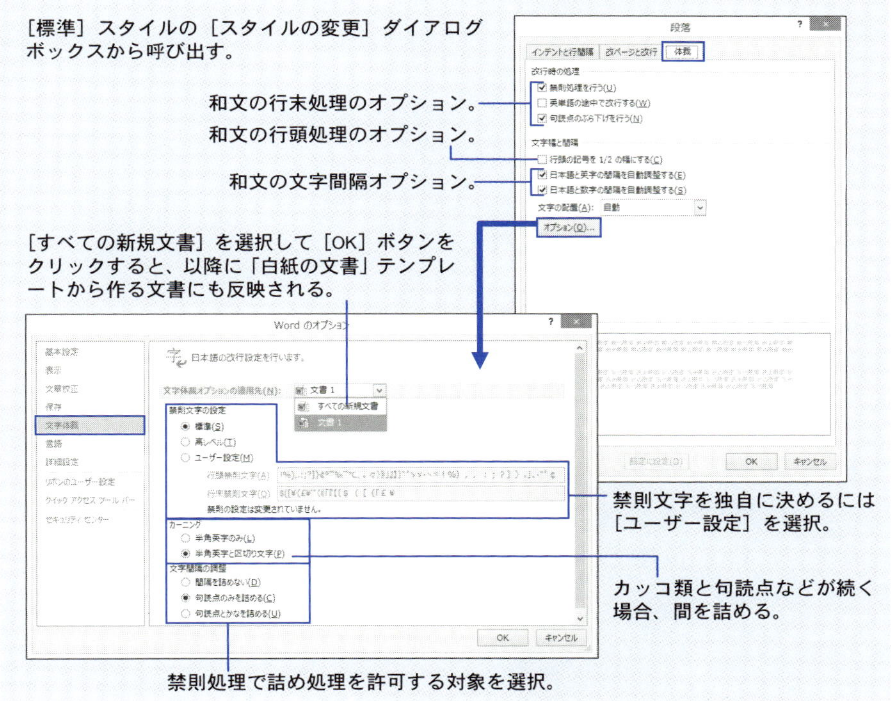

［禁則処理を行う］は、行頭の句読点や行末の起こし括弧を防ぐ処理です。通常はオンにします。処理すべき文字はあらかじめ設定されていますが、［オプション...］ボタンをクリックすれば変えることもできます。上図の［カーニング］と［文字間隔の調整］は、行頭の禁則文字を前の行に追い込む場合などに、前の行で詰めてもよい文字種を設定します。いずれも和文フォントが対象です。

［英単語の途中で改行する］は英単語の行分かれを許すオプションです。和文であっても、通常はオフにします。ただし、オフにすると行末のスペース文字は余白部に消える仕様になっています（73ページのコラム「**スペース文字による行端調整は最悪の方法**」参照）。

［句読点のぶら下げを行う］は、句読点や閉じ括弧類が行内に収まらない場合、禁則処理を行わずに行の余白部に飛び出させる機能です。このような書式を一般に「ぶら下げ組み」と呼んでいます。

禁則処理で句読点などを次行に追い出すと、その行の文字間隔が空き気味になりますが、ぶら下げ組みを行うとそのような空きの箇所を減らすことができます。ただし、句読点が余白部に飛び出すので、右端が不揃いになります。

一般に、1行の文字数が多ければ禁則処理による空きは目立たないので、このオプションはオフにしてかまいません。

▼［句読点のぶら下げを行う］オプションの働き

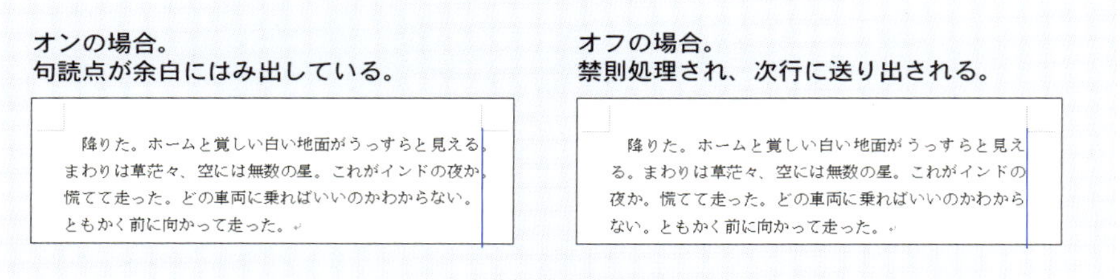
オンの場合。
句読点が余白にはみ出している。
降りた。ホームと覚しい白い地面がうっすらと見える。
まわりは草茫々、空には無数の星。これがインドの夜か。
慌てて走った。どの車両に乗ればいいのかわからない。
ともかく前に向かって走った。
オフの場合。
禁則処理され、次行に送り出される。
降りた。ホームと覚しい白い地面がうっすらと見え
る。まわりは草茫々、空には無数の星。これがインドの
夜か。慌てて走った。どの車両に乗ればいいのかわから
ない。ともかく前に向かって走った。

［行頭の記号を1/2の幅にする］は、起こしの括弧類が行頭に来るとその前に空きが生じ、行端が不揃いになるのを防ぐオプションです。「字下げインデント」を設定した段落では、下図のように段落先頭行の括弧も処理の対象になります。このオプションは最初の設定ではオフになっていますが、オンにすることをお勧めします。

▼［行頭の記号を1/2の幅にする］オプションの働き

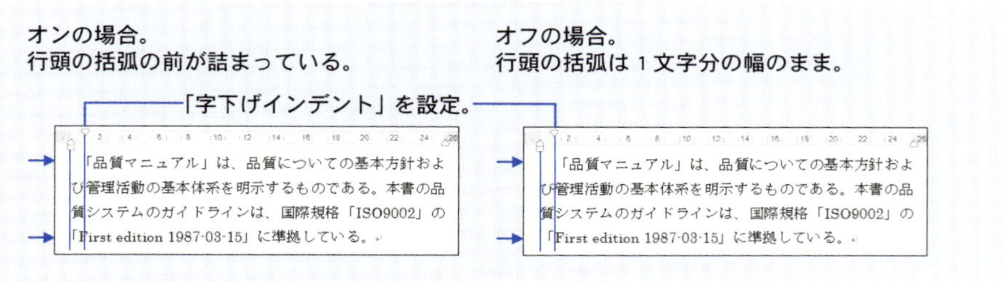
オンの場合。
行頭の括弧の前が詰まっている。
オフの場合。
行頭の括弧は1文字分の幅のまま。
「字下げインデント」を設定。
「品質マニュアル」は、品質についての基本方針およ
び管理活動の基本体系を明示するものである。本書の品
質システムのガイドラインは、国際規格「ISO9002」の
「First edition 1987-03-15」に準拠している。
「品質マニュアル」は、品質についての基本方針およ
び管理活動の基本体系を明示するものである。本書の品
質システムのガイドラインは、国際規格「ISO9002」の
「First edition 1987-03-15」に準拠している。

［日本語と英字の間隔を自動調整する］［日本語と数字の間隔を自動調整する］は、文字どおり和文字と英数字の間を自動的に空けるオプションです。一般に、これらの文字間は空けた方が見やすいので、空けたままにすることをお勧めします。

➤本文には［本文］スタイルが無難

手紙のような文書はもとより、段落スタイルを使い分ける文書でも、［標準］スタイルを本文用の段落スタイルとして利用することはできます。

しかし、すでにふれたように［標準］スタイルはほとんどの段落スタイルの基準スタイルになっているので、［標準］スタイルの書式変更は文書全体に影響を及ぼします。

たとえば本文段落は先頭行だけ字下げするのが普通ですが、［標準］スタイルに「字下げインデント」を設定すると、見出しその他の段落も字下げされてしまいます。

この場合、それぞれの段落スタイルでインデントを設定し直すという考え方もありますが、手間がかかるだけでなく、箇条書きのように「ぶら下げインデント」を設定した箇所は、文書を開くたびにインデントが解除されるという不具合も見られます。

したがって、本文でいろいろな書式を設定したい場合、［標準］スタイルの書式変更はフォントサイズだけに留め、**本文には［本文］スタイルまたは［本文字下げ］スタイルを使う**ことをお勧めします。

［本文］スタイルは［標準］スタイルを基準としていますが、［本文］スタイルを基準としているのは［本文字下げ］スタイルだけです。したがって、これらの段落スタイルの書式を変えても、他のスタイルに影響を及ぼすことはありません。

なお、最初の設定では［本文］スタイルには何も登録されていないので、その書式は［標準］スタイルと同じです。また、［本文字下げ］インデントには「字下げインデント」だけが登録されており、それ以外は［本文］スタイルと同じです。

これらの段落スタイルを使うには、［スタイル］ウィンドウの表示オプションで［すべてのスタイル］を選択し、一覧に呼び出してください（122ページ「**使うスタイルを［スタイル］ウィンドウに呼び出す**」参照）。

箇条書きを段落スタイルで処理する

Word には［箇条書き］～［箇条書き 5］という名前の段落スタイルが用意されていますが、これらは Word2003 以前の仕様になっているので使わないことをお勧めします。Word2007 以降の仕様にアレンジすることもできますが、とくに Word2007 で同スタイルを使うと、アレンジの有無にかかわらず高い確率で Word がトラブルを起こします。

［リスト段落］スタイルをアレンジする

箇条書きを段落スタイルで処理する場合、文書内で箇条書きの書式を 1 種類しか使わないとわかっていれば、99 ページ「**［リスト段落］スタイルを適用しても箇条書きにはならない**」でふれた［リスト段落］スタイルを利用する方法が簡単です。この段落スタイルは、最初は左インデントしか登録されていませんが、次のように操作すれば箇条書きの書式を登録できます。

▼［リスト段落］スタイルに箇条書きを登録する

［箇条書き］ボタンで箇条書きに変えた段落。［リスト段落］スタイルが適用されている。

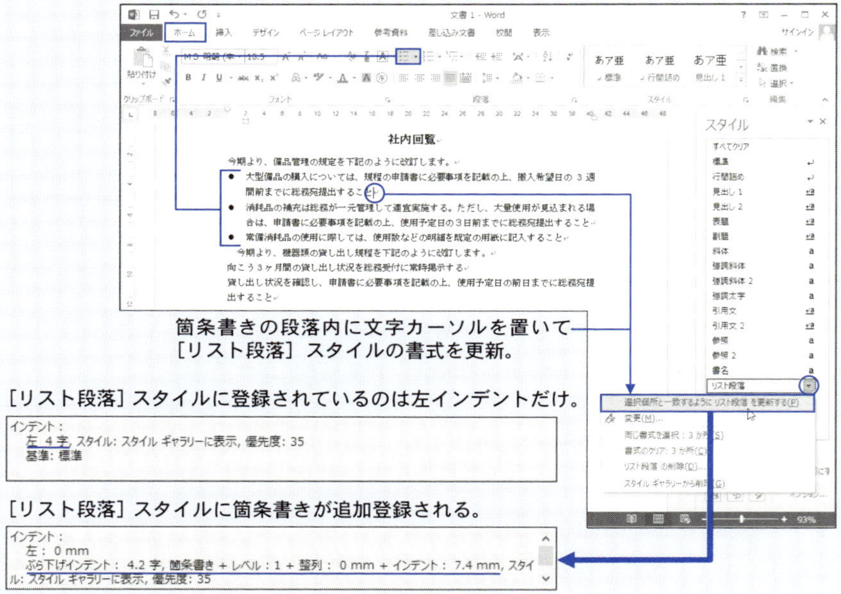
社内回覧
今期より、備品管理の規定を下記のように改訂します。
大型備品の購入については、規程の申請書に必要事項を記載の上、搬入希望日の 3 週間前までに総務宛提出すること
消耗品の補充は総務が一元管理して適宜実施する。ただし、大量使用が見込まれる場合は、申請書に必要事項を記載の上、使用予定日の 3 日前までに総務宛提出すること
常備消耗品の使用に際しては、使用数などの明細を既定の用紙に記入すること
今期より、機器類の貸し出し規程を下記のように改訂します。
向こう 3 ヶ月間の貸し出し状況を総務受付に常時掲示する
貸し出し状況を確認し、申請書に必要事項を記載の上、使用予定日の前日までに総務宛提出すること
スタイル
リスト段落
選択個所と一致するように リスト段落 を更新する(P)
箇条書きの段落内に文字カーソルを置いて［リスト段落］スタイルの書式を更新。
［リスト段落］スタイルに登録されているのは左インデントだけ。
インデント：
左 4 字, スタイル: スタイル ギャラリーに表示, 優先度: 35
基準: 標準
［リスト段落］スタイルに箇条書きが追加登録される。
インデント：
左： 0 mm
ぶら下げインデント： 4.2 字, 箇条書き + レベル : 1 + 整列 : 0 mm + インデント : 7.4 mm, スタイル: スタイル ギャラリーに表示, 優先度: 35

［ホーム］タブの［ボタン］による箇条書きは、使用状態によって記号・番号の種類やインデントが変わりますが、［リスト段落］スタイル自身に箇条書きの書式を登録すれば、以降は［リスト段落］スタイルを適用するだけで同じ書式の箇条書きを設定できます。

➤段落スタイルの箇条書きのインデントを変更する

箇条書きのインデントは［スタイルの変更］ダイアログボックスでは変更できません。インデント位置を変更するには、段落スタイルを適用した箇所で右クリックし、［リストのインデントの調整］ダイアログボックスを呼び出します。

インデントの設定を変更すると次のメッセージが表示され、［はい］ボタンをクリックすれば段落スタイルの書式を更新できます。

▼段落スタイルの箇条書きのインデントを変更する

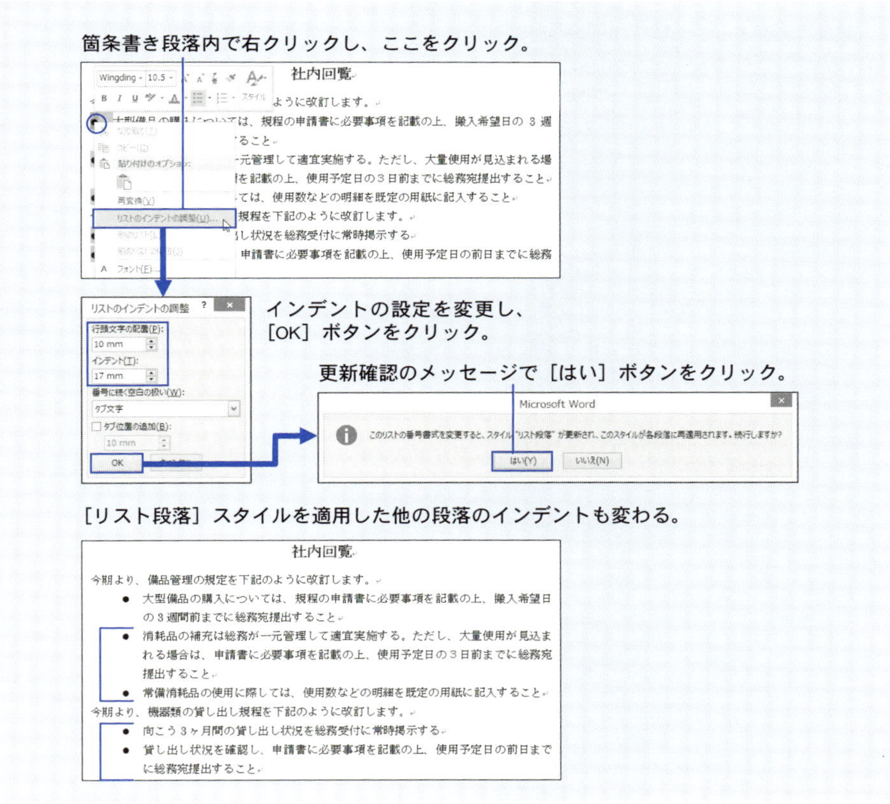
箇条書き段落内で右クリックし、ここをクリック。
社内回覧
リストのインデントの調整(U)...
リストのインデントの調整
行頭文字の配置(P):
10 mm
インデント(T):
17 mm
番号に続く空白の扱い(W):
タブ文字
タブ位置の追加(B):
10 mm
OK
インデントの設定を変更し、
[OK] ボタンをクリック。
更新確認のメッセージで［はい］ボタンをクリック。
Microsoft Word
このリストの番号書式を変更すると、スタイル "リスト段落" が更新され、このスタイルが各段落に再適用されます。続行しますか?
はい(Y)
いいえ(N)
［リスト段落］スタイルを適用した他の段落のインデントも変わる。
社内回覧
今期より、備品管理の規定を下記のように改訂します。
大型備品の購入については、規程の申請書に必要事項を記載の上、搬入希望日の３週間前までに総務宛提出すること
消耗品の補充は総務が一元管理して適宜実施する。ただし、大量使用が見込まれる場合は、申請書に必要事項を記載の上、使用予定日の３日前までに総務宛提出すること
常備消耗品の使用に際しては、使用数などの明細を既定の用紙に記入すること
今期より、機器類の貸し出し規程を下記のように改訂します。
向こう３ヶ月間の貸し出し状況を総務受付に常時掲示する
貸し出し状況を確認し、申請書に必要事項を記載の上、使用予定日の前日までに総務宛提出すること

➤新しい箇条書き用段落スタイルを作る

文書内でいろいろな箇条書きを使い分けたい場合は、書式ごとに段落スタイルを作成します（新しい段落の作り方については139ページ「**スタイルの変更がわかればスタイル作成は簡単**」参照）。

ただし、箇条書きの記号・番号は［スタイルの変更］ダイアログボックスあるいは［書式から新しいスタイルを作成］ダイアログボックスでも登録できますが、箇条書きのインデントは登録できません。

そこでまずは［標準］スタイルの段落上で新しい段落スタイルを作り、その段落スタイルを適用した段落上で［ホーム］タブの ボタンを使って箇条書きの書式を設定します。**最後に段落スタイルを更新**すれば、その段落スタイルに箇条書きの書式を登録できます。

▼新しい箇条書き用段落スタイルを作る

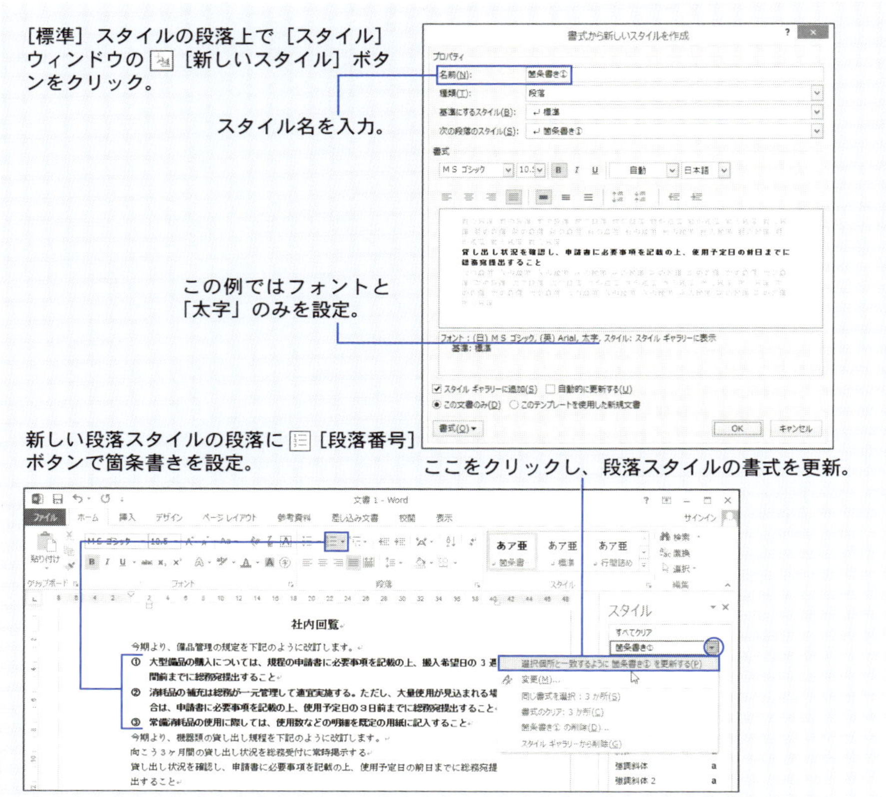
［標準］スタイルの段落上で［スタイル］ウィンドウの［新しいスタイル］ボタンをクリック。
スタイル名を入力。
この例ではフォントと「太字」のみを設定。
新しい段落スタイルの段落に［段落番号］ボタンで箇条書きを設定。
ここをクリックし、段落スタイルの書式を更新。
書式から新しいスタイルを作成
名前(N): 箇条書き①
種類(T): 段落
基準にするスタイル(B): 標準
次の段落のスタイル(S): 箇条書き①
フォント：(日) ＭＳ ゴシック, (英) Arial, 太字, スタイル: スタイル ギャラリーに表示
基準: 標準
スタイル ギャラリーに追加(S)
自動的に更新する(U)
この文書のみ(D)
このテンプレートを使用した新規文書
書式(O)
OK
キャンセル
社内回覧
今期より、備品管理の規定を下記のように改訂します。
① 大型備品の購入については、規程の申請書に必要事項を記載の上、購入希望日の3週間前までに総務宛提出すること
② 消耗品の補充は総務が一元管理して適宜実施する。ただし、大量使用が見込まれる場合は、申請書に必要事項を記載の上、使用予定日の3日前までに総務宛提出すること
③ 常備消耗品の使用に際しては、使用数などの明細を既定の用紙に記入すること
スタイル
すべてクリア
箇条書き①
選択個所と一致するように 箇条書き① を更新する(P)
変更(M)...

新しい段落スタイルには既存の段落スタイル名は使えないので、「箇条書き」ではなく他の名前を付けてください。書式の中身が具体的にわかるように、たとえば「箇条書き●」「箇条書き①」などのように名付けてはいかがでしょうか。

箇条書きの段落スタイルのインデントを変更する方法については 149 ページ「**段落スタイルの箇条書きのインデントを変更する**」をご参照ください。

➤アウトライン形式の箇条書きは「リストライブラリ」の種類に注意

［ホーム］タブの［アウトライン］ボタンを使うと、アウトライン形式の箇条書きを設定できます。下図に示す一覧のうち、「見出し」の文字を含むものはすでに［見出し 1］〜［見出し 9］スタイルに関係づけられており、これらをクリックすると選択箇所には［見出し］スタイルが適用されます。したがって、必ず**「見出し」を含まないアウトライン書式を選択**します。

アウトライン書式を直接設定する場合は［標準］スタイルの段落上で操作すればよいのですが、専用の段落スタイルに登録する場合は、あらかじめ段落スタイルを作ってから下図のように操作してください。［標準］スタイル上で操作すると、その段落は［リスト段落］スタイルに変わってしまいます。

▼アウトライン書式を適用する

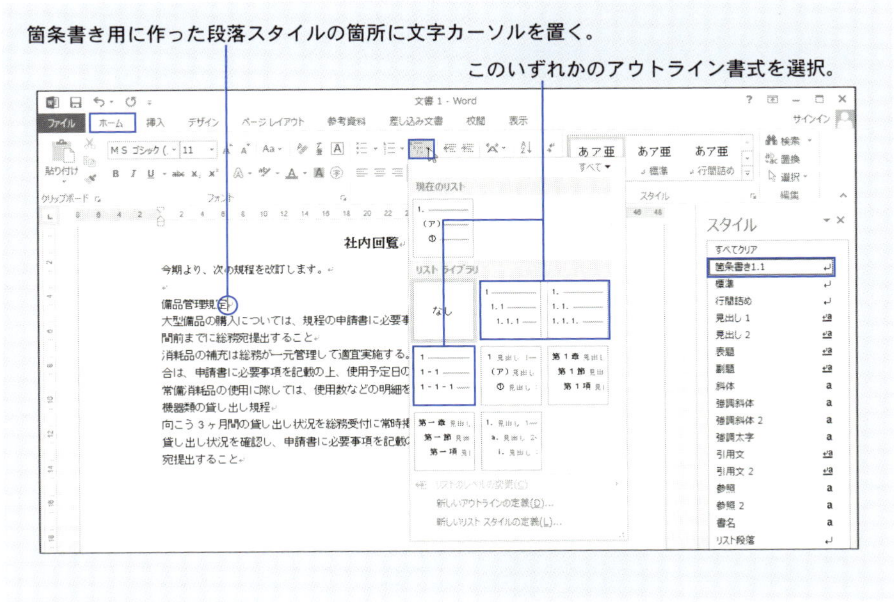
箇条書き用に作った段落スタイルの箇所に文字カーソルを置く。
このいずれかのアウトライン書式を選択。

アウトライン書式を設定したら、その段落上で段落スタイルを更新します。これで、選択した書式が段落スタイルに関係付けられ、同じ段落スタイルを適用した箇所には自動的にその書式が反映されます。

段落に適用するアウトライン書式のレベルを変えるには、段落範囲を選択して［ホーム］タブの［インデントを増やす］、［インデントを減らす］ボタンをクリックする方法が簡単です。この場合、これらのボタンはレベルを変えるだけで、インデントの大きさは箇条書式自体の設定に従って変わります。

▼アウトライン書式を段落スタイルに関係付ける

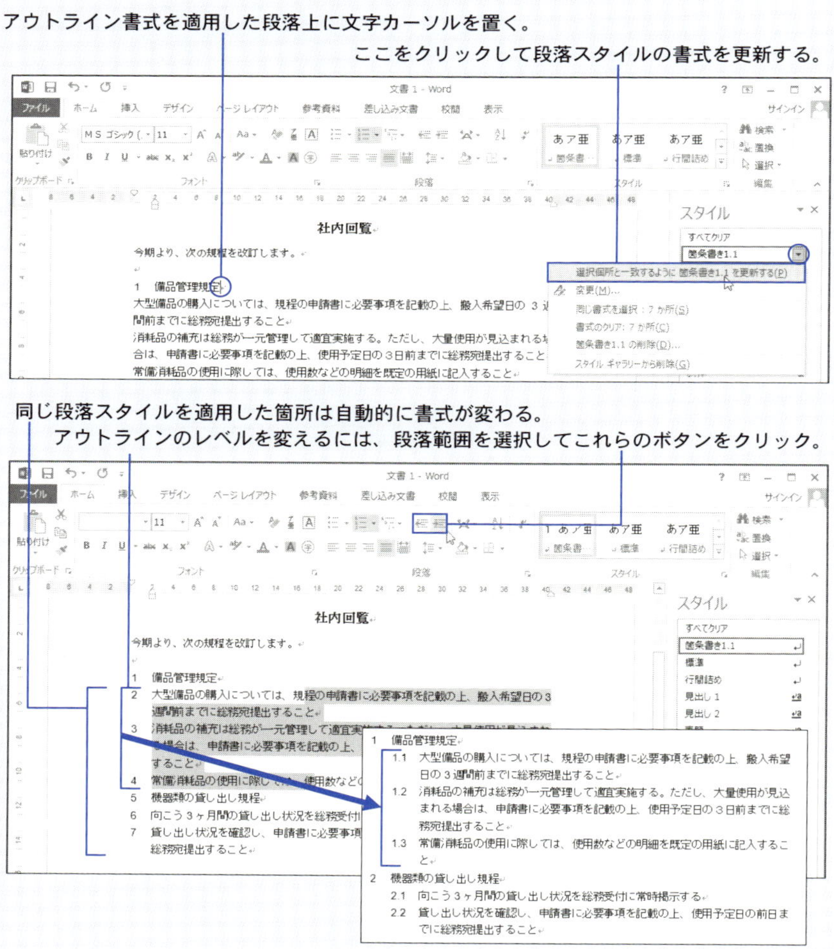
アウトライン書式を適用した段落上に文字カーソルを置く。
ここをクリックして段落スタイルの書式を更新する。
同じ段落スタイルを適用した箇所は自動的に書式が変わる。
アウトラインのレベルを変えるには、段落範囲を選択してこれらのボタンをクリック。

インデントや記号・番号を変えるには、該当する段落上に文字カーソルを置いて一覧下端の［新しいアウトラインの定義...］ボタンをクリックします。

▼アウトライン書式の内容をアレンジする

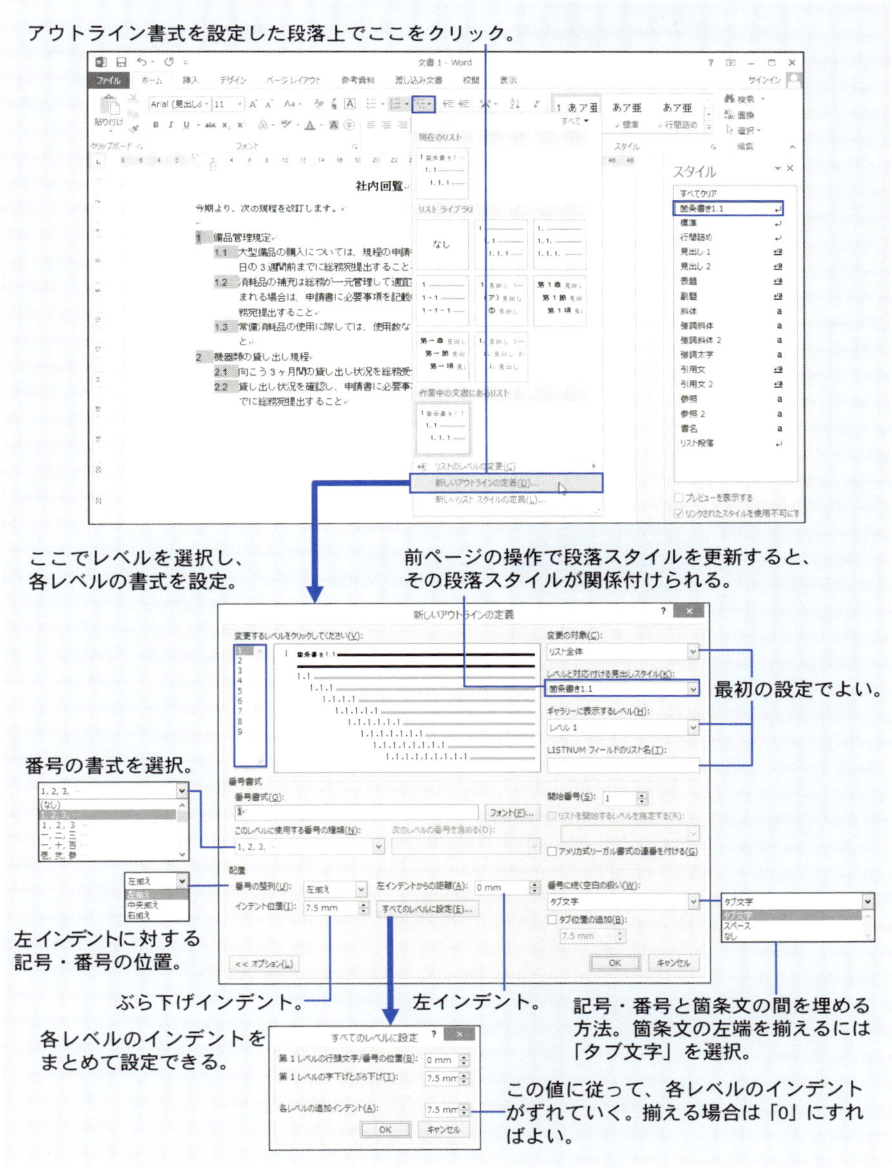
アウトライン書式を設定した段落上でここをクリック。
ここでレベルを選択し、各レベルの書式を設定。
前ページの操作で段落スタイルを更新すると、その段落スタイルが関係付けられる。
最初の設定でよい。
番号の書式を選択。
左インデントに対する記号・番号の位置。
ぶら下げインデント。
左インデント。
記号・番号と箇条文の間を埋める方法。箇条文の左端を揃えるには「タブ文字」を選択。
各レベルのインデントをまとめて設定できる。
この値に従って、各レベルのインデントがずれていく。揃える場合は「0」にすればよい。
新しいアウトラインの定義
すべてのレベルに設定

［新しいアウトラインの定義］ダイアログボックスでは、左上のレベル一覧でレベルを選択し、各レベルの書式を設定します。実際に使うレベルだけ設定すればよく、下位のレベルはそのままでかまいません。

このダイアログボックスで最も重要なのは右側の［レベルと対応付ける見出しスタイル］です。項目名は「～見出しスタイル」となっていますが、見出し専用ではなく、アウトライン形式の箇条書きにも使います。

152 ページの図「**アウトライン書式を段落スタイルに関係付ける**」に示した方法で段落スタイルを更新すると、「レベル１」の同項目にその段落スタイルが設定されます。これで、アウトライン書式全体がその段落スタイルに関係付けられ、段落スタイルを適用するだけで箇条書きになります。

この設定は「レベル１」についてのみ必要です。「レベル２」以下は［(スタイルなし)］となっていますが、そのままにしてください。下位のレベルにスタイルを割り当てると、スタイル適用時にそのレベルが設定されてしまいます。

アウトライン書式の内容を設定したら［OK］ボタンをクリックします。この場合はすでに段落スタイルと関係付けられているので、段落スタイルの書式が自動的に更新されます。

「リストライブラリ」に適切なアウトライン書式がなければ、最初から［新しいアウトラインの定義...］ボタンをクリックして新しいアウトライン書式を作ることもできます。方法は前ページの図と同様です。

この場合、「レベル１」の［レベルと対応付ける見出しスタイル］も［(スタイルなし)］と表示されるので、該当する段落スタイルを設定してください。また、アウトライン書式を設定した段落上で段落スタイルを更新すれば自動的に設定できます。

［リストスタイル］は使わなくてもかまわない

［アウトライン］ボタンのメニュー下端の［新しいリストスタイルの定義...］の「リストスタイル」とは、アウトライン書式自体に名前を付ける機能です。リストスタイルを作ると［リストライブラリ］の下に［リストのスタイル］というグループが表示され、文書内でいつでも適用できるようになります。

段落スタイルと関係付けることもできますが、どちらかといえば直接設定用です。仕様の混乱も見られるので、あえて使う必要はありません。

[見出し] スタイルを活用する

「章節項」のように階層化された見出しを使う場合は、[見出し 1] ～ [見出し 9] スタイルが定番です。[見出し] スタイルには次のような特徴があります。

- **それぞれ独立しており、文字書式や段落書式を自由に設定できる**
- **「アウトライン」レベルが設定されている**

[見出し 1] ～ [見出し 9] スタイルはいずれも [標準] スタイルを基準としており、書式上はたがいに独立しています。したがって、どの [見出し] スタイルの書式を変えても、他の [見出し] スタイルに影響することはありません。下図は [見出し 1] の例ですが、他の [見出し] スタイルも同様です。

▼ [見出し 1] スタイルの書式内容

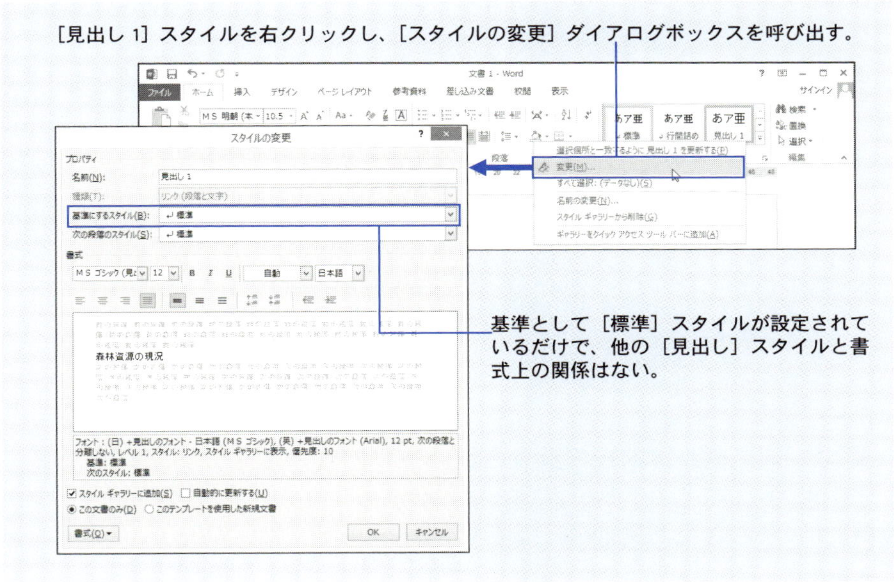

[見出し 1] ～ [見出し 9] スタイルには最初から「レベル 1」～「レベル 9」の「アウトラインレベル」が設定されています。アウトラインレベルとは、「アウトライン」表示モードでの表示レベルのことです。この設定のおかげで、「アウトライン」表示モードで各段落にアウトラインレベルを設定すると、自動的に [見出し 1] ～ [見出し 9] スタイルを適用することができます。

段落スタイルのアウトラインレベルは、[スタイルの変更]ダイアログボックスの[書式]-[段落...]をクリックし、[段落]ダイアログボックスを呼び出せばわかります。

なお、本書では「アウトライン」表示モードの扱い方については割愛します。

▼[見出し]のアウトラインレベルと「アウトライン」表示モードの関係

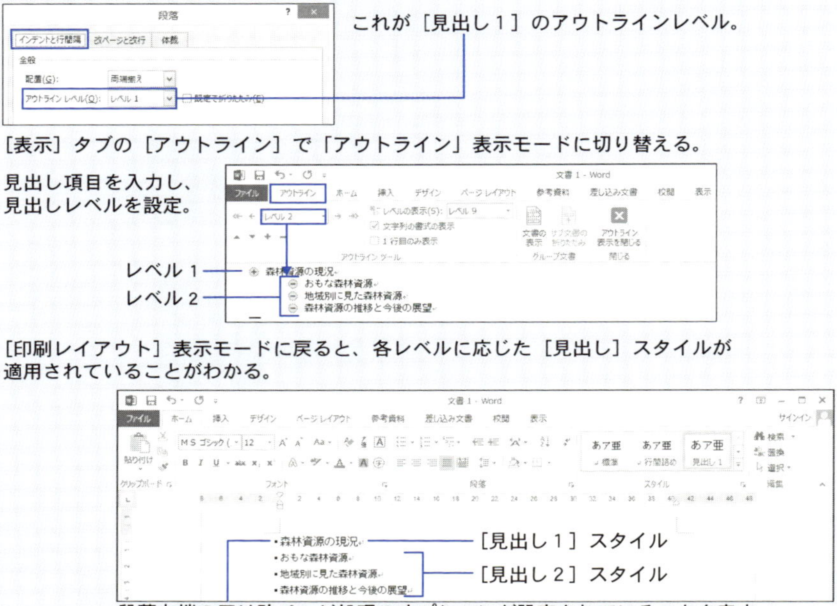

これが[見出し1]のアウトラインレベル。
[表示]タブの[アウトライン]で「アウトライン」表示モードに切り替える。
見出し項目を入力し、見出しレベルを設定。
レベル1
レベル2
[印刷レイアウト]表示モードに戻ると、各レベルに応じた[見出し]スタイルが適用されていることがわかる。
[見出し1]スタイル
[見出し2]スタイル

段落左端の■は改ページ処理のオプションが設定されていることを表す（次ページ参照）。

▶見出しスタイルは前後の空きと改ページ処理がポイント

[見出し]スタイルの書式は自由に設定できますが、とくに配慮したい書式があります。それは、前後の空きオプションと、見出しがページの下端に取り残されないためのオプションです。

見出しは一般に、その前後を空けるとメリハリが付き、見やすくなります。空の段落を補う方法もありますが、[見出し]スタイルの書式として登録すれば、手間を省くことができます。

また、段落の改ページオプションを利用すると、章見出しの前で自動的に改ページしたり、見出しがページの下端に取り残されるのを防ぐことができます。

段落前後の空きと改ページのオプションを設定するには、[スタイルの変更] ダイアログボックスで [書式] - [段落...] をクリックします。

▼段落前後の空きと改ページオプションを設定する

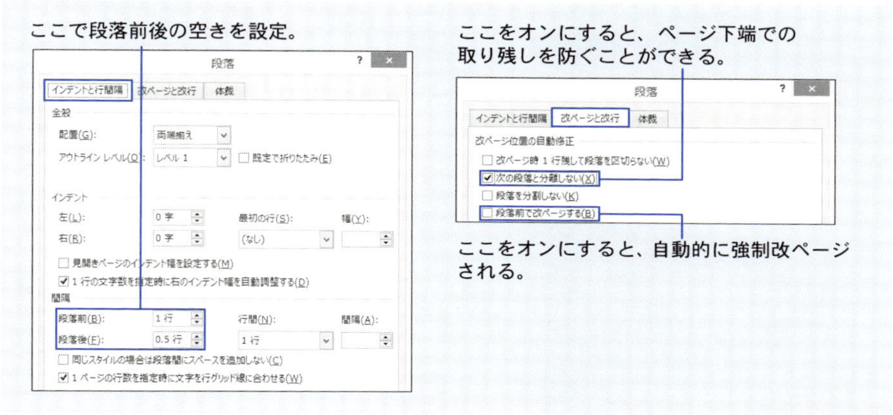

各見出しスタイルは [次の段落と分離しない] が最初からオンになっています。次の段落がページ内に収まらず次ページに追い出される場合、見出し段落も次ページに追い出されます。

ちなみに、[改ページ時 1 行残して段落を区切らない] は複数行にわたる段落の 1 行だけが次ページに送り出されたり、ページの下端に取り残されるのを防ぐオプション、[段落を分割しない] は段落のページ分かれを防ぐオプションです。いずれも本文用です。

複数行にわたる見出しがある場合は、行高の設定にも配慮が必要です。とくにフォントサイズが大きい見出しは、そのままでは「2 行分」「3 行分」になり、間延びしてしまいます。

このような事態を防ぐには、89 ページ「行間は行高で調整する」でふれたように、[段落] ダイアログボックスの [1 ページの行数を指定時に文字を行グリッド線に合わせる] をオフにするか、または同ダイアログボックスの [行間] で [固定値] を選択し、[間隔] に具体的な高さを入力します。具体的には 89 ページをご参照ください。

そのほか、本文に [標準] スタイルではなく [本文] スタイルなどを使う場合は、[スタイルの変更] ダイアログボックスの [次の段落のスタイル] をその段落スタイルに変えておくことも重要です。

▶見出しスタイルへの番号付けは手順が大切

既存の［見出し］スタイルには章節項などの番号は登録されていません。番号を表示するには、前項の箇条書きの場合と同様、アウトライン書式と［見出し］スタイルを対応付けます。

ただし、［見出し］スタイルは［見出し 1］～［見出し 9］のそれぞれが独立しているので、「レベル 1」と［見出し 1］……、「レベル 2」と［見出し 2］スタイル……のように、各レベルと各見出しスタイルを対応付ける必要があります。

そこでぜひ覚えておきたいのが、「リストライブラリ」で「見出し」の文字を含むアウトライン書式を適用する方法です。これで自動的に上記の対応付けが行われ、文字カーソル位置には［見出し 1］スタイルが適用されます。文字カーソル位置にあらかじめ［見出し 1］スタイルを適用してから操作してもかまいません。

使いたいアウトライン書式がリストライブラリになくても、まずはこの方法で対応付けを行い、あらためて［新しいアウトラインの定義］ダイアログボックスで書式変更する方法が無難です。

▼［見出し］スタイルにアウトライン書式を対応付ける

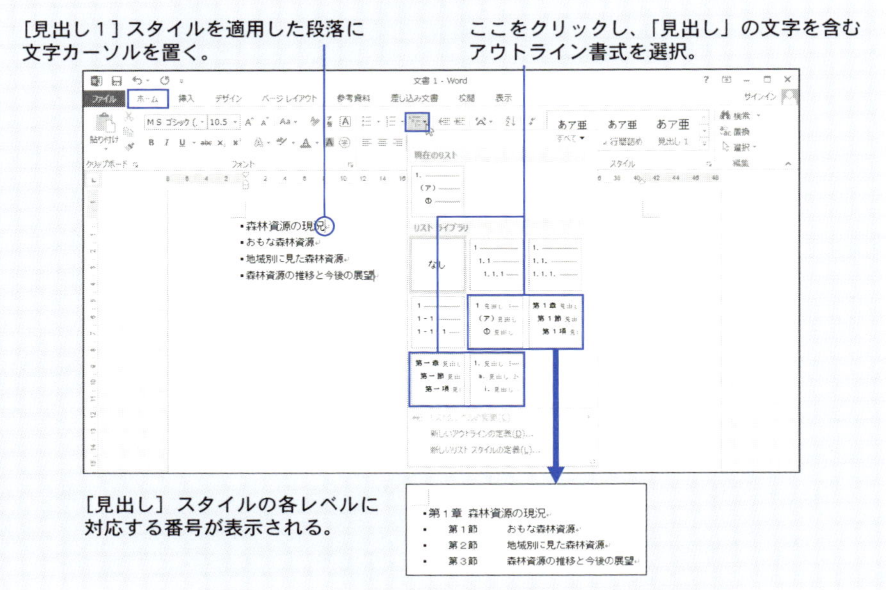
［見出し 1］スタイルを適用した段落に文字カーソルを置く。
ここをクリックし、「見出し」の文字を含むアウトライン書式を選択。
森林資源の現況
おもな森林資源
地域別に見た森林資源
森林資源の推移と今後の展望
［見出し］スタイルの各レベルに対応する番号が表示される。
第 1 章 森林資源の現況
第 1 節 おもな森林資源
第 2 節 地域別に見た森林資源
第 3 節 森林資源の推移と今後の展望

▼［見出し］スタイルのアウトライン書式を変更する

［見出し 1］スタイルの段落に文字カーソルを置いてここをクリック。

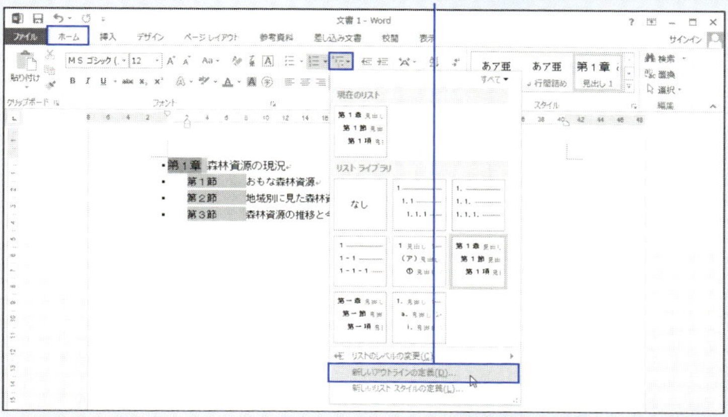

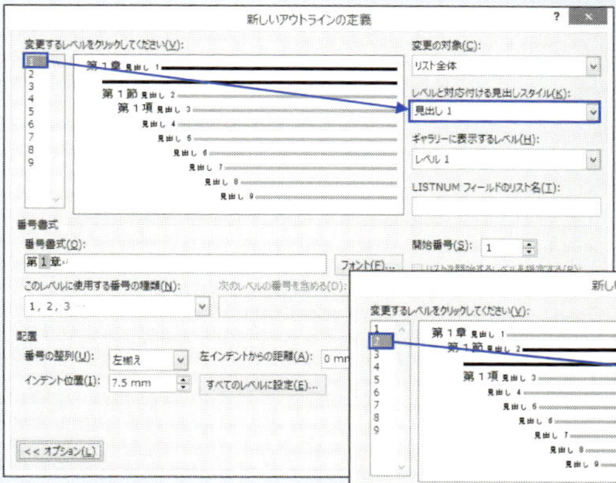

［新しいアウトラインの定義］ダイアログボックスを呼び出すと、各レベルが各見出しスタイルに対応付けられているのがわかる。

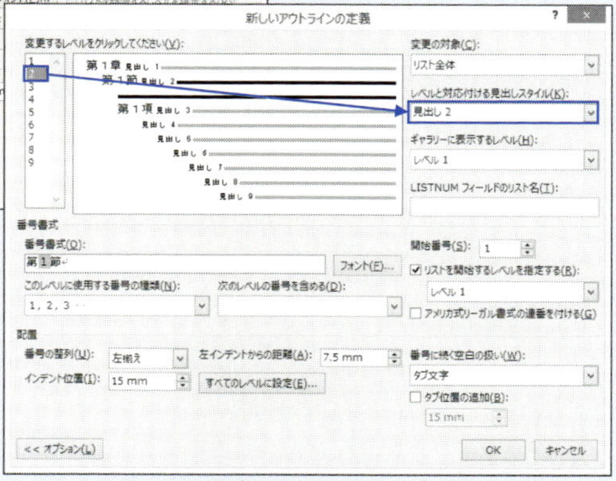

リストライブラリを使わずにいきなり［アウトラインの定義...］から操作することもできますが、その場合は各見出しスタイルについて手動で対応付けの操作を行う必要があります。対応付けを間違えると奇妙な動作に悩まされることもあるので、基本的には前ページの手順で操作することをお勧めします。

試してみよう～ワンポイントレッスン

☑次の例文の書式を、既存の段落スタイルだけで整えてみよう

Part3 では段落スタイルの扱い方について解説しました。そこで、Part2 のレッスンで使った文書を、段落スタイルで整形し直してみましょう。使うのは［表題］スタイル、［リスト段落］スタイル、［結語］スタイルです。Part2 のレッスン結果が残っていれば、その書式をいったん解除してから、試してみてください。文書全体の書式の解除はショートカットキー3 つで処理できます（ヒントは 118、119 ページ）。

総務部臨時ニュース ←［表題］スタイルを適用。

みなさんご存じのように、今年は 7 人の新人をお迎えすることになりました。配属部署未定の研修期間ではありますが、まずは有志による「新入社員歓迎会」を実施したいと思います。ぜひ多数のご出席をお願い申し上げます。

日時：4 月 10 日午後 6 時
場所：隅田川屋形船
集合：会社玄関
（［箇条書き］ボタンを使って［リスト段落］スタイルを適用。）

幹事：総務部　山本 ←［結語］スタイルを適用。

解説

［表題］スタイルは［ホーム］タブの［スタイルギャラリー］にあるので簡単です。箇条書きの部分は、［標準］スタイルの状態で［箇条書き］ボタンをクリックすれば［リスト段落］スタイルに変わります（99 ページ「［リスト段落］スタイルを適用しても箇条書きにはならない」と 148 ページ「［リスト段落］スタイルをアレンジする」参照）。［結語］スタイルは最初の状態では［スタイル］ウィンドウに表示されないので、表示オプションを変える必要があります（122 ページ「使うスタイルを［スタイル］ウィンドウに呼び出す」参照）。

総務部臨時ニュース

みなさんご存じのように、今年は 7 人の新人をお迎えすることになりました。配属部署未定の研修期間ではありますが、まずは有志による「新入社員歓迎会」を実施したいと思います。ぜひ多数のご出席をお願い申し上げます。

- 日時：4 月 10 日午後 6 時
- 場所：隅田川屋形船
- 集合：会社玄関

幹事：総務部　山本

☑［表題］の書式を、段落スタイルを使って変えてみよう

表題は文書にひとつしかないので段落スタイルを使う有り難みは少ないのですが、ここは練習と割り切って試してみてください。変更するのはフォントと段落罫線です。下図では「MS 明朝」に変えていますが、お気に入りのフォントがあればそれでもかまいません。また、作業中の箇所が和文字だけであっても、半角英数字用の欧文フォントも設定することをお勧めします。後回しにすると、最後まで見過ごしてしまうかもしれません。「MS 明朝」には「Century」または「Times New Roman」を組み合わせるのが一般的です。

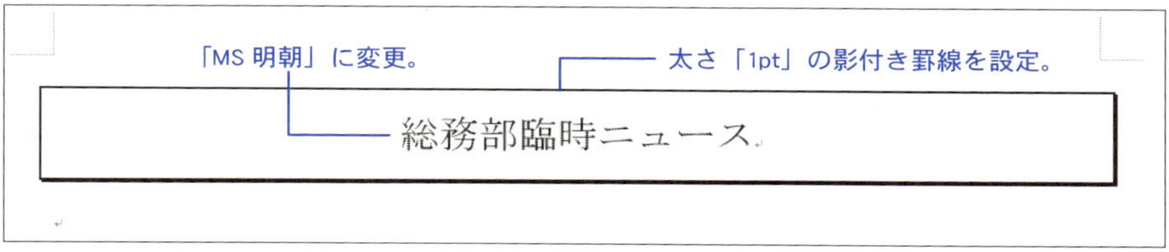

解説

段落スタイルの書式内容を変えるには、［スタイルの変更］ダイアログボックスを使う方法と、直接設定した書式を使って段落スタイルを更新する必要があります。いずれにしても、フォントの扱いには注意してください。後者ではとくに、扱いを間違えると半角英数字も和文フォントになってしまいます（135 ページ「スタイルの更新はフォントの扱いに注意」参照）。

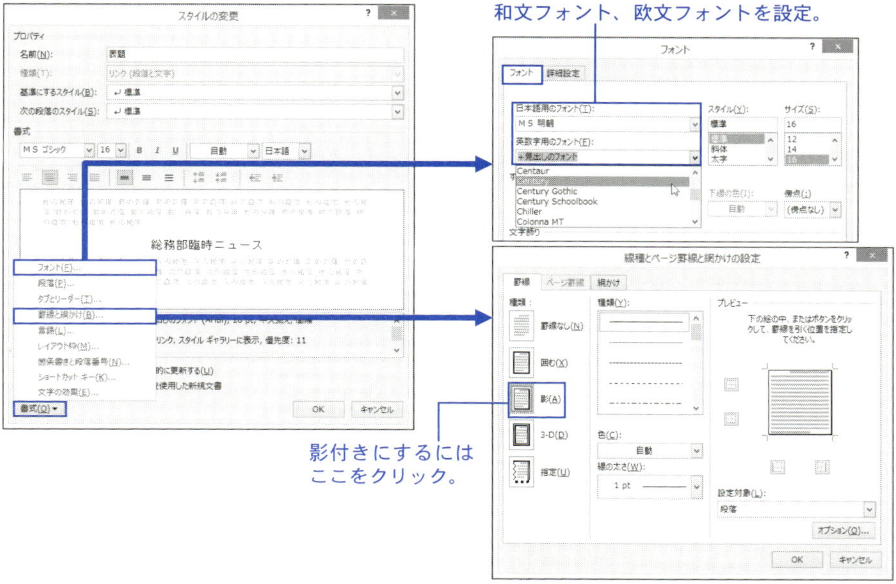

☑次の例文を入力し、見出し化して番号を付けてみよう

［見出し］スタイルは、数ある段落スタイルの中でもとくに重要で便利な機能です。入力済みの文書の整形に役立つのはもちろんですが、これから入力する文書では、［見出し］スタイルを利用すると全体の見通しがよくなり、執筆が楽になります。もし使ったことがなければ、このレッスンでぜひ試してみてください。ここでは練習として、［標準］スタイルの例文を入力し、各段落に異なるレベルの［見出し］スタイルを適用してみましょう。まず先頭段落に文字カーソルを置いてから［ホーム］タブの［アウトライン］ボタンから「見出し」の文字を含む書式を選択します。これで先頭段落に［見出し 1］スタイルが適用されます。以下、各段落について下図のように［見出し］スタイルを適用してください（124 ページ「スタイルを適用する 3 つの方法」参照）。

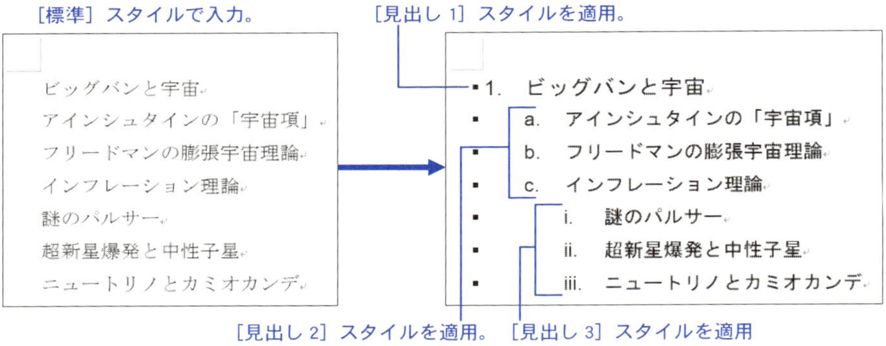
［標準］スタイルで入力。
ビッグバンと宇宙
アインシュタインの「宇宙項」
フリードマンの膨張宇宙理論
インフレーション理論
謎のパルサー
超新星爆発と中性子星
ニュートリノとカミオカンデ
［見出し 1］スタイルを適用。
1. ビッグバンと宇宙
a. アインシュタインの「宇宙項」
b. フリードマンの膨張宇宙理論
c. インフレーション理論
i. 謎のパルサー
ii. 超新星爆発と中性子星
iii. ニュートリノとカミオカンデ
［見出し 2］スタイルを適用。
［見出し 3］スタイルを適用

解説

段落スタイルを適用するには、まず適用範囲を選択します。連続する段落範囲を選択し、まとめて適用することもできます。［スタイル］ウィンドウと「スタイルギャラリー」には最初は［見出し 1］［見出し 2］しか表示されていませんが、［見出し 2］を適用すると自動的に［見出し 3］が現れます。

ショートカットキーを使う場合は［スタイル］ウィンドウを閉じたままでも適用できます。たとえば Alt + Shift + ← キーを押すと［見出し 1］スタイルまたは前出と同じレベルの［見出し］スタイルが適用されます。Alt + Shift + → キーを押すと、前出の下位のレベルの［見出し］スタイルが適用されます。

また、［見出し］スタイルを適用済みの段落でこれらのショートカットキーを押せば、見出しレベルを上下することができます。

［見出し］スタイルを適用した段落の末尾で Enter キーを押すと、［スタイルの変更］ダイアログボックスの［次の段落のスタイル］で設定した段落スタイルが適用されるので、あとから本文を加筆するのも簡単です。

表も「場当たり式」で作っていませんか？

～仕様がわかれば手順がわかる

Part 4

ごく簡単な表でも、いざ作るとなるとどこから手を付けてよいかわからず、何となく「場当たり式」で作業を進めてはいないでしょうか？　ムダのない手順で思いどおりに仕上げるには、表の仕様をきちんと理解することが大切です。

4-1 表の整形はオプションと段落書式がポイント

表作成のおもな作業は、列幅や行高の調整、セル内の文字位置の調整です。思いどおりに調整するには、表のオプションを理解し、手順に配慮することが大切です。また、中身の体裁を整えるには、Part2 の段落書式、Part3 の段落スタイルの知識も欠かせません。

列幅の調整はドラッグとオプションがポイント

ご存じのように、Word で表を作るには「列×行」のパネルを利用する方法、[表の挿入] ダイアログボックスを使う方法、罫線モードで罫線を引く方法がありますが、まずはパネルを使う方法をお勧めします。他の方法を使いこなすには、表のしくみやオプションについてある程度の知識が必要です。

パネルで挿入した直後の表は、Word2013 では表の両端が本文幅に合うように各列幅が調整され、Word2010 以前では表の中身の両端が本文幅に合うように調整されます。調整の基準が異なるだけで、扱い方は同じです。

▼列間をドラッグして列幅を調整する

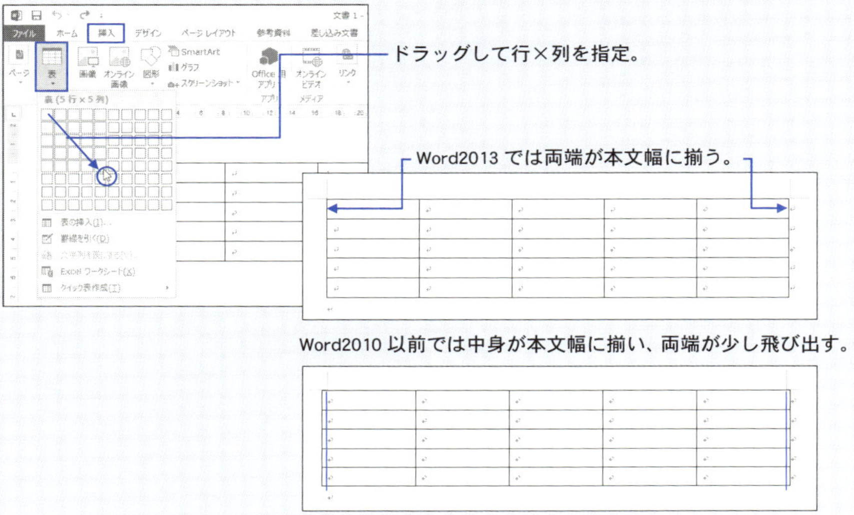
ドラッグして行×列を指定。
Word2013 では両端が本文幅に揃う。
Word2010 以前では中身が本文幅に揃い、両端が少し飛び出す。

➤キーボードとドラッグの併用で列幅を調整する

列幅を調整するにはドラッグが簡単です。

表の列間をドラッグすると列間の位置が変わるだけで、表全体の幅は変わりません。ひとつの列幅だけを調整するには Shift **キー**を押したままで列の右端をドラッグします。この場合、表全体の幅もなりゆきで変わります。

また、 Ctrl **キー**を押したままで列の右端をドラッグすると、表全体の幅が変わらないように、ドラッグ位置より右側の列幅全体が調整されます。

▼列幅をドラッグで調整する

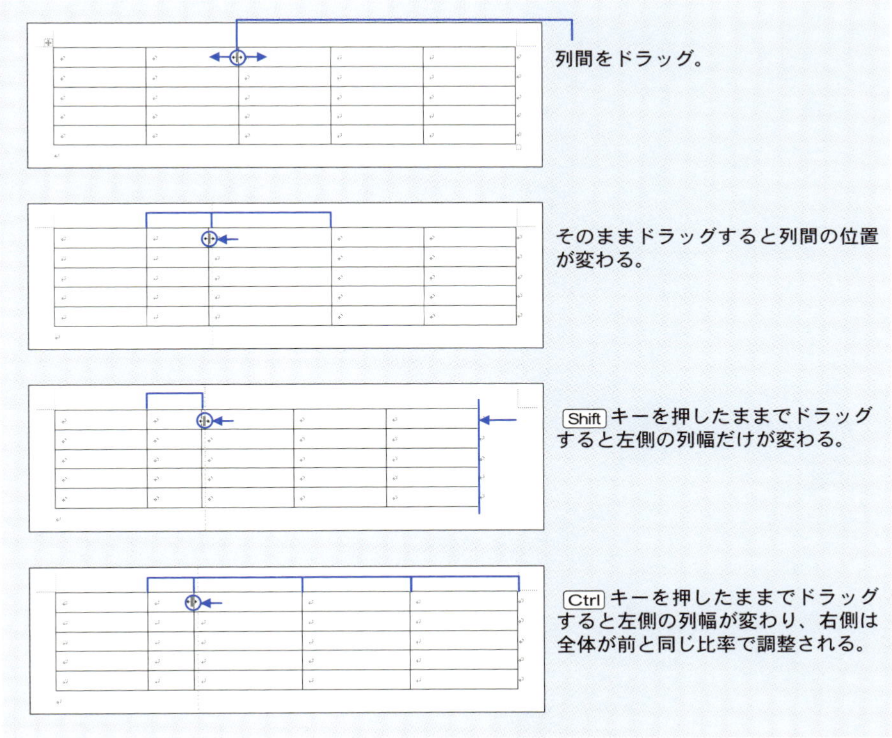
列間をドラッグ。
そのままドラッグすると列間の位置が変わる。
Shift キーを押したままでドラッグすると左側の列幅だけが変わる。
Ctrl キーを押したままでドラッグすると左側の列幅が変わり、右側は全体が前と同じ比率で調整される。

なお、表の右端をドラッグすると右端の列幅だけが変わります。この場合は上記のキーを併用しても結果は同じです。

また、表の左端をドラッグすると列幅だけでなく表の位置も変わってしまうので、通常は避けてください。この位置の調整方法については190 ページ「**段落間の表の位置は配置オプションと表のインデントで決める**」で解説します。

➤中身に合わせて列幅を調整する場合はオプションが便利

各列の内容が少ない場合は列幅の調整オプションが便利です。表の中に文字カーソルを置き、[レイアウト] タブの [自動調整] - [文字列の幅に合わせる] をクリックするだけで調整されます。

ただし、そのままでは入力内容に合わせて随時調整されます。調整結果を固定したい場合は、引き続き [自動調整] - [列の幅を固定する] をクリックしてください。

▼中身に合わせて列幅を調整する

表の中に文字カーソルを置いてここをクリック。

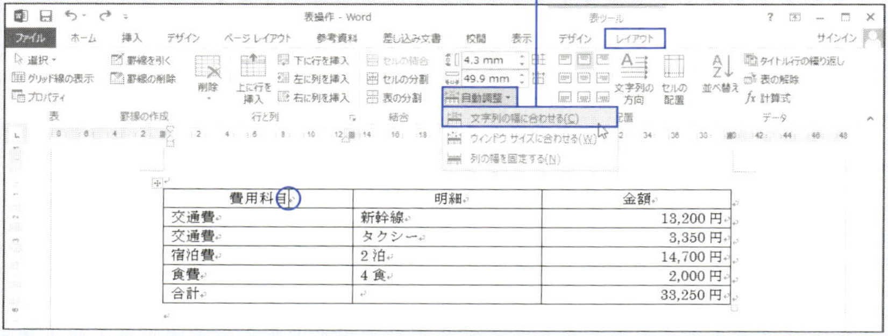

列内容に合わせて列幅が調整される。あらためてここをクリックすると列幅が固定される。

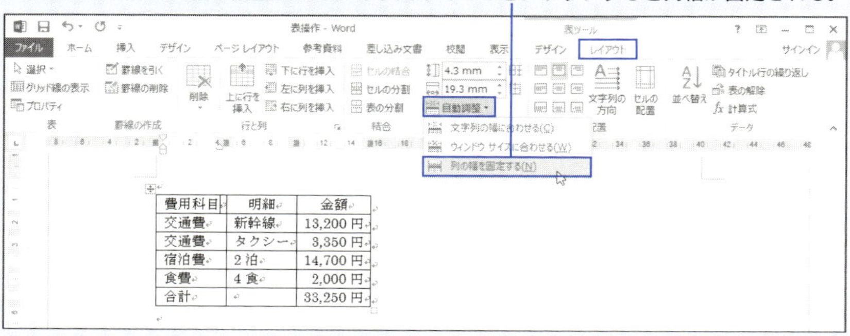

ちなみに、上図に見られる [自動調整] - [ウィンドウサイズに合わせる] は表全体の幅を本文幅に合わせるオプションです。そのままでは本文幅を変えると表幅も変わります。調整結果を固定したい場合は、引き続き [自動調整] - [列の幅を固定する] をクリックしてください。

➤表幅の設定には［表のプロパティ］ダイアログボックスを使う

Wordでは、表全体の幅を設定することも、列幅を個別に設定することもできます。パネルで挿入した直後の表は本文幅に合わせて調整されますが、実際には各列幅だけが設定されており、表幅はなりゆきになっています。

また、前ページで紹介した［自動調整］-［文字列の幅に合わせる］をクリックすると表幅・列幅ともに未設定の状態になり、［自動調整］-［列の幅を固定する］をクリックすると列幅だけが設定されます。

表幅・列幅は下図のダイアログボックスで確かめることができます。

▼表幅・列幅を設定する

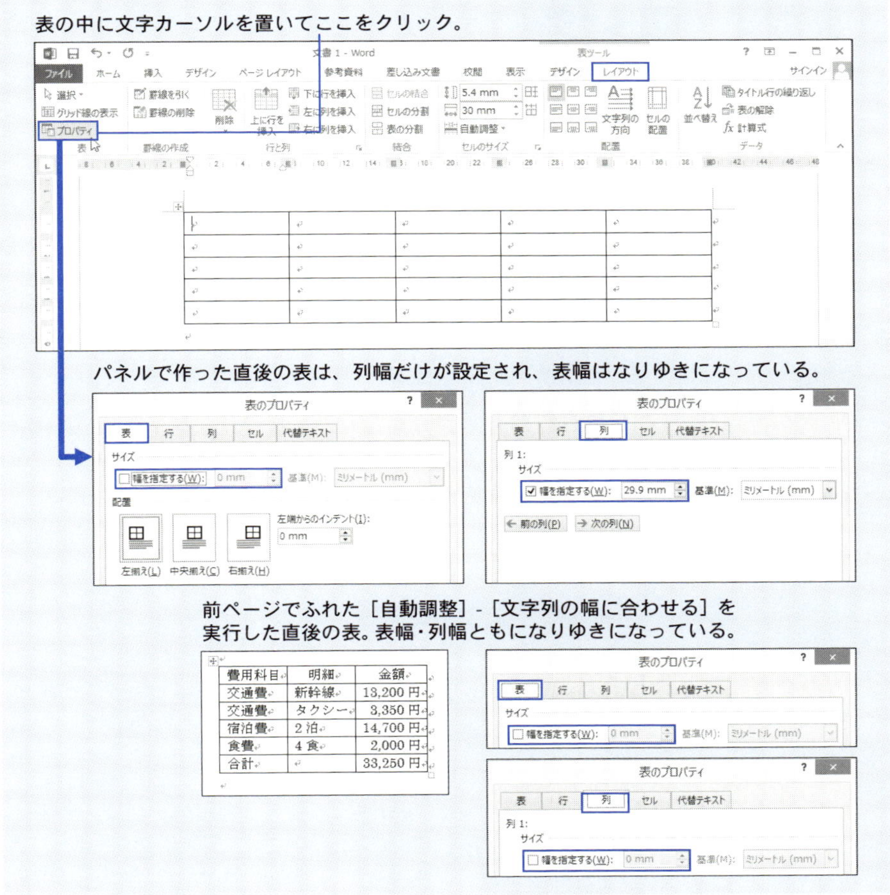

表幅を調整するには［表のプロパティ］ダイアログボックスの［表］タブの［幅を指定する：］をオンにした上で寸法を設定します。その結果、実際の列幅は表幅設定前の比率に従って調整されます。

ただし、［列］タブで値を設定している場合、その値自体は調整されません。たとえば列幅「20mm」「30mm」「50mm」の3列からなる表の幅を「150mm」に設定した場合、実際の列幅は元の列幅の比率に従って「2：3：5」に調整されますが、ダイアログボックスでの設定値自体は変わりません。

このしくみを理解していればそのままでもかまいませんが、気になる場合は［レイアウト］タブの［自動調整］-［列の幅を固定する］をクリックすれば正しい値に修正することができます。

なお、［表のプロパティ］ダイアログボックスの［表］タブと［列］タブの［基準：］では、［ミリメートル(mm)］と［パーセント(%)］を選択できます。表幅のパーセントは本文幅に対する比率ですが、列幅のパーセントは上記の寸法の場合と同様、列幅の合計との関係で決まります。

➤セル枠と中身の空きは［既定のセルの余白］オプションで調整できる

Word の表には、セル内の文字と罫線が付かないように空きを設定できるようになっています。最初の設定では左右「1.9mm」、上下「0mm」です。上下は段落自身の行高があるので、0mm でも罫線に付くことはありません。

設定を変えるには［表のプロパティ］ダイアログボックスから［表のオプション］ダイアログボックスを呼び出し、［既定のセルの余白］で値を設定します。

▼セル内の空きを設定する

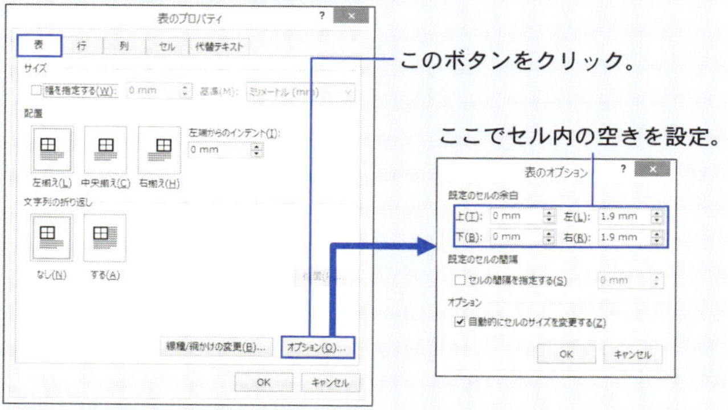

少し細かいお話ですが、左右の空きをちょうど「2mm」に設定する場合、「1.9mm」から「2mm」に変えても変更できず、ダイアログボックスを開き直すと「1.9mm」に戻ってしまいます。この場合はいったん「3mm」に設定して[OK]ボタンをクリックし、あらためて「2mm」に変更してください。

　ところで、164ページでふれたように、Word2010以前ではパネルで表を挿入すると中身の両端が本文幅に合うように調整され、両端が少し飛び出します。その原因が[既定のセルの余白]です。両端が飛び出す分にはそれほど違和感はありませんが、幅が狭い場合は表が左に飛び出しているように見えます。

　表の端を本文端に合わせるには空きオプションを「0mm」にする方法が簡単です。空きを0mmにしても、セル内段落の左右のインデントを調整すれば罫線との間を空けることができます。

　なお、筆者が試した限りでは、**列幅からセル内の左右の空きを引いた値が15～16mmの間にある状態ではインデントを設定できない**という不具合があります。この場合は列幅を調整してからインデントを設定してください。

▼表の左端を本文端に揃える（Word2010/2007）

Word2010/2007では表の左右が「セルの余白」分だけ飛び出す。

費用科目	明細	金額
交通費	新幹線	13,200円
交通費	タクシー	3,350円
宿泊費	2泊	14,700円
食費	4食	2,000円
合計		33,250円

左右の空きを「0mm」にすれば本文端に揃う。

費用科目	明細	金額
交通費	新幹線	13,200円
交通費	タクシー	3,350円
宿泊費	2泊	14,700円
食費	4食	2,000円
合計		33,250円

セル内段落のインデントを調整して空けた例。

費用科目	明細	金額
交通費	新幹線	13,200円
交通費	タクシー	3,350円
宿泊費	2泊	14,700円
食費	4食	2,000円
合計		33,250円

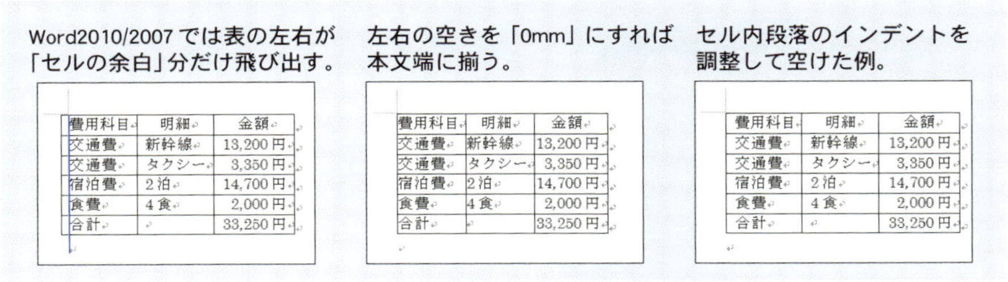

　空きオプションを変えずに処理したい場合は、空きオプションの分だけ表全体を右にずらします。その方法については190ページ「**段落間の表の位置は配置オプションと表のインデントで決める**」をご参照ください。

　そのほか、[表のオプション]ダイアログボックスの[セルの間隔を指定する]をオンにすると、セルどうしの間を空けることができます。

　また、[自動的にセルのサイズを変更する]は166ページの図「**中身に合わせて列幅を調整する**」でふれた[自動調整]-[文字列の幅に合わせる]をクリックした状態、つまり表幅・列幅ともに未設定の場合に意味を持つオプションです。オンにした状態で左右の[既定のセルの余白]を変えると、その分だけ列幅も変わります。オフにした状態では、列幅は変わらず空きだけが変わります。

表の行高は中身とオプションで決まる

表の各行の高さは、とくに設定しなければ中身の段落の行高と、前項でふれた［既定のセルの余白］の上下の値で決まります。中身に限らず行高を調整したい場合は［表のプロパティ］ダイアログボックスの［行］タブで行を選択し、オプションと寸法を設定します。

▼行高を調整する

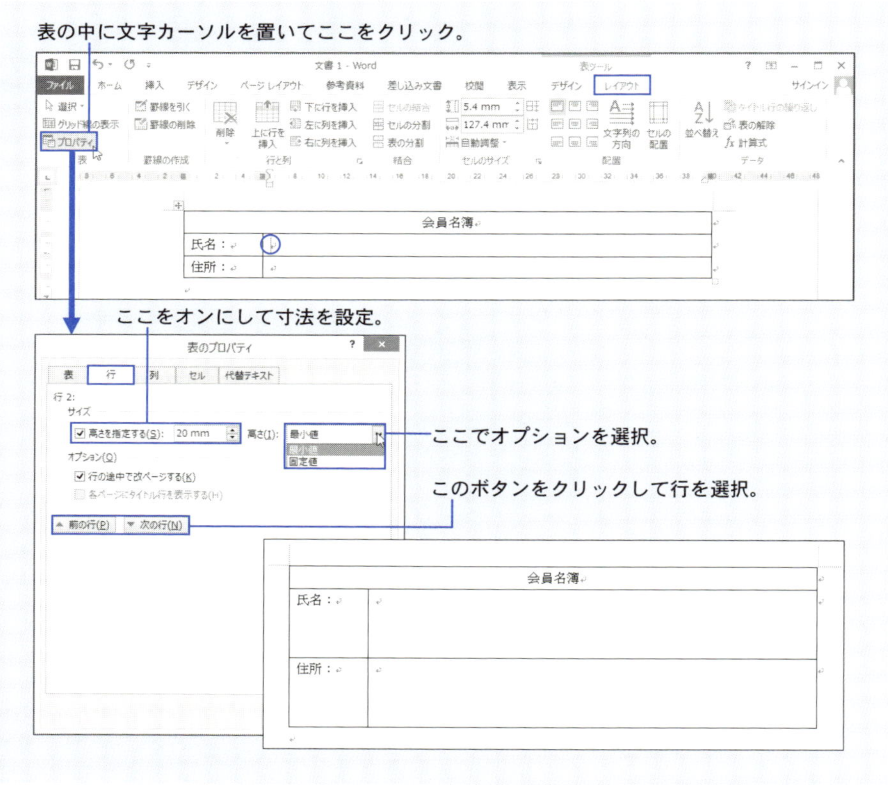
表の中に文字カーソルを置いてここをクリック。
ここをオンにして寸法を設定。
ここでオプションを選択。
このボタンをクリックして行を選択。
会員名簿
氏名：
住所：

［高さを指定する：］をオフにすると、行高は中身に従ってなりゆきで調整されます。パネルで作った直後の表はこの状態になっています。

行高を調整するにはオンにして［高さ：］でオプションを選択します。［最小値］を選択すると最小限の行高が確保され、中身が増えればなりゆきで高くなります。［固定値］を選択すると、中身にかかわらず行高が固定されます。

➤行高を見た目で調整する

列間のドラッグ同様、行高もドラッグで調整できます。この場合、前ページでふれた［高さを指定する：］は自動的にオンになり、［高さ］は［最小値］になります。すでに［高さ］で［固定値］を選択している場合はそのままです。

なお、行範囲を選択して［レイアウト］タブの ［高さを揃える］ボタンをクリックすると、選択範囲の行高を簡単に揃えることができます。

▼行高をドラッグで調整する

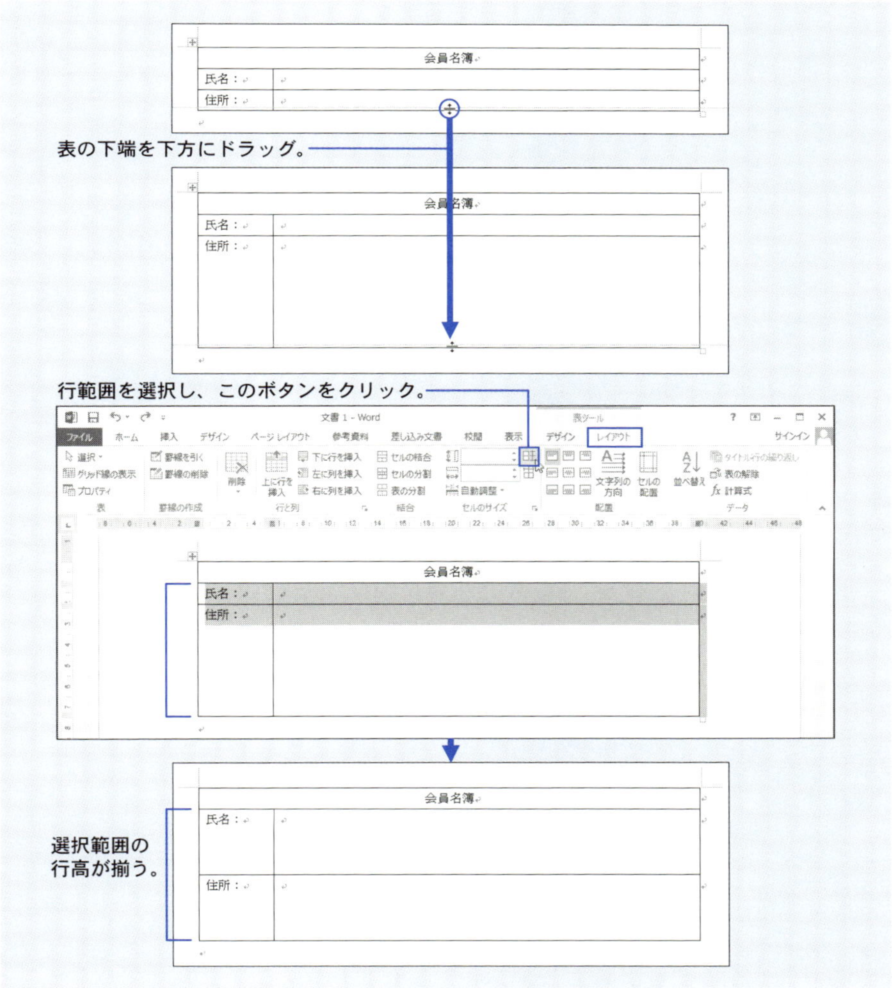

サイズハンドルで表全体のサイズを調整する

前項まで、列幅と行高のそれぞれについて調整方法を解説してきましたが、両方をまとめて調整することもできます。表の右下の「**サイズハンドル**」をドラッグすると、列幅・行高の比率を保ったままで表全体が拡大・縮小します。

このさい、Shift キーを押したままでドラッグすると、縦横比も維持した状態で拡大・縮小できます。

▼サイズハンドルをドラッグする

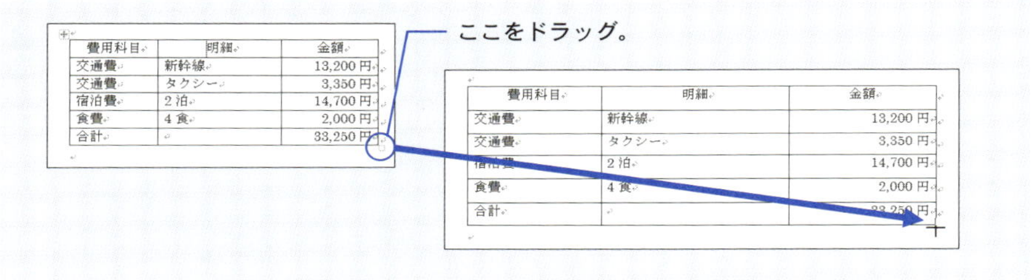
ここをドラッグ。

複雑な表は「セルの結合」と「セルの分割」で処理

たとえば前ページの図例では、「会員名簿」のセルが２つの列にまたがっています。このような体裁にするには「**セルの結合**」という方法を使います。

▼セルを結合する

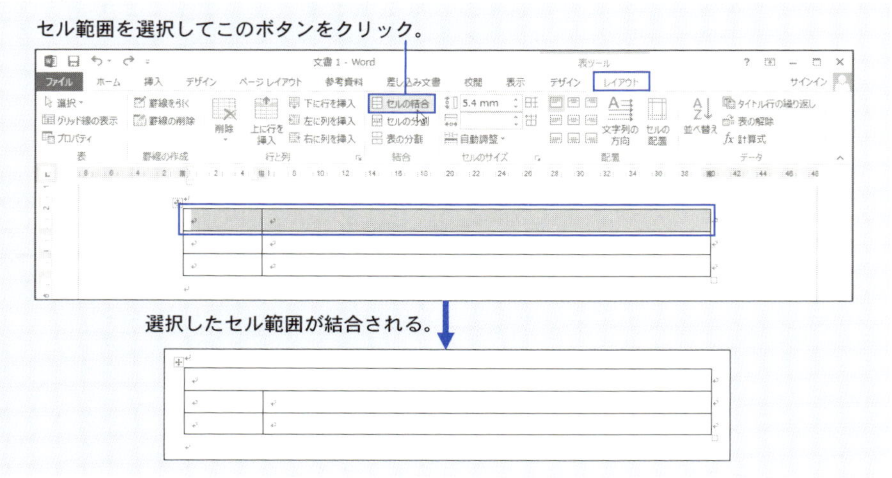
セル範囲を選択してこのボタンをクリック。
選択したセル範囲が結合される。

反対に、選択したセルを**複数のセルに分割**することもできます。セルの結合は単純に選択範囲をまとめるだけですが、セルの分割では**選択範囲全体を分割**する方法と、**選択範囲のセルごとに分割**する方法があります。下図の場合はどちらでも同じ結果を得られますが、たとえば 2 列分を選択して 5 列に分割するといった場合は、選択範囲全体を分割する必要があります。

▼セルを分割する

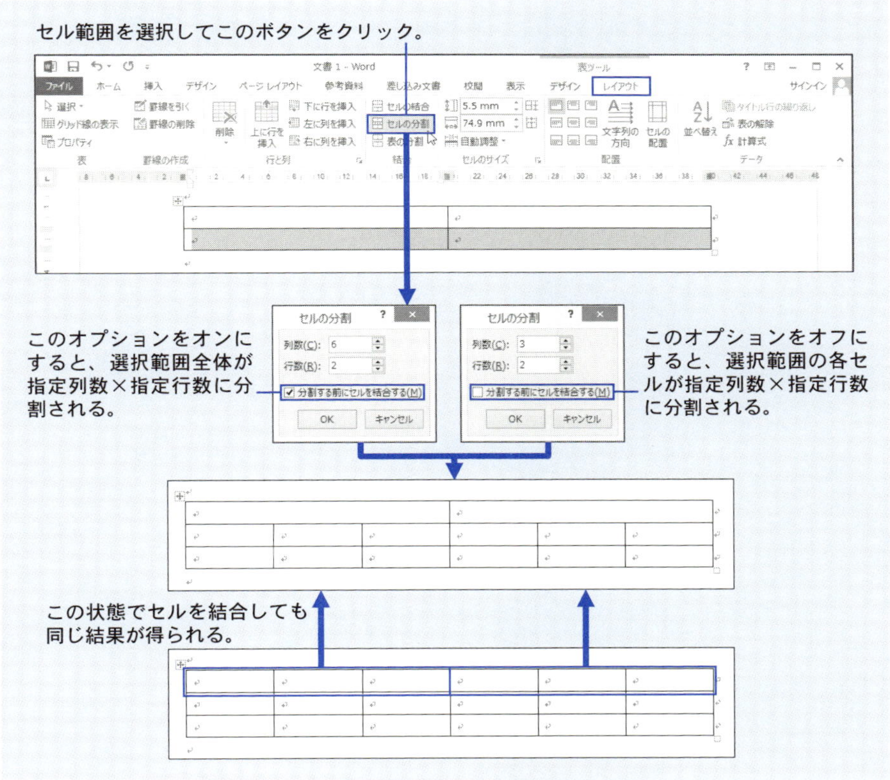
セル範囲を選択してこのボタンをクリック。
セルの分割
列数(C): 6
行数(R): 2
分割する前にセルを結合する(M)
OK
キャンセル
列数(C): 3
行数(R): 2
このオプションをオンにすると、選択範囲全体が指定列数×指定行数に分割される。
このオプションをオフにすると、選択範囲の各セルが指定列数×指定行数に分割される。
この状態でセルを結合しても同じ結果が得られる。

上図に示したように、セルの結合と分割は手順が異なるだけで、どちらを使っても同じ表に仕上げることは可能ですが、どちらかといえばセルの結合の方が簡単です。したがって、基本的には先に最大列数・最大行数で仕上げてから結合する方法をお勧めします。

いずれにしても、セルの結合・分割を行ったあとは表の加工が煩雑になるので、まずは列×行の基本形をきちんと決めておくことが大切です。

➤罫線モードで分割・結合する

［セルの結合］、［セルの分割］ボタンによる方法は、ある程度整った形の表を作る場合には便利ですが、履歴書のように形が複雑な場合は「**罫線モード**」を使う方が簡単です。このモードでは、マウスのドラッグあるいはクリックによって、罫線を描いたり消すことができます。

▼罫線モードで表を加工する

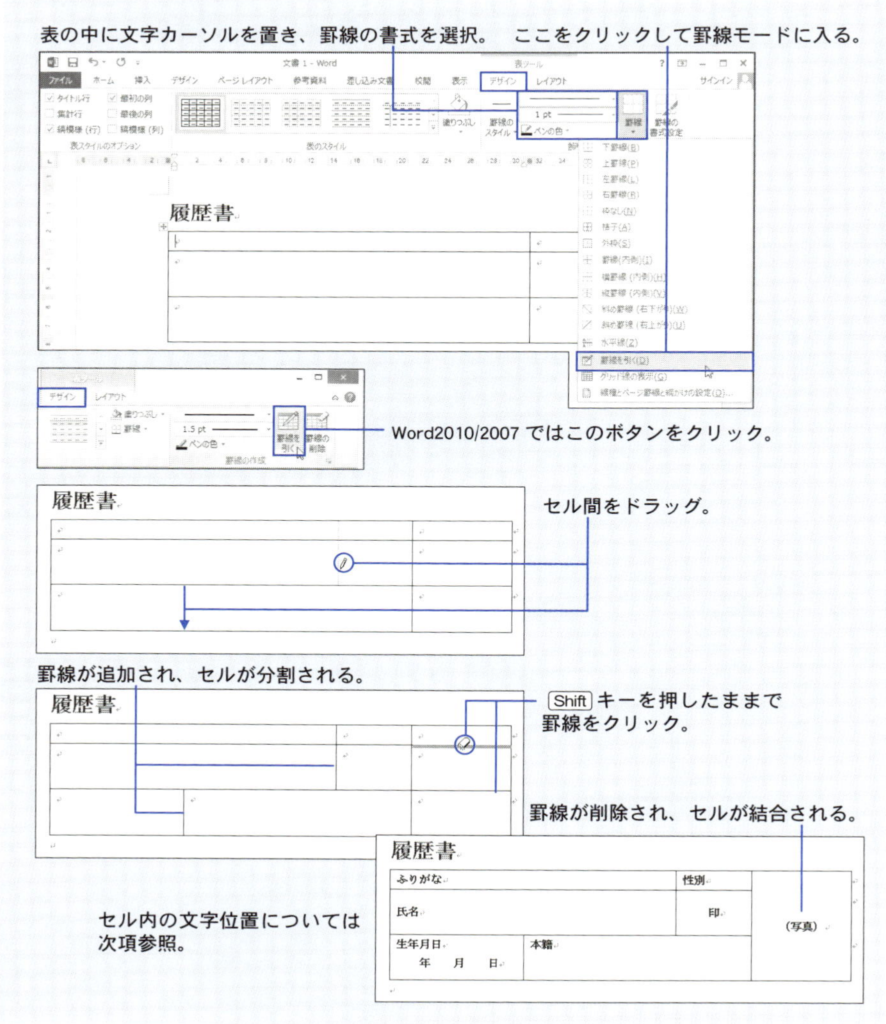
表の中に文字カーソルを置き、罫線の書式を選択。
ここをクリックして罫線モードに入る。
Word2010/2007 ではこのボタンをクリック。
セル間をドラッグ。
罫線が追加され、セルが分割される。
Shift キーを押したままで罫線をクリック。
罫線が削除され、セルが結合される。
セル内の文字位置については次項参照。
履歴書
ふりがな
性別
氏名
印
(写真)
生年月日
年　月　日
本籍

罫線モードでは、セル内をドラッグすると罫線が追加され、セルが分割されます。斜めの罫線を追加することもできます。すでに描いた罫線上をクリックまたはドラッグすると、罫線の書式（太さや色など）が変わります。

Shift キーを押したままで罫線上をクリックまたはドラッグすると罫線が削除され、その上下または左右のセルが結合します。

罫線モードを終えるには、Esc キーをクリックします。

セル内の文字位置はオプションと段落配置で決まる

セル内の文字は、最初は各セルの上左端を基準に配置されますが、左右の中央や右端、あるいは上下の中央や下端を基準にすることもできます。

前ページの履歴書の仕上げ例では、「氏名」の文字を左揃え、上下の中央に配置し、「印」と「(写真)」の文字を上下左右の中央に配置しています。

文字位置を変えるにはセル範囲を選択し、［レイアウト］タブの［配置］グループで位置を設定します。

▼セル内の文字位置を調整する

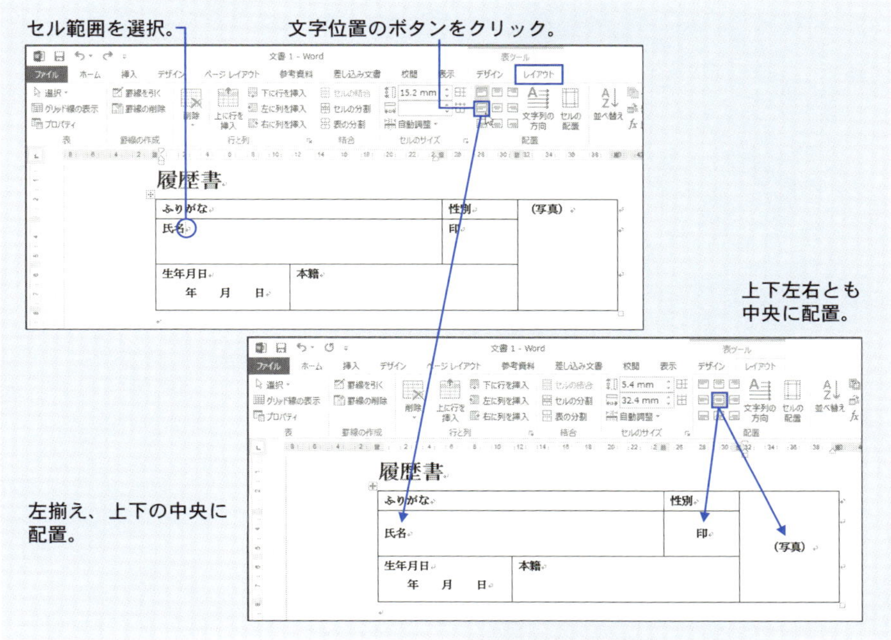
セル範囲を選択。
文字位置のボタンをクリック。
上下左右とも
中央に配置。
左揃え、上下の中央に
配置。
履歴書
ふりがな
性別
(写真)
氏名
印
生年月日
年　月　日
本籍

なお、セル内の上下の位置は表専用の書式ですが、さらにこまかく調整したい場合は段落の行高設定なども利用できます。また、左右の位置は通常の段落配置と同じです。したがって、[ホーム] タブの配置ボタンやインデントでも調整できます。

Column 表のページ別れを防ぐ方法

[表のプロパティ] ダイアログボックスの [行] タブには [行の途中で改ページする] というオプションがあります。表がページ内に収まらない場合、このオプションをオンにすると行の途中であってもなりゆきで次ページに追い出され、オフにすると行単位で追い出されるようになります。しかし、オフにしても表自体のページ別れを防ぐことはできません。

表のページ別れを防ぐには、まず表の最下行でこのオプションをオフにします。次に、最下行を除くセル内段落に対し、[段落] ダイアログボックスの [次の段落と分離しない] というオプションを設定します。これで途中の段落は最下行の段落との分離が禁止され、最下行はページ別れが禁止されます。結果として、表がページ内に収まらず、最下行が次行に送り出される場合は、表全体が送り出されます。

なお、最下行の段落にも [次の段落と分離しない] というオプションを設定すると、表に続く段落が次ページに追い出された時点で表も追い出されてしまいます。

▼表のページ別れを防ぐ

最下行を除く範囲を選択。

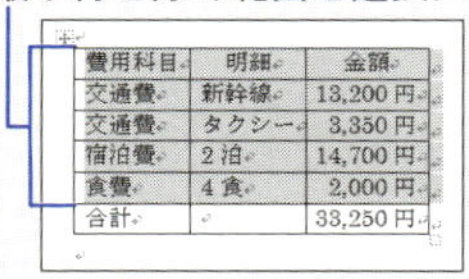

最下行を選択。

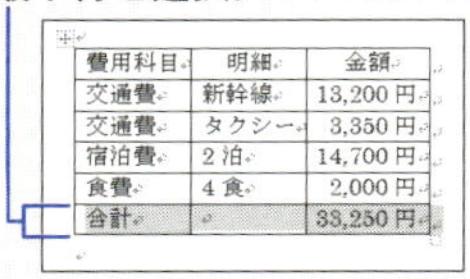

[段落] ダイアログボックスでこのオプションをオンにする。

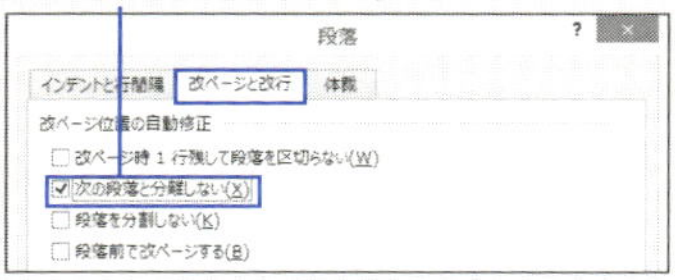

[表のプロパティ] ダイアログボックスでこのオプションをオフにする。

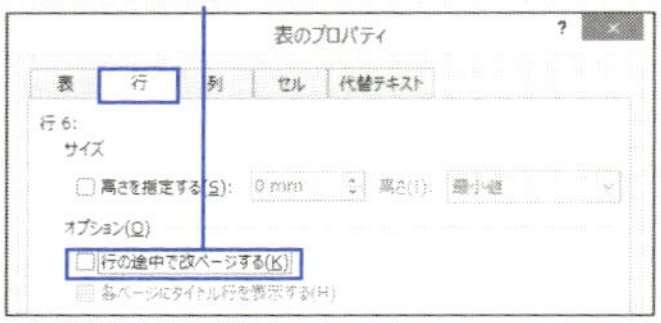

4-2 表の体裁は「表スタイル」が基本

Part3 で解説した「段落スタイル」は、段落の基本的な文字書式と段落書式を提供しています。同様に、「表スタイル」は文字書式・段落書式をはじめ、罫線や網かけの書式も提供しています。表スタイルは、表の体裁を整える上で最も重要な機能です。

表の罫線と網かけは「表スタイル」が基本

「表スタイル」とは、表内各部の文字書式や段落書式、罫線や網かけの書式をまとめて設定できる機能です。あらかじめたくさんの表スタイルが用意されており、クリックするだけで表全体の体裁を簡単に変えることができます。

▼表スタイルを利用する

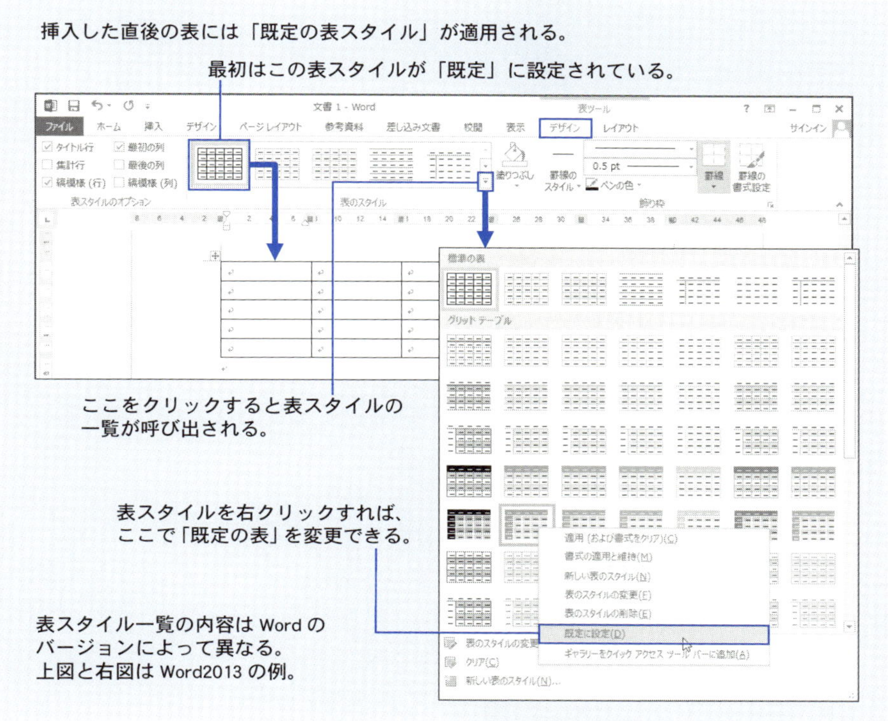

表を挿入した時点では、自動的に**「既定の表スタイル」**が適用されます。最初は［表(格子)］スタイルが既定に設定されていますが、前ページの図のように表スタイルを右クリックすれば、別の表スタイルを既定とすることもできます。

表の周囲は一般に、タイトル行や見出し列、集計行や集計列などに使います。既存の表スタイルの多くは、これらの部位にメリハリを付けるため、網かけや太字などの書式が登録されています。また、それらの部位が不要な表では、部位ごとに書式をオフにすることもできます。

▼部位ごとに書式をオン・オフできる

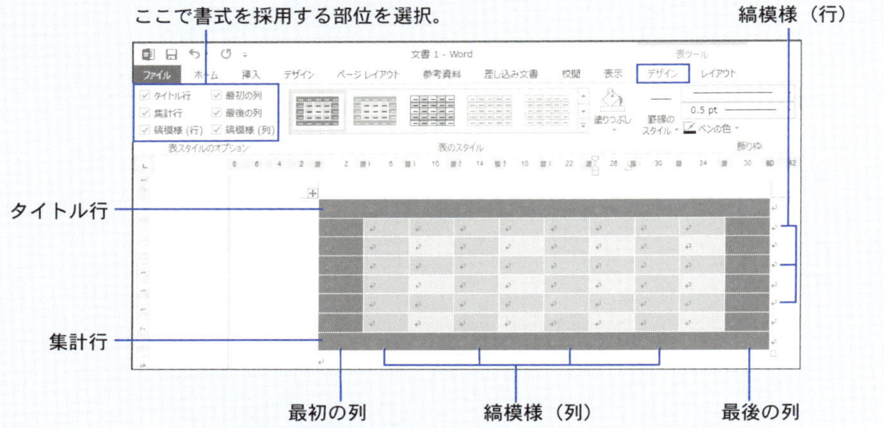

➤表スタイルか直接設定か

表スタイルにはそれぞれ独自の罫線書式と網かけが登録されています。段落の基本書式が段落スタイルで決まるのと同様に、**表の基本書式は表スタイルによって決まります**。したがって、まずは目的の書式に近い表スタイルを適用し、必要に応じて書式を変えるのが基本です。

各部の書式は直接設定することもできますが、罫線と網かけを直接設定してから別の表スタイルを適用すると、直接設定した書式は解除されます。

表スタイルを右クリックして［書式の適用と維持］をクリックすれば直接設定した書式を残せることになっていますが、上図の各部位のオプションをオンにすると書式が変わってしまうこともあります。したがって、適用する表スタイルは、書式を直接設定する前に決めておくのが得策です。

▼書式の直接設定は表スタイルの適用後が無難

既定の［表(格子)］スタイルで作った表に、罫線と網かけを直接設定。

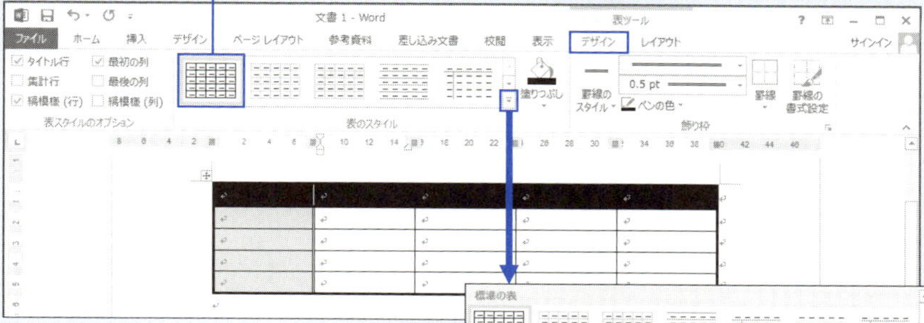

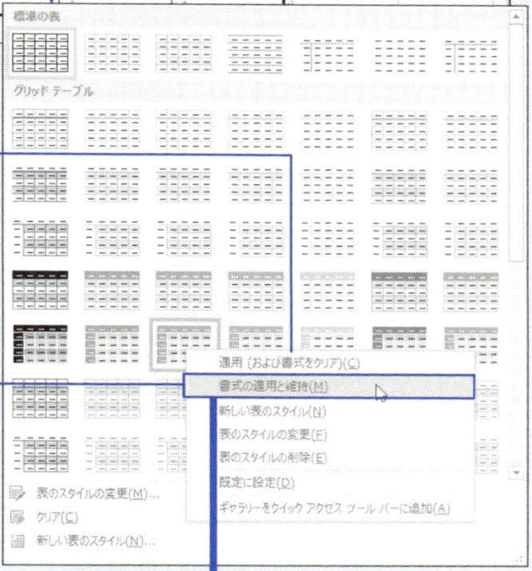

こちらをクリックすると直接設定した書式が解除される(単純にクリックした場合と同じ)。

表スタイルを右クリックし、ここをクリック。

オンにした部位では直接設定した外側の罫線が解除されている。

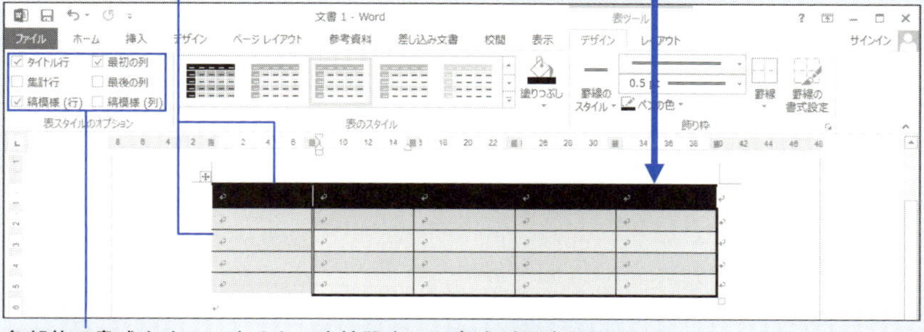

各部位の書式をオフにすると、直接設定した書式が反映される。

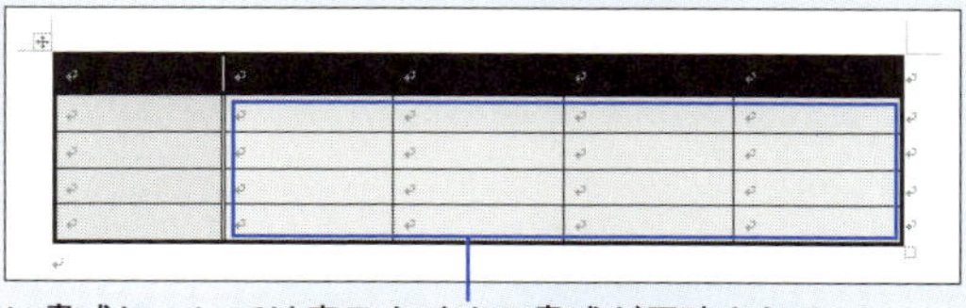

直接設定していない書式については表スタイルの書式が反映される。

➤表の書式設定は全体から細部へ

前ページの図の例では、[表(格子)] スタイルの表に対し、各部の罫線を変え、タイトル行と左端の列に網かけを設定しています。

罫線の書式を変えるには、セル範囲を選択して設定部位を指示する方法と、174 ページ「**罫線モードで分割・結合する**」で紹介した罫線モードを使う方法があります。

セル範囲を選択する方法では、まず**全体に共通する書式を設定してから各部の書式を設定**するのが基本的な手順です。下図の例では表全体の外枠とタイトル行に同じ太さの罫線を設定しています。この場合、タイトル行の設定部位は [外枠] でも [下罫線] でもよいことになります。

▼セル範囲を選択して罫線書式を設定する

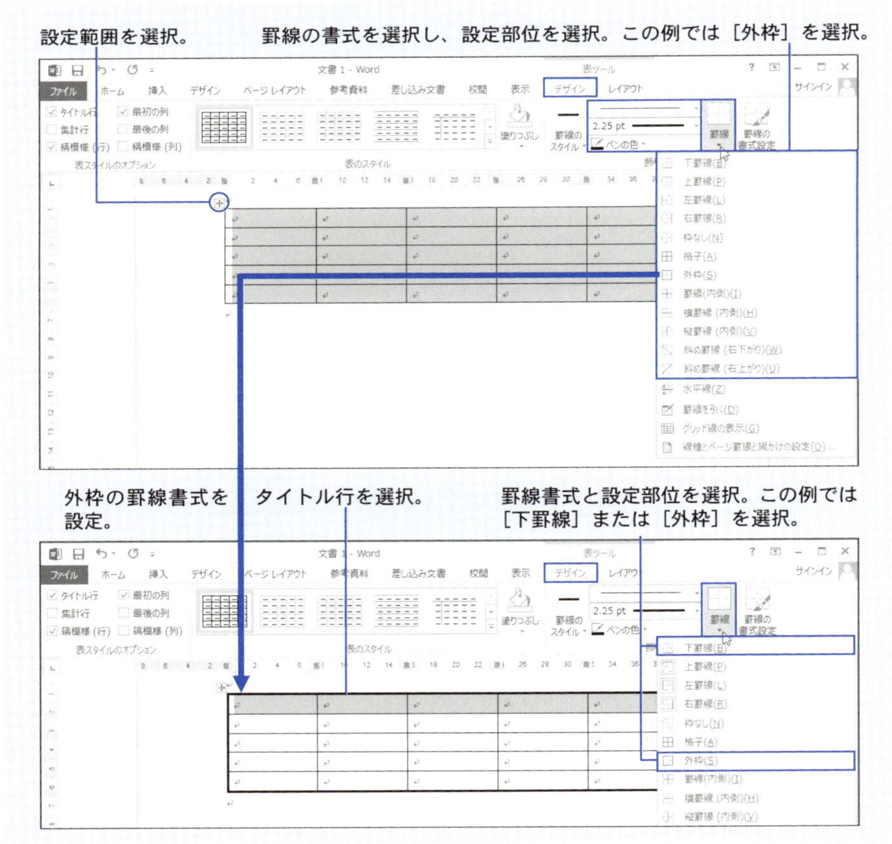
設定範囲を選択。
罫線の書式を選択し、設定部位を選択。この例では [外枠] を選択。
外枠の罫線書式を設定。
タイトル行を選択。
罫線書式と設定部位を選択。この例では [下罫線] または [外枠] を選択。

174 ページ「**罫線モードで分割・結合する**」で紹介した罫線モードは、セル間でドラッグすれば罫線の追加になりますが、罫線上をクリックまたはドラッグすれば罫線の書式を変えることができます。この方法ではあらかじめ部位を選択する必要がないので、どこから手を付けてもかまいません。

なお、Word2013 では「**罫線の書式設定モード**」が追加されました。[デザイン] タブの [罫線の書式設定] ボタンがそうです。これは、罫線モードから罫線の追加・削除機能を省いただけの機能で、書式設定のみ行うことができます。従来の罫線モードでも書式設定は可能ですが、誤操作のおそれがあるので、書式設定モードの方が無難です。

▼罫線モードまたは罫線の書式設定モードで罫線書式を設定する

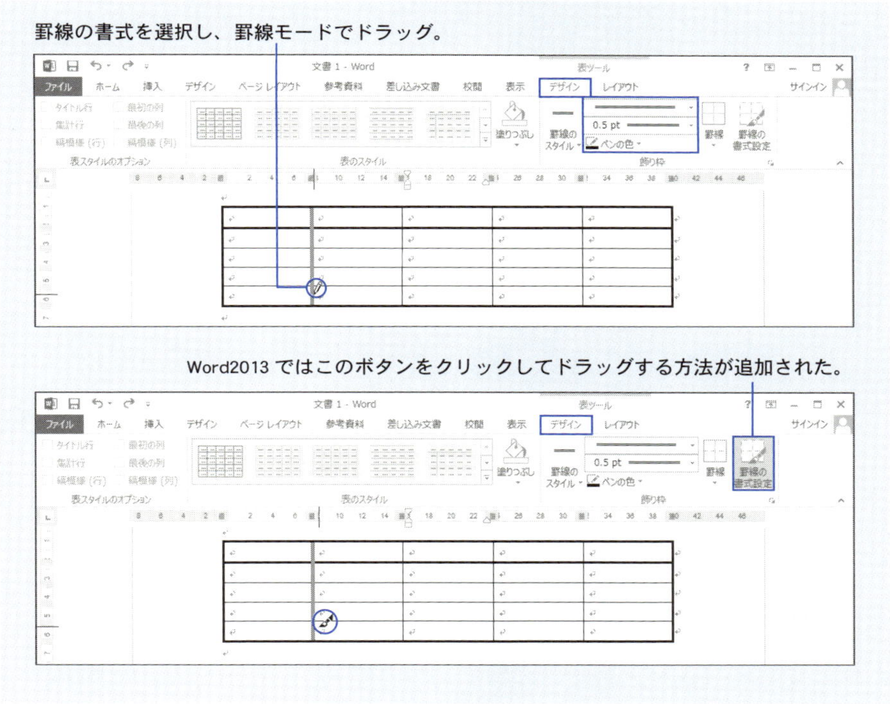

網かけを設定するにはセル範囲を選択して上図 [デザイン] タブの [塗りつぶし] ボタンで塗りつぶしの色を選択します。

縞模様を設定する場合は、次項で解説する表スタイルを使う方が便利です。手動で設定した場合は、行や列の増減が生じればやり直しになってしまいます。

表スタイルを加工・作成する

表の数が少なければ書式を直接設定する方法が現実的ですが、数が多ければ、表スタイルを使う方が便利です。段落スタイルの場合と同様、表スタイルの書式内容を変えれば、適用した表の書式も一挙に変わります。表スタイルは文書間でコピーすることもできるので、複数の文書での書式統一にも役立ちます。

イメージに近い書式が既存の表スタイルにあれば、それを加工することもできます。なければ新しく作った方が簡単です。最初の手順が異なるだけで、書式設定自体の手順は同じです。

既存の表スタイルを加工する場合は、適当な表を挿入した上で［デザイン］タブから［スタイルの変更］ダイアログボックスを呼び出します。

▼表スタイルを加工する

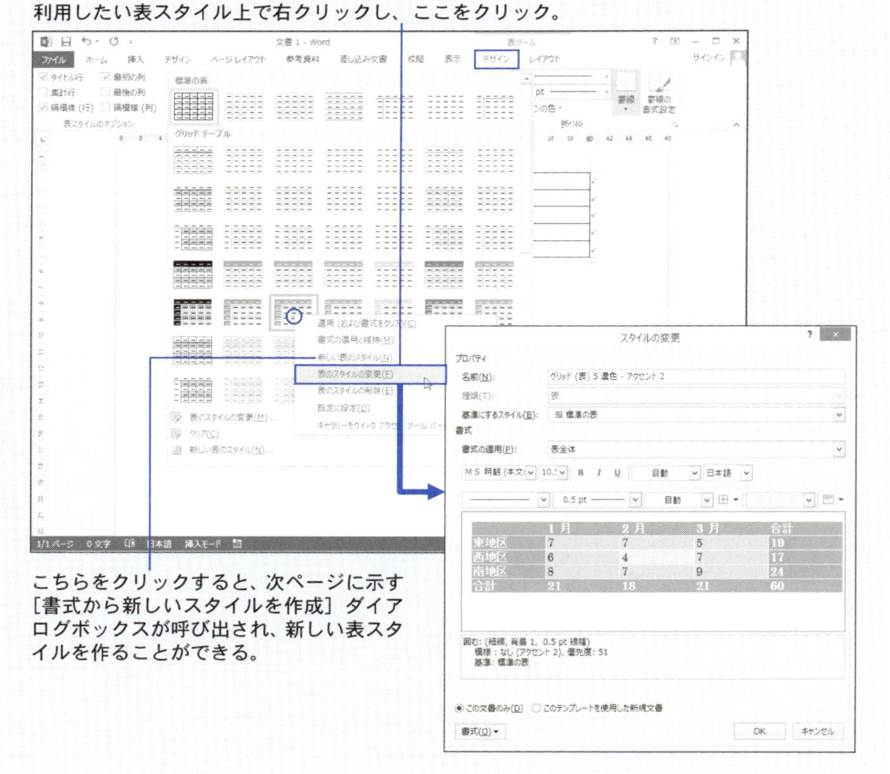
利用したい表スタイル上で右クリックし、ここをクリック。
表のスタイルの変更(F)...
スタイルの変更
こちらをクリックすると、次ページに示す［書式から新しいスタイルを作成］ダイアログボックスが呼び出され、新しい表スタイルを作ることができる。

新しい表スタイルを作る場合は、同様に［デザイン］タブから［書式から新しいスタイルを作成］ダイアログボックスを呼び出すか、または［スタイル］ウィンドウから呼び出し、［種類：］で［表］を選択します。前者の場合は表の中に文字カーソルを置いて操作する必要があります。

なお、段落スタイルの場合と異なり、具体的な表を選択してダイアログボックスを呼び出しても、その書式がダイアログボックスに反映されるわけではありません。したがって、事前に書式を設定しても作業が無駄になるだけです。

▼新しい表スタイルを作る

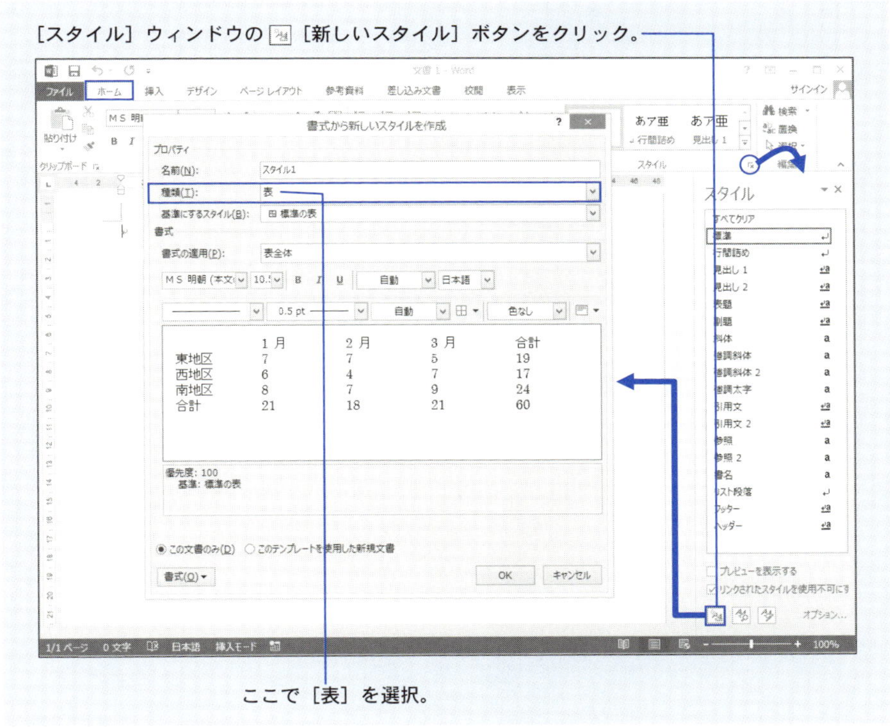

➤表の書式部位は表全体、4 辺、4 隅、縞模様

表の書式は、表全体のほか、［デザイン］タブの［表のオプション］の 6 つの部位と、4 隅のセルに設定できます。

とくに書式を設定していない部位は表全体の書式に従うので、まずは表全体の書式を設定し、必要に応じて個別の部位に設定してください。

4 隅のセルは、たとえば左上隅に「斜め罫線」を設定したり、右下隅を総合計として強調する場合などに利用できます。ただし、4 隅のセルに設定した書式が反映されるのは、[デザイン] タブの [表のオプション] で関連する行と列の部位をオンにした場合のみです。たとえば左上のセルに設定した書式を反映させるには [タイトル行] と [最初の列] をオンにします。

4 隅のセルにとくに書式を設定していない場合は、[タイトル行] [集計行] の書式が [最初の列] [最後の列] よりも優先されます。

[縞模様] は、行・列のそれぞれについて交互に別の書式を設定する場合に使います。2 つ置き、3 つ置きに設定することもできます。名称は「模様」ですが、網かけだけでなく、罫線や文字書式、段落書式も設定できます。

縞模様の奇数・偶数は、[タイトル行] と [最初の列] を除いて数えます。たとえば奇数行の先頭は、[タイトル行] をオンにした場合は 2 行目、オフにした場合は 1 行目が該当します。

行と列の縞模様が重なる場合は列の縞模様が優先されます。

▼書式の設定部位と優先順位

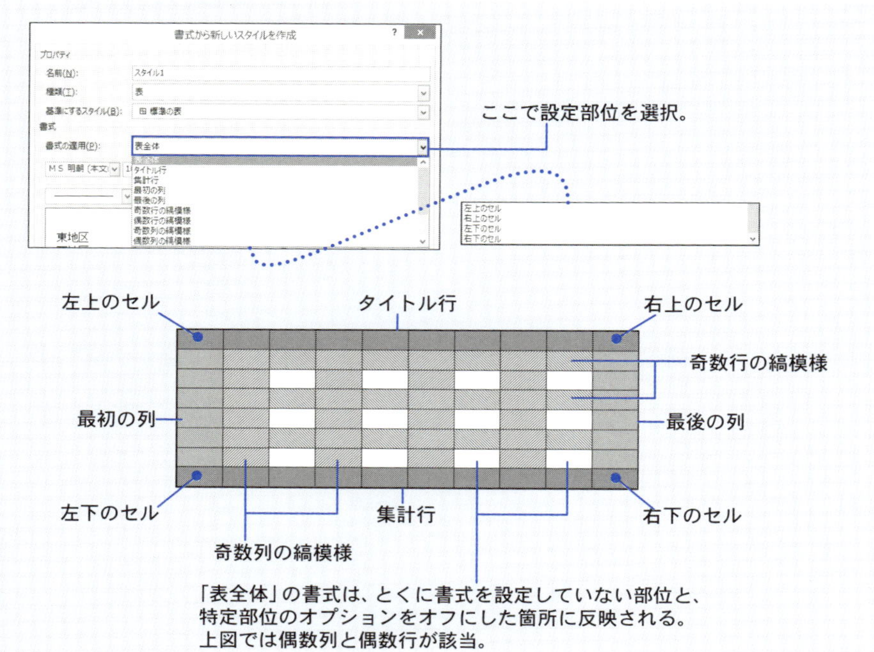

➤Word2010/2007 では表全体の罫線の太さは特定部位の罫線以下に設定

Word2010/2007 では、[表全体] の罫線は [タイトル行] や [最初の列] の罫線の太さ以下に設定してください。[表全体] の方を太くすると、特定部位の罫線の設定が正しく反映されません。現実的にはこのような設定は少ないと思いますが、念のためにふれておきます。

▼Word2010/2007 では罫線の太さに注意

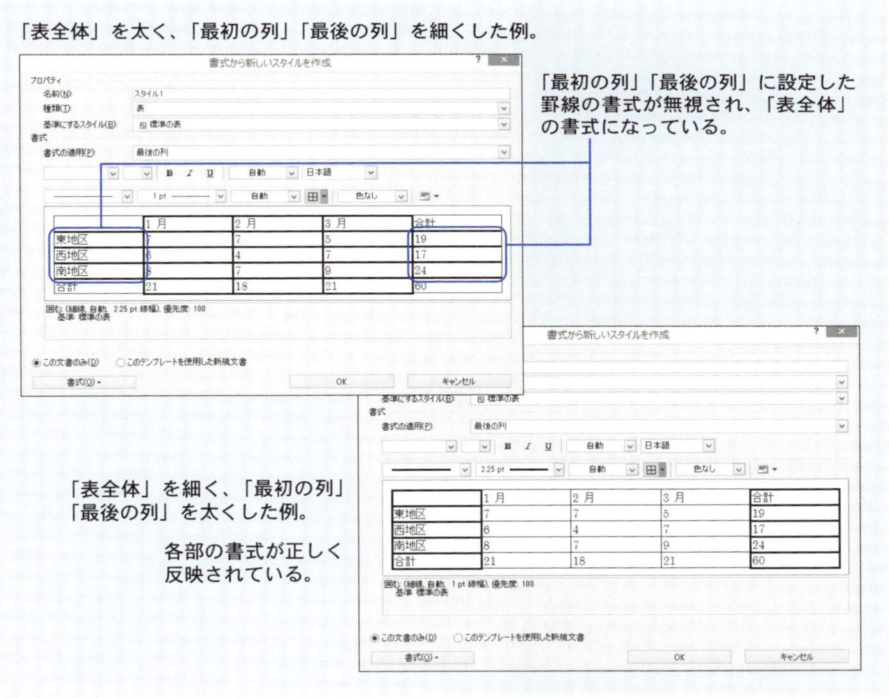
「表全体」を太く、「最初の列」「最後の列」を細くした例。
「最初の列」「最後の列」に設定した罫線の書式が無視され、「表全体」の書式になっている。
書式から新しいスタイルを作成
「表全体」を細く、「最初の列」「最後の列」を太くした例。
各部の書式が正しく反映されている。

➤Word2013 は罫線の設定部位ボタンに不具合がある

罫線の書式は、「表の部位の選択」→「書式の選択」→「設定部位の選択」の順で操作すればよいのですが、Word2013 では設定部位のボタンをクリックすると罫線の太さが正しく反映されないことがあります。

したがって、罫線を設定するには [書式] - [線種／網かけの変更] をクリックし、[線種とページ罫線と網かけの設定] ダイアログボックスを呼び出す方法が確実です。この場合も、あらかじめ表の部位を選択してください。

▼Word2013では［線種とページ罫線と網かけの設定］が確実

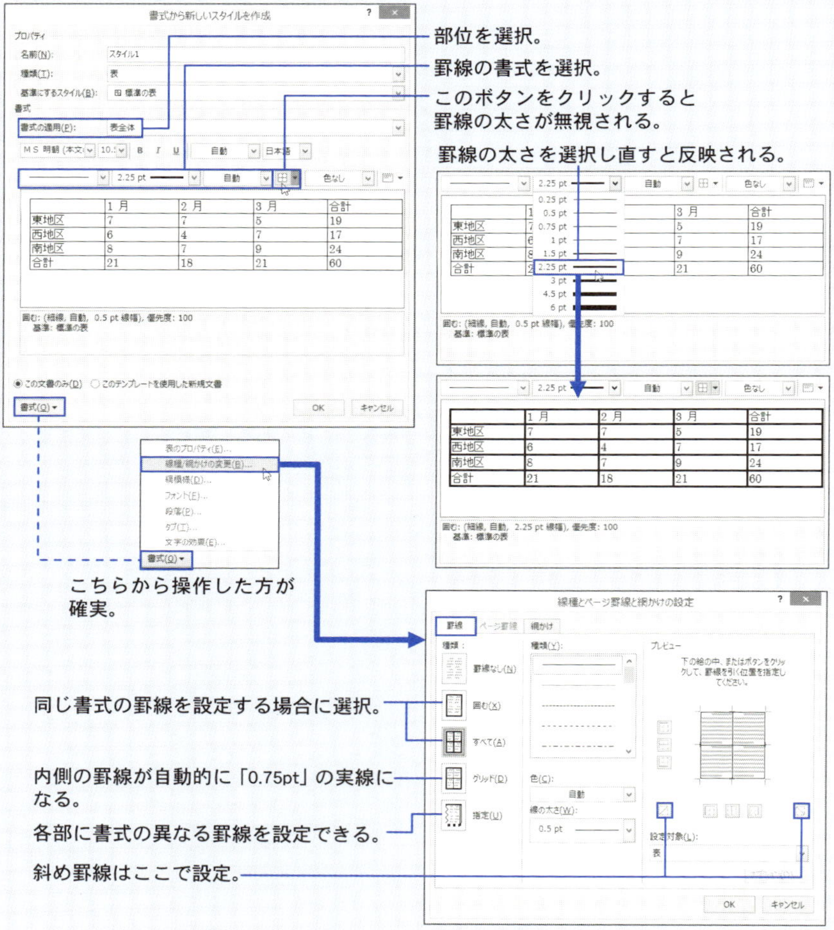
書式から新しいスタイルを作成
部位を選択。
罫線の書式を選択。
このボタンをクリックすると
罫線の太さが無視される。
罫線の太さを選択し直すと反映される。
こちらから操作した方が
確実。
線種とページ罫線と網かけの設定
同じ書式の罫線を設定する場合に選択。
内側の罫線が自動的に「0.75pt」の実線になる。
各部に書式の異なる罫線を設定できる。
斜め罫線はここで設定。

➤縞模様の設定は列方向と行方向の区別に注意

縞模様の書式を設定するにはまず［書式の適用：］で縞模様の部位を選択します。奇数用と偶数用を設定できますが、片方だけでもかまいません。

また、［書式］ボタンの［縞模様…］をクリックすると［縞模様］ダイアログボックスが呼び出され、同じ縞模様を何行・何列ずつ連続して適用するかを設定できます。登録した縞模様を解除する場合もここで操作します。

▼縞模様の連続行数・連続列数を設定する

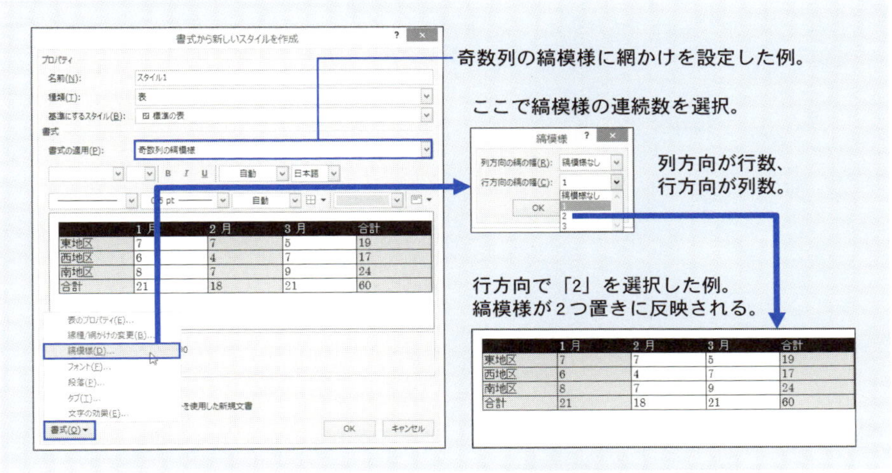

書式から新しいスタイルを作成
奇数列の縞模様に網かけを設定した例。
ここで縞模様の連続数を選択。
縞模様
列方向が行数、
行方向が列数。
行方向で「2」を選択した例。
縞模様が2つ置きに反映される。

▶文字位置の扱いはバージョンによって異なる

セル内の文字位置は、表の部位ごとに設定できます。最初の設定では「上端」「左揃え」になっていますが、たとえば数表用の表スタイルでは左右の文字位置を「右揃え」に設定しておけば手間が省けます。ただし、設定した文字位置が実際にどのように反映されるかはバージョンによって異なります。

▼セル内の文字位置を設定する

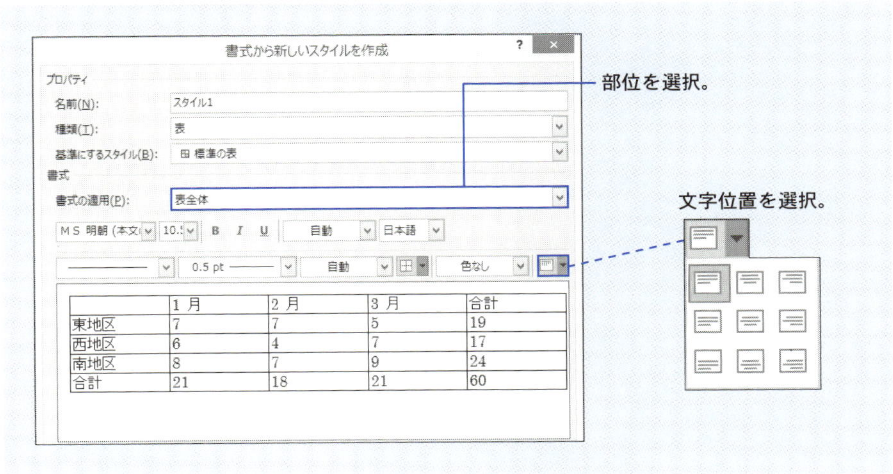

セル内の上下位置については、Word2010/2007 では［最初の列］［最後の列］［表全体］で設定が異なる場合、［デザイン］タブの［表のオプション］でこれらの部位をオンにすると［最後の列］が最優先され、次に［最初の列］が優先されます。両方オフにすると［表全体］の設定が反映されます。

Word2013 では、［表全体］を「上揃え」に設定した場合は［最初の列］［最後の列］はそれぞれの設定どおりになりますが、［表全体］を「中央揃え」または「下揃え」に設定した場合は［最初の列］［最後の列］の上下位置は無視され、常に「表全体」の設定が反映されます。

セル内の上下位置は表独自の仕様ですが、左右位置は段落書式なので、次に解説する表スタイルと段落スタイルとの関係を理解する必要があります。

➤表内の「段落スタイル」は「既定の書式」との関係に注意

表スタイルは便利ですが、ひとつだけ重要な注意点があります。

表に適用した段落スタイルと、表スタイルに登録した文字書式や段落書式が異なっている場合、どちらの書式が反映されるかは、段落スタイルと**「既定の書式」**との関係によって決まります。

「既定の書式」とは、Word 文書にあらかじめ登録されている最も基本的な書式のことです。書式内容を確かめるには、［スタイル］ウィンドウの［スタイルの管理］ボタンをクリックします。

▼「既定の書式」

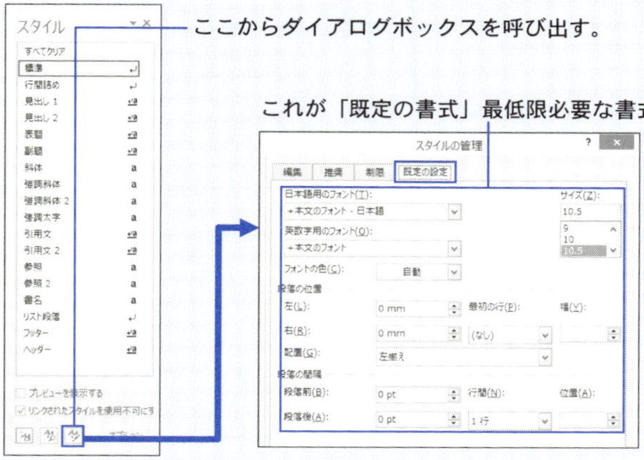
ここからダイアログボックスを呼び出す。
これが「既定の書式」最低限必要な書式だけが設定されている。
スタイル
スタイルの管理
既定の設定

表スタイルや段落スタイルに登録した書式が「既定の書式」と同じであれば、登録されていないものと見なされ、「既定の書式」が反映されます。

「既定の書式」と異なる場合は独自の書式として扱われ、実際の表に反映されます。表スタイルと段落スタイルの書式が異なる場合は段落スタイルの書式が優先されます。

ここで、[標準] スタイルの最初の設定は「既定の書式」とほとんど同じですが、段落配置については「既定の書式」は「左揃え」、[標準] スタイルは「両端揃え」に設定されています。既存の段落スタイルのほとんどは [標準] スタイルを基準としているので、やはり「両端揃え」になっています。

そのため、Word2013/2010 では表スタイルの左右の文字位置を「中央揃え」や「右揃え」に設定してもが無視され、「両端揃え」になってしまいます。

Word2007 では例外的に表スタイル側の段落配置が反映されますが、他の書式はやはり段落スタイルの書式が優先されます。

表スタイルの書式を正しく反映させるには、[標準] スタイルに手を加えずに「既定の書式」を「両端揃え」に変えるという方法もありますが、むしろ表専用の段落スタイルを作る方法をお勧めします。基準スタイルとして [(スタイルなし)] を選択すると「既定の書式」が基準になるので、そのまま保存するだけででき上がります。この段落スタイルを表に適用すれば、表スタイル側で設定したすべての書式を正しく反映させることができます。

▼表専用の段落スタイルを作る

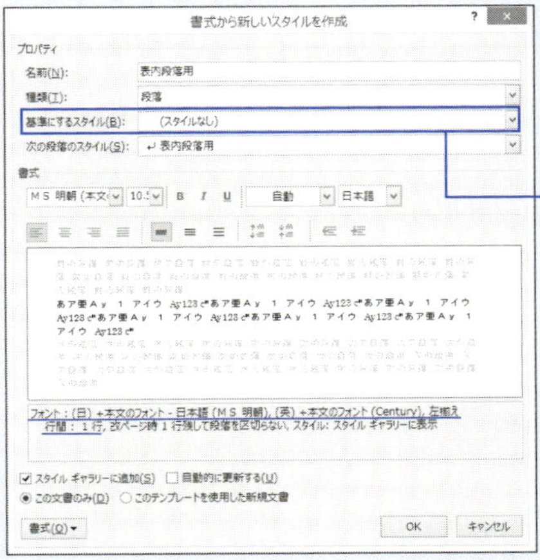

[標準] スタイルの段落上に文字カーソルを置き、[スタイル] ウィンドウの [新しいスタイル] ボタンをクリックしてダイアログボックスを呼び出す。

ここで [(スタイルなし)] を選択。

「既定の書式」の設定がそのまま反映される。

4-3 表の位置決めは本文との関係がポイント

本文の段落間に置いた表の位置決めは簡単ですが、本文横に置いた場合は注意が必要です。本文と表には前後関係がありますが、表の位置が本文の見た目の前後と一致するとは限りません。このしくみを理解しないと、思わぬ現象に悩まされることになります。

段落間の表の位置は配置オプションと表のインデントで決める

［挿入］タブの［表］ボタンの「列×行」パネルまたは［表の挿入］ダイアログボックスを使って挿入した表は、本文段落間に「左揃え」で配置されます。

表全体を本文幅の左、中央、右に揃えるには「移動ハンドル」をクリックして表全体を選択し、［ホーム］タブの配置ボタンをクリックします。

表の一部だけ選択してこれらのボタンをクリックすると、セル内段落の配置が変わるので注意してください。

▼段落間の表の左右配置を変える

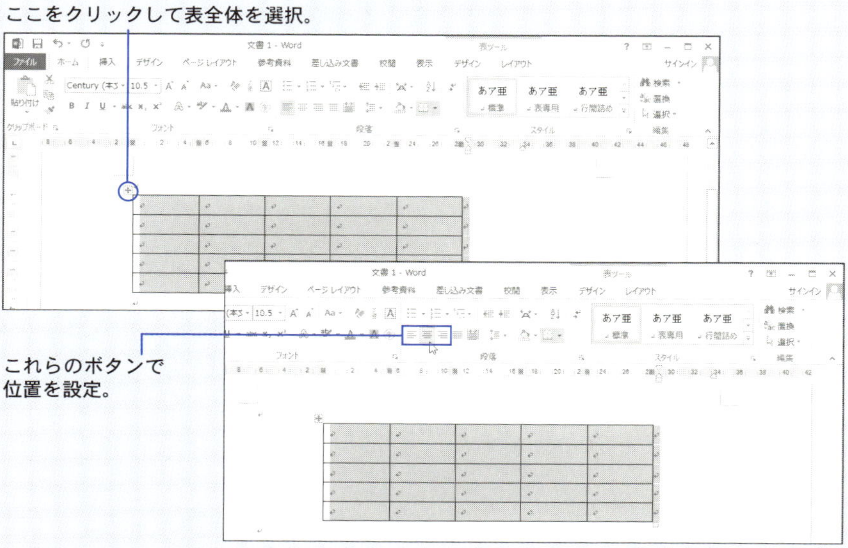
ここをクリックして表全体を選択。
これらのボタンで
位置を設定。

「本文の左端から 10mm」のような位置に揃えるには、[表のプロパティ] ダイアログボックスを呼び出し、[左からのインデント：] を設定します。

なお、ここで設定する距離は、Word2013 では本文の左端から表の左端まで、Word2010 では 168 ページ「セル枠と中身の空きは [既定のセルの余白] オプションで調整できる」でふれたセル内の空きを含む位置までを表します。

▼表の左インデントを設定する

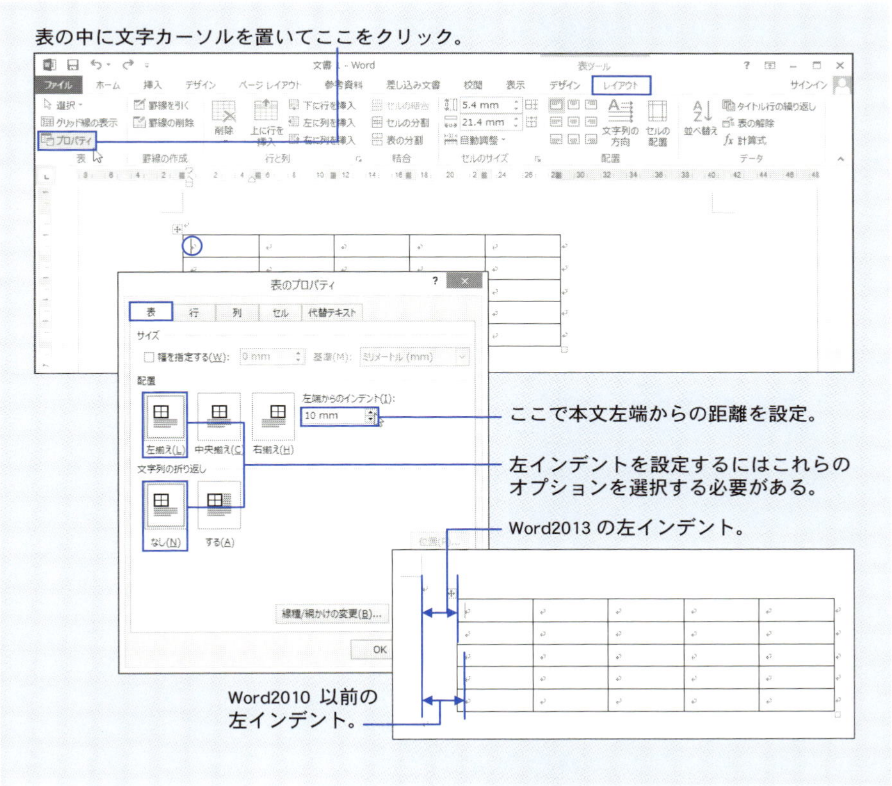

上図のダイアログボックスの [配置] グループは前ページでふれた表全体の左右配置と連動しています。また、[文字列の折り返し] とは表を本文の段落間に置くか、本文の横に置くかというオプションです。[表] ボタンの「列×行」パネルまたは [表の挿入] ダイアログボックスを使って挿入した表は自動的に [なし] になりますが、あとから [する] に変えることもできます。表の左インデントは、[左揃え] と [なし] を選択した場合にのみ設定できます。

➤罫線モードによる表の配置形式は作成場所によって異なる

表を作るには［挿入］タブの［表］ボタンの「列×行」パネルまたは［表の挿入］ダイアログボックスを使うのが標準的な方法ですが、同ボタンの［罫線を引く］をクリックすれば、表の外枠を直接描いて表を作ることもできます。

ただし、この方法で挿入される表の配置形式は描く場所によって異なります。また、場合によっては描いた場所の段落が表内に取り込まれることもあります。

このように、状況によって結果が異なるので、基本的にはお勧めできませんが、念のために説明しておきます。本文横に置いた表の位置決めについては次項で解説します。

▼罫線モードと表の配置方法との関係

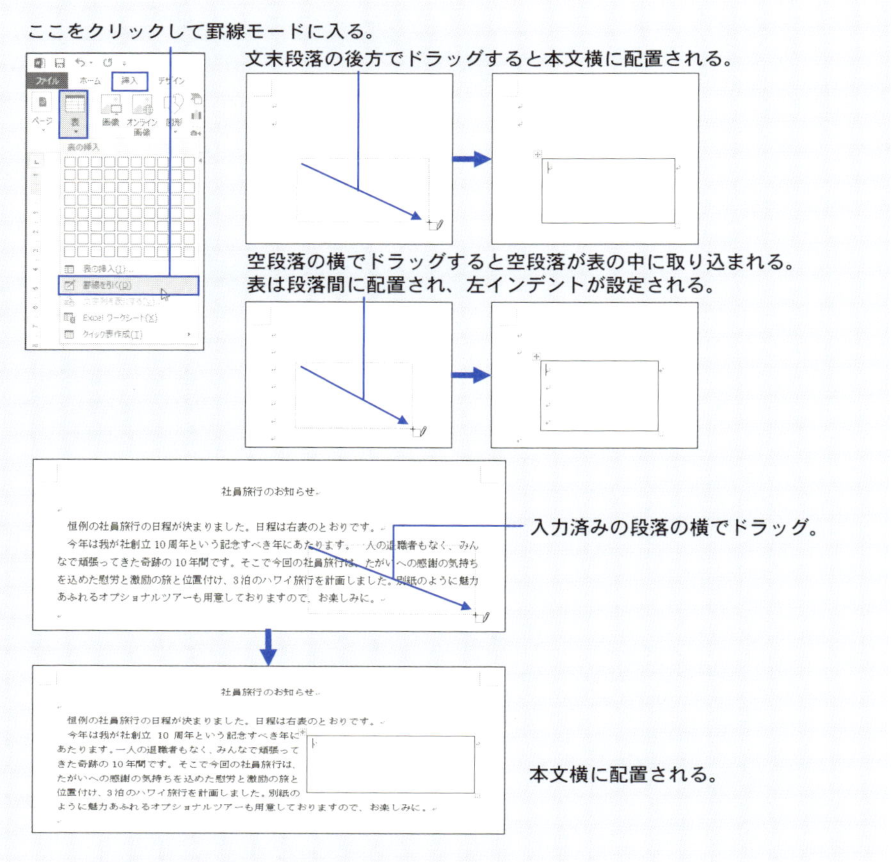

ここをクリックして罫線モードに入る。
文末段落の後方でドラッグすると本文横に配置される。
空段落の横でドラッグすると空段落が表の中に取り込まれる。
表は段落間に配置され、左インデントが設定される。
入力済みの段落の横でドラッグ。
本文横に配置される。

本文横の表の位置は「直前の段落」に注意

前ページで紹介した「罫線モード」を使う方法では、入力済み段落の横、または文末段落よりも後方でドラッグすると本文の横に表が配置されます。

［挿入］タブの［表］ボタンの「列×行」パネルまたは［表の挿入］ダイアログボックスで段落間に配置した表を本文横に移動するには、表の「移動ハンドル」をドラッグするか、［表のプロパティ］ダイアログボックスの［文字列の折り返し］で［する］を選択します。

いずれにしても、表の位置をきちんと決めるには［表のプロパティ］ダイアログボックスを呼び出す必要があります。

▼表を本文の横に置く

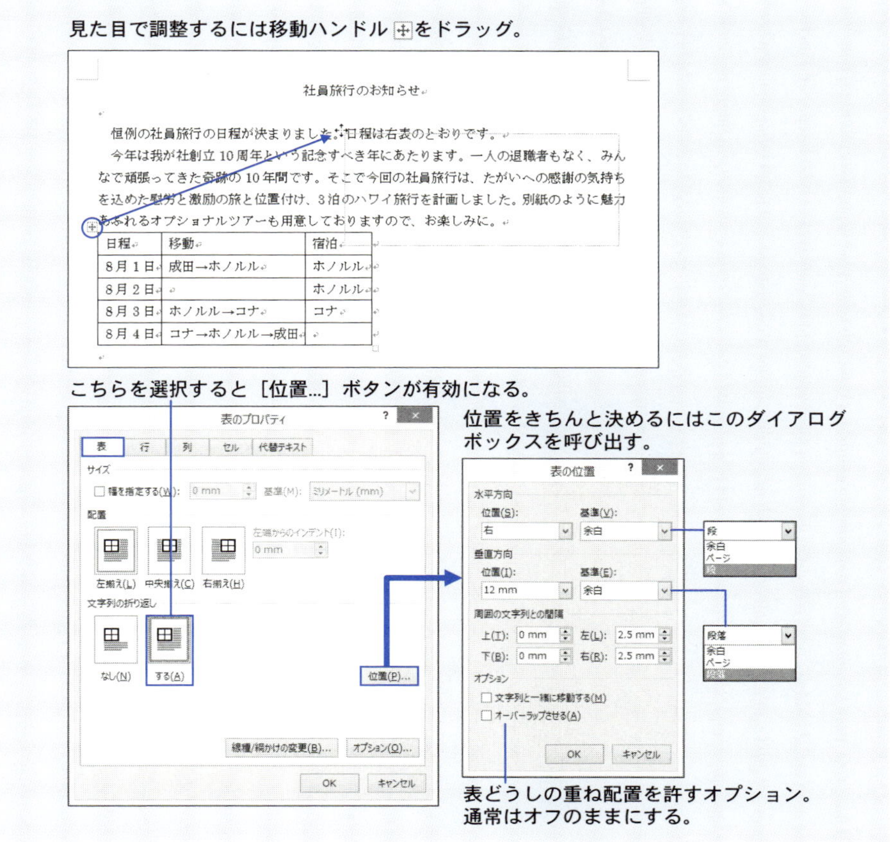
見た目で調整するには移動ハンドルをドラッグ。
社員旅行のお知らせ
こちらを選択すると［位置...］ボタンが有効になる。
表のプロパティ
位置をきちんと決めるにはこのダイアログボックスを呼び出す。
表の位置
表どうしの重ね配置を許すオプション。
通常はオフのままにする。

水平方向の［位置：］は最初は［左］になっていますが、「10mm」のように寸法を入力することもできます。水平方向の［基準：］の［段］とは段組みのことです。1段組では［余白］と同じ結果になります。

垂直方向の［基準：］の［段落］とは、表の**「直前の段落」**の下端のことです。「直前の段落」は表の上左端のセルに文字カーソルを置いて←**キー**を押せばわかります。文頭に配置されている場合は文字カーソルは動きません。

ここで注意したいのは、「直前の段落」と表との位置関係です。✥をドラッグした場合は移動先の最寄りの段落が「直前の段落」になりますが、［表の位置］ダイアログボックスで位置を設定した場合は「直前の段落」は変わりません。そのため、表が「直前の段落」よりもずっと上に配置されることもありえます。

▼表の見た目の位置が「直前の段落」の下とは限らない

前ページの［表の位置］ダイアログボックスの設定で移動した表。

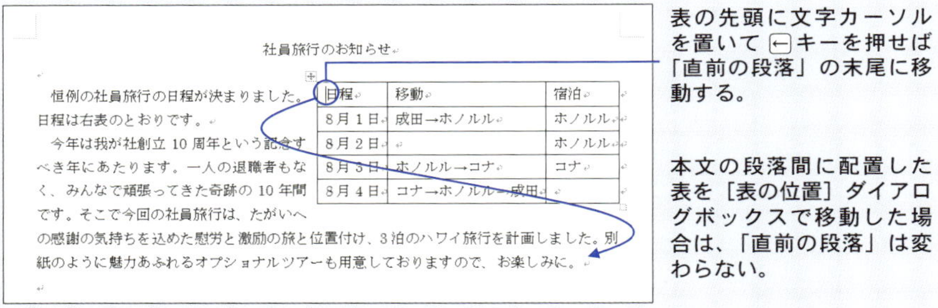

社員旅行のお知らせ
恒例の社員旅行の日程が決まりました。日程は右表のとおりです。
今年は我が社創立10周年という記念すべき年にあたります。一人の退職者もなく、みんなで頑張ってきた奇跡の10年間です。そこで今回の社員旅行は、たがいへの感謝の気持ちを込めた慰労と激励の旅と位置付け、3泊のハワイ旅行を計画しました。別紙のように魅力あふれるオプショナルツアーも用意しておりますので、お楽しみに。
日程
移動
宿泊
8月1日
成田→ホノルル
ホノルル
8月2日
ホノルル
8月3日
ホノルル→コナ
コナ
8月4日
コナ→ホノルル→成田
表の先頭に文字カーソルを置いて←キーを押せば「直前の段落」の末尾に移動する。
本文の段落間に配置した表を［表の位置］ダイアログボックスで移動した場合は、「直前の段落」は変わらない。

しかし、表の見た目の位置にかかわらず、「直前の段落」とページ下端との間に余裕がなくなれば、表は下端の行から次のページへ送り出されていきます。

このような状態を避けるには、表の移動ハンドル✥をクリックして表全体を選択し、［ホーム］タブの✂［切り取り］ボタンなどで切り取ります。

次に、ページ内のなるべく上方の段落の先頭に文字カーソルを置き、📋［貼り付け］ボタンなどで貼り付けます。これで、文字カーソル位置の前の段落が「直前の段落」になり、ページ下端との間に余裕が生まれます。

この方法で移動しても、事前に表の垂直方向の［基準：］で［余白］または［ページ］を選択していれば、前と同じ場所に配置されます。

試してみよう～ワンポイントレッスン

☑次の表を、できるだけ少ない手数で作ってみよう

単純な表は列幅と行高の調整程度で済みますが、少し複雑になると、作り方しだいで手数は大きく違ってきます。「これが正解」ということはありませんが、自分なりにわかりやすい手順を身に付けておくとよいでしょう。

2 行にまたがっている人名欄は、セルの結合または分割を使います。文字位置はすべて左揃えで上下の中央に設定、外枠は「2.25pt」の実線に設定しています（ヒントは 172、175、180 ページ）。人名欄は空白でかまいませんが、「電話」と「携帯」の文字だけは入力してみてください。このような繰り返しは、コピーと貼り付けで手数を省くことができます。

電話帳リスト

青空和子	電話	
	携帯	
青空二郎	電話	
	携帯	
青空三夫	電話	
	携帯	

外枠は 2.25pt。

文字位置はそれぞれ
左揃え、上下の中央。

解説

この表のポイントは、もちろん氏名欄の扱いです。2 行ずつセルを結合する方法もありますが、それでは手間がかかります。このような場合は、まず仕上がりの最大行数で表を挿入し、氏名欄を「セルの分割」で仕上げます。分割はセルを増やすだけでなく、減らすこともできます。

仕上がりの最大列数×最大行数で表を挿入。

氏名欄のセル範囲を選択。

同じ列数で半分の行数に分割。

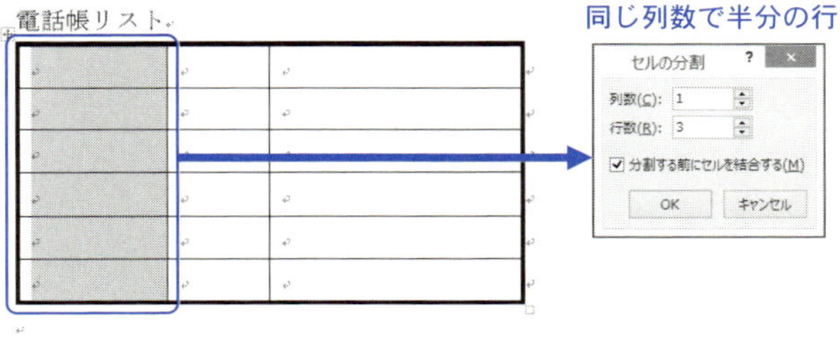

セル内の文字位置はすべて左揃え、上下の中央に統一するので、移動ハンドル をクリックして表全体を選択して［レイアウト］タブの［配置］グループで文字位置のボタンをクリックすれば、まとめて設定できます。

「電話」「携帯」は先頭のひと組だけ入力すればよく、あとは「コピー→貼り付け」で簡単に処理できます。

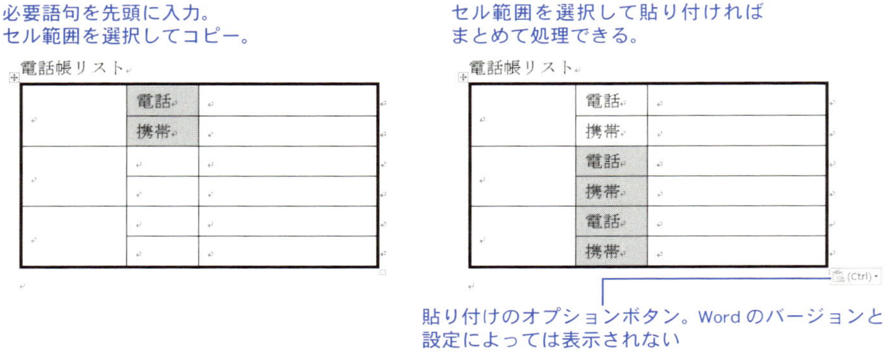

必要語句を先頭に入力。
セル範囲を選択してコピー。
電話帳リスト
電話
携帯
セル範囲を選択して貼り付ければ
まとめて処理できる。
電話帳リスト
電話
携帯
電話
携帯
電話
携帯
(Ctrl)
貼り付けのオプションボタン。Wordのバージョンと
設定によっては表示されない

ついでながら、このような表で覚えておきたいのが表の行を追加する方法です。表の行は、最下行の右端のセル内で Tab キーを押すか、さらに右側で Enter キーを押せば増やすことができますが、例題の氏名欄のように行にまたがるセルまでは処理してくれません。

このような場合は行範囲をコピーし、別の行の先頭セル内に文字カーソルを置いて貼り付けます。コピー元の行範囲には、必ず行の右端の ↵ 記号まで含めてください。また、例題のように外枠と中身とで罫線の書式などが異なる場合は、表の上端・下端以外の行範囲をコピーし、上端以外の場所に貼り付けてください。

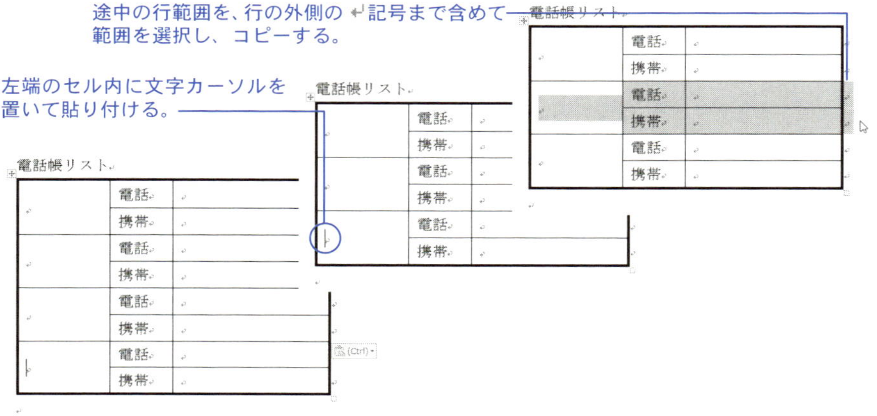

☑次のリフィルを作り、表スタイルで書式を統一してみよう

Word を長年使っていても、表スタイルを活用する機会はあまりないかもしれません。しかし、「難しそう」「直接設定でも何とかなる」というのが理由なら、このさいぜひ試してみてください。例題のように異なる表でも、表スタイルを使えば書式を簡単に統一することができます。

最初の列だけ網かけを設定。

電話帳リスト

	電話	
	携帯	
	電話	
	携帯	
	電話	
	携帯	
	電話	
	携帯	

タイトル行だけ網かけを設定。

ToDo

Todo	備考
□	
□	
□	
□	
□	

タイトル行の列間は細い罫線が設定されている。

タイトル行と最初の列の罫線書式が異なる場合、この部分の罫線を最初の列に合わせるには表スタイルの［左上のセル］に最初の列と同じ罫線を設定。

タイトル行と最初の列に網かけを設定。

今日の予定

時刻	予定	備考
10:00		
12:00		
14:00		
16:00		
18:00		

解説

表スタイルは間接的な書式設定なので、書式の直接設定と比べるとわかりにくく面倒です。とくに、表がひとつしかなければ表スタイルを使う意義は乏しいと言えます。また、似たような形の表であれば、コピーしたり、本書では触れなかった「クイック表」を使う方法もあります。しかし、例題のように形の異なる表の書式を統一したいという場合、個々に書式を設定していたのでは大変です。表スタイルの作成も大変ですが、一度我慢して自分なりの表スタイルを作っておけば、あとは大幅に手間を減らすことができます。

例題では、新しい表スタイルを作り、［タイトル行］［最初の列］［左上のセル］に太い外枠を設定し、［タイトル行］と［最初の列］にそれぞれ濃さの異なる網かけを設定しています。ただし、レッスンの目的は表スタイルによる書式統一なので、例題どおりに作る必要はありません。

☑ 2つの表を横に並べる方法を考えてみよう

実際の表作成で意外に迷うのが、表を横に並べる方法です。とくに段落間に配置した表を横に並べることはできないので、工夫が必要です。答えはいくつかありますが、まずはご自身で考えてみてください。

宿泊料金表

本館			
	2名様	3名様	4名様
Aタイプ	13,000円	11,000円	9,000円
Bタイプ	15,000円	13,000円	11,000円
Cタイプ	18,000円	16,000円	14,000円
Dタイプ	20,000円	18,000円	16,000円

離れ			
	2名様	3名様	4名様
紫雲	35,000円	32,000円	28,000円
月蛍	35,000円	32,000円	28,000円
夕鳥	35,000円	32,000円	28,000円

解説

例題の表は、行数が異なるだけで形は単純です。このような表は、全体をひとつの表として作り、中央部分の横罫線を見えなくすれば処理できます。

表のグリッド線と段落記号↵を表示した状態。

この列を選択し、[上罫線][下罫線][横罫線(内側)]をオフにする。

基本的にはどんな表でも上記の考え方で処理できますが、形が複雑な場合や、すでに作った表を並べる場合に知っておきたいのが表の「入れ子」です。Word では、表の中に表を作ることができます。その方法は、本文上に作る場合とまったく同じで、セル内をクリックして表を挿入します。あるいは、別に作った表を切り取ってセル内に貼り付けることもできます。

1行×2列の表を作る。

セル内で子表を作る。

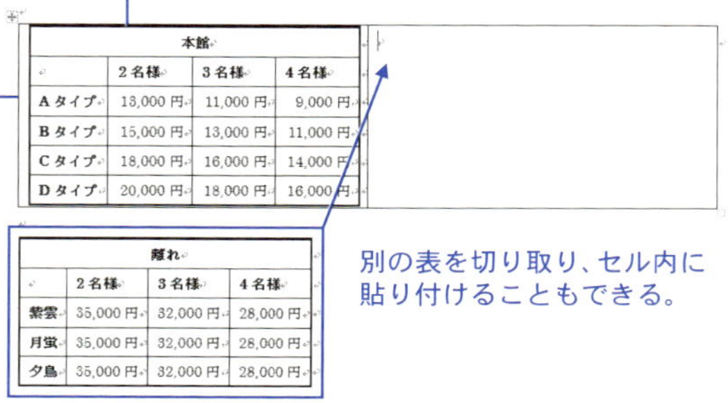

別の表を切り取り、セル内に貼り付けることもできる。

図の位置決めにイライラしていませんか？

〜意外に単純、位置決めの理屈

Part 5

写真を挿入したり、オートシェイプで図を描く方法は、入門書を読まなくてもわかるかもしれません。しかし、直感ではどうにもならないのが図の位置決めです。入門書を読んで位置決めの基本がわかっても、思わぬところで図が勝手に動いたり、消えてしまうことがあります。しかし、Wordの仕様さえきちんと理解すれば、位置決めは難しいものではありません。

5-1 図のレイアウトは段落と配置形式がポイント

Word 文書に写真を挿入したり図形を描く方法はわかっても、実際に写真や図をレイアウトしようとすると、いろいろなトラブルに見舞われます。写真や図を思いどおりにレイアウトするには、「段落」と「配置形式」との関係を理解する必要があります。

図は段落の付属物

Word の最初の設定では、写真を挿入すると段落内に埋め込まれます。写真をドラッグすることはできますが、ドラッグしても別の段落内に埋め込まれるだけで、本文の横に置くことはできません。このような配置形式を**「行内配置形式」**と呼びます。

行内配置形式の図の扱い方は、書式以外は段落内の文字と同様です。段落の一部なので段落書式も利用できます。

▼［行内］形式の図の扱いは文字と同じ

「中央揃え」の段落に写真だけ置いた例。

Cafe Afternoon
都会の真ん中に新名所誕生。キーワードは「静かな午後」。丹精を込めたバラで一杯のイギリス風庭園、洗練された調度、香り高いミルクティがあなたをお待ちしています。喧噪を離れた静けさの中で、極上のひとときをお過ごしください。

文字の前後に写真を置いた例。上下の位置は文字と同様に調整できる。

Cafe Afternoon
都会の真ん中に新名所誕生。キーワードは「静かな午後」。
丹精を込めたバラで一杯のイギリス風庭園、洗練された調度、香り高いミルクティがあなたをお待ちしています。喧噪を離れた静けさの中で、極上のひとときをお過ごしください。

一方、オートシェイプで描いた図形は、最初から自由にドラッグできます。このような配置形式を**「浮動配置形式」**と呼びます。「浮動」とは、段落内に固定されず、ページ上に浮いているという程度の意味です。

浮動配置形式の図は段落と無関係に見えますが、実際にはページ内のどこかの段落、あるいは段落内の行や文字に連結されており、段落の付属物のような扱いになっています。したがって、連結先が別のページに動けば図も動き、連結先段落全体を削除すれば図も削除されます。Word2010/2007 では、連結先段落と直前の段落にまたがる文字範囲を削除しても図が削除されます。

連結先を確かめるには、30 ページの**図「編集記号の表示オプション」**に示した［アンカー記号］オプションをオンにした上で、図をクリックします。これで連結先には**「アンカー記号」**⚓が表示されます。

なお、［編集記号の表示／非表示］ボタンをオンにすれば［アンカー記号］オプションをオフにしたままでもアンカー記号を表示できますが、アンカー記号は図のレイアウトに必須の要素なので、常時表示させることをお勧めします。

▼浮動配置形式の図は段落に連結されている

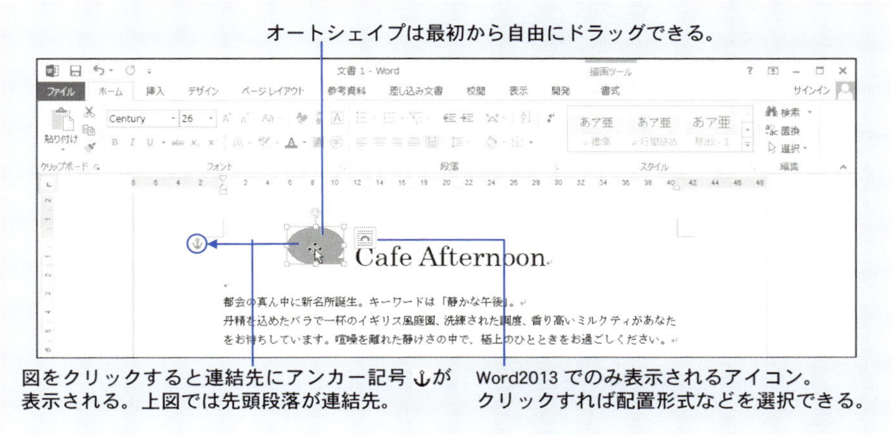
オートシェイプは最初から自由にドラッグできる。
Cafe Afternoon
都会の真ん中に新名所誕生。キーワードは「静かな午後」。
丹精を込めたバラで一杯のイギリス風庭園、洗練された調度、香り高いミルクティがあなたをお待ちしています。喧噪を離れた静けさの中で、極上のひとときをお過ごしください。
図をクリックすると連結先にアンカー記号⚓が表示される。上図では先頭段落が連結先。
Word2013 でのみ表示されるアイコン。クリックすれば配置形式などを選択できる。

行内配置←→浮動配置に変更する

図の配置形式は、いつでも変えることができます。したがって、写真を本文の横に置くには浮動配置形式に変えればよく、オートシェイプを行内配置形式に変えれば、文字間に埋め込むこともできます。

▼配置形式はいつでも変えることができる

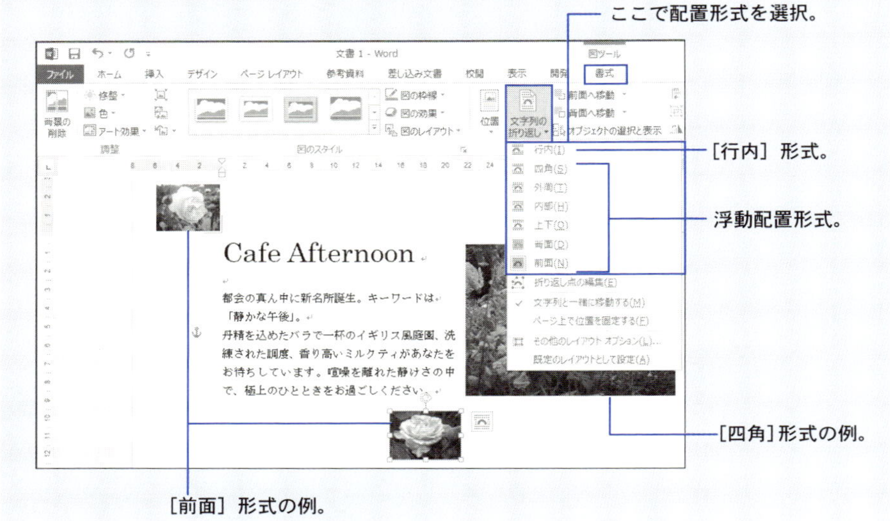
ここで配置形式を選択。
[行内] 形式。
浮動配置形式。
[四角] 形式の例。
[前面] 形式の例。
Cafe Afternoon
都会の真ん中に新名所誕生。キーワードは
「静かな午後」。
丹精を込めたバラで一杯のイギリス風庭園、洗練された調度、香り高いミルクティがあなたをお待ちしています。喧噪を離れた静けさの中で、極上のひとときをお過ごしください。

上図に示したように、[四角] [外周] [内部] [上下] [前面] [背面] の6種類が浮動配置形式です。[四角] [外周] [内部] は本文を図の周囲で折り返し、[上下] は本文を図の両側から追い出します。[前面] [背面] は図を本文の手前または向こう側に重ねて配置する形式で、本文は折り返しません。

[外周] [内部] の折り返し位置は、図の外形ではなく図に設定されている「折り返し点」によって決まります。折り返し点は図をクリックして [書式] タブの [文字列の折り返し] - [折り返し点の編集] をクリックすれば調整できます。

▼浮動配置形式の違いは本文との関係

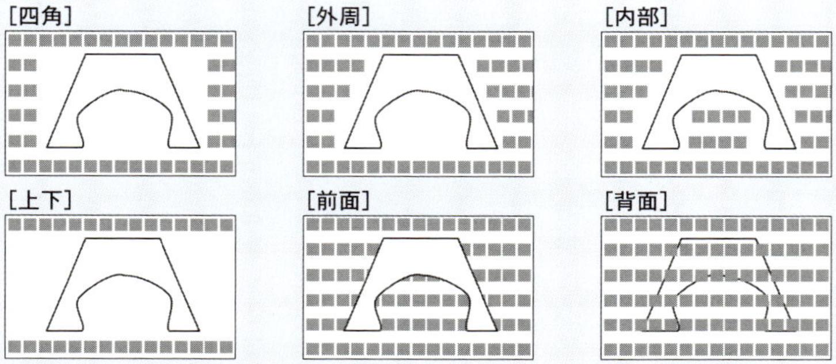
[四角]
[外周]
[内部]
[上下]
[前面]
[背面]

➤形式に迷ったら［前面］が安心

前ページの図「配置形式はいつでも変えることができる」に示した［前面］の例は本文から離れているので、他の浮動配置形式でも差し支えありませんが、本文を折り返す必要がない場合は基本的に［前面］を使うことをお勧めします。

［前面］は本文に影響を与えないので、ドラッグで位置を調整する場合などにはレイアウトを乱すことなく作業を進めることができます。

なお、Word2013 では［四角］［外周］［内部］［上下］は上下の余白部には配置できなくなりましたが、［前面］［背面］はどこにでも配置できます。

➤［背面］の図を選択できない場合は［オブジェクトの選択］を使う

［背面］で図を本文面の向こう側に配置すると場所によってはクリックできなくなります。その場合は［ホーム］タブの［編集］グループの［選択］-［オブジェクトの選択］で「オブジェクトの選択モード」に入れば、図を優先的にクリックできるようになります。また、Word2013/2010 では［オブジェクトの選択と表示］ウィンドウで図を選択することもできます。

▼［背面］の図を選択する

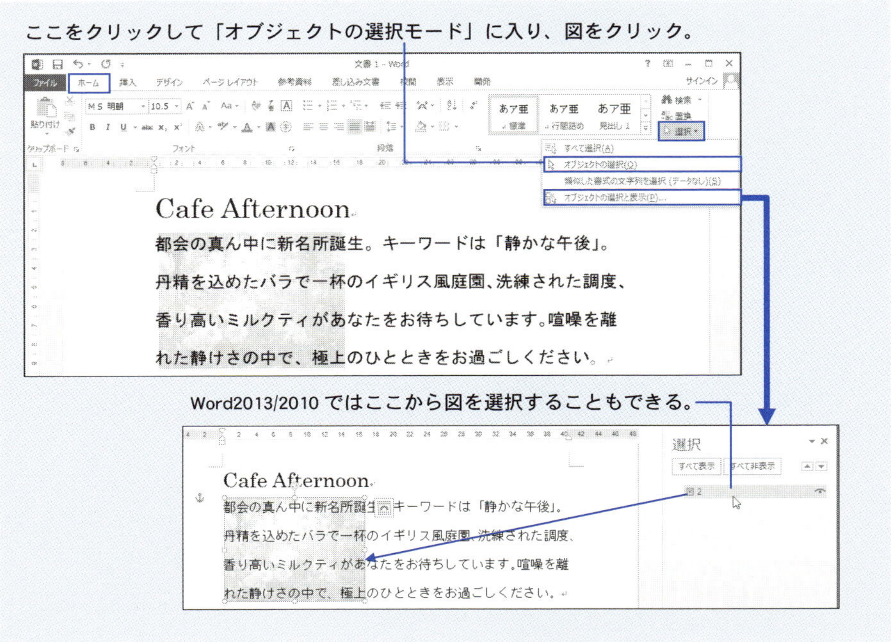
ここをクリックして「オブジェクトの選択モード」に入り、図をクリック。
すべて選択(A)
オブジェクトの選択(O)
オブジェクトの選択と表示(P)...
Cafe Afternoon
都会の真ん中に新名所誕生。キーワードは「静かな午後」。
丹精を込めたバラで一杯のイギリス風庭園、洗練された調度、
香り高いミルクティがあなたをお待ちしています。喧噪を離
れた静けさの中で、極上のひとときをお過ごしください。
Word2013/2010 ではここから図を選択することもできる。
選択
すべて表示
すべて非表示

「オブジェクトの選択モード」から抜けるには Esc キーを押します。Esc キーが利かない場合はあらためて［選択］-［オブジェクトの選択］をクリックしてください。

➤［位置］ボタンを使うと［四角］形式になる

［書式］タブの［位置］ボタンを使うと、図を紙面の定位置に配置できます。ただし、配置形式は自動的に［四角］に変わります。下図は［行内］の図を本文の右上端に配置した例ですが、［前面］などの図を操作した場合も同様です。

必要であれば、あらためて別の配置形式に変更してください。

▼［行内］の図の位置を［位置］ボタンで変更

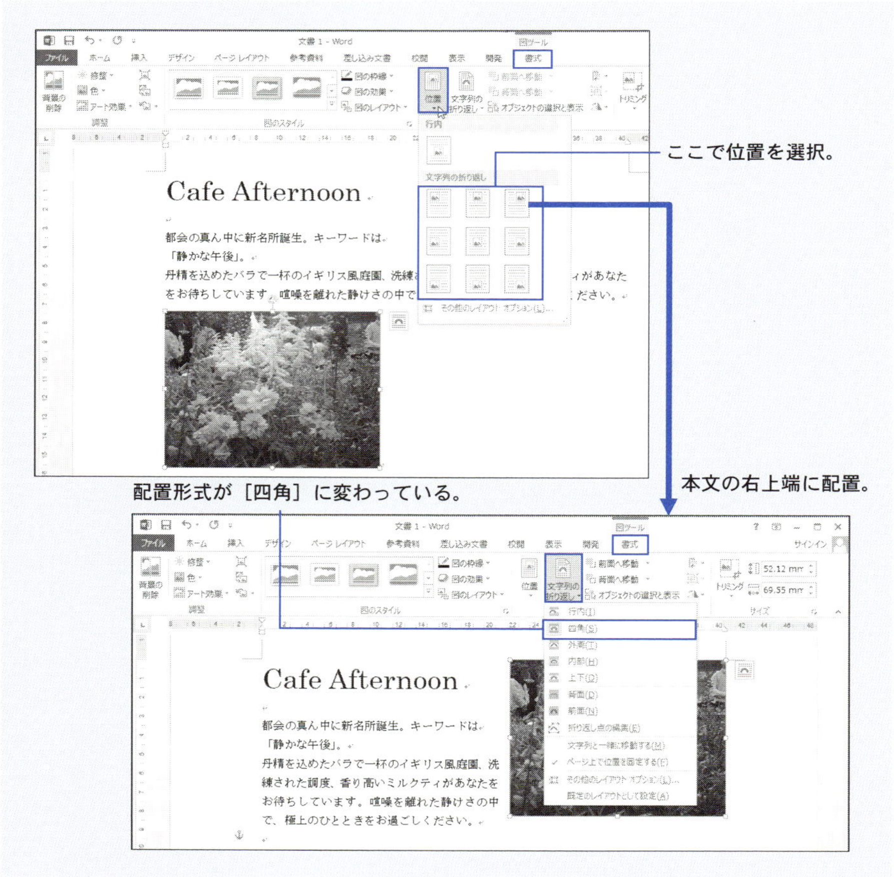
ここで位置を選択。
本文の右上端に配置。
配置形式が［四角］に変わっている。
Cafe Afternoon
都会の真ん中に新名所誕生。キーワードは
「静かな午後」。
丹精を込めたバラで一杯のイギリス風庭園、洗練された調度、香り高いミルクティがあなたをお待ちしています。喧噪を離れた静けさの中で、極上のひとときをお過ごしください。

➤浮動配置形式の重ね順変更は配置面に注意

行内配置形式の図は段落内に埋め込まれていますが、浮動配置形式の図の配置場所は「テキスト面」（本文面）ではなく、その前面（手前）または背面（向こう側）に重なっています。どちらになるかは浮動配置形式の種類によって異なります。

［前面］は常に前面、［背面］は常に背面に配置されます。

［四角］［外周］［内部］［上下］はとくに操作しなければ前面に配置されますが、背面に配置することもできます。ただし、Word2013 では背面に配置する操作を行っても前面にしか表示されないという不具合があります。

浮動配置形式の図は、あとから配置した方が手前に重ねられます。重ね順はいつでも変更できますが、注意したいのはその配置面です。たとえば背面に配置されている図を「最前面」に移動しても、「背面の最前面」になるだけで、前面の図よりも手前には移動できません。

とくに、［背面］で配置していた図を［四角］や［外周］などに変えても本文の折り返しが変わるだけで、配置面は変わりません。したがって、場合によってはテキストの前面へ移動する必要が生じます。

もし重ね順を変えても見かけが変わらない場合は、下図に示す［テキストの前面へ移動］［テキストの背面へ移動］で配置面を変えてみてください。

▼浮動配置形式の図の重ね順を変える

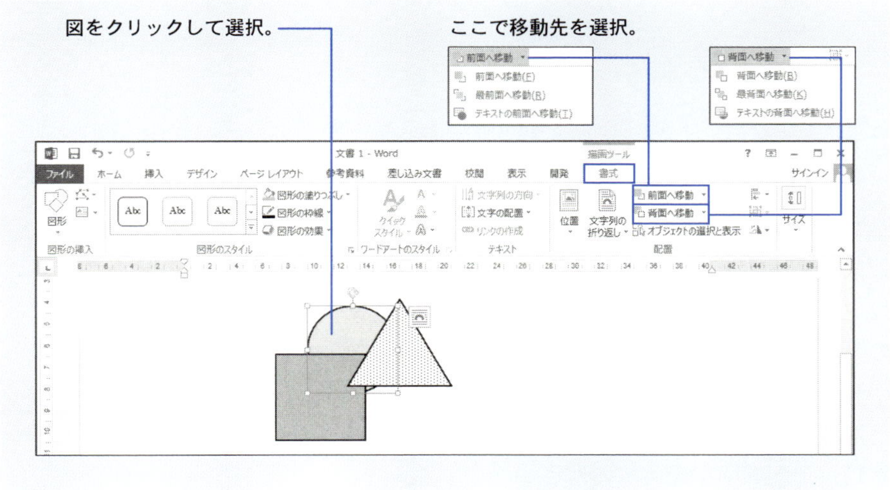

➤Word2013/2010 では［オブジェクトの選択と表示］ウィンドウが便利

Word2013/2010 では［オブジェクトの選択と表示］ウィンドウで重ね順を確かめたり、重ね順を変えることもできます。ここには、ページ内の図が「テキストの前面」→「行内」→「テキストの背面」の順に並んでおり、重ね順がひと目でわかります。

行内配置形式の図はページ内の順序に従って表示され、浮動配置形式の図は重ね順に従って表示されます。図を選択して▲▼ボタンをクリックすれば、同じ配置面の中で重ね順を変更できます。

▼［オブジェクトの選択と表示］ウィンドウを使う

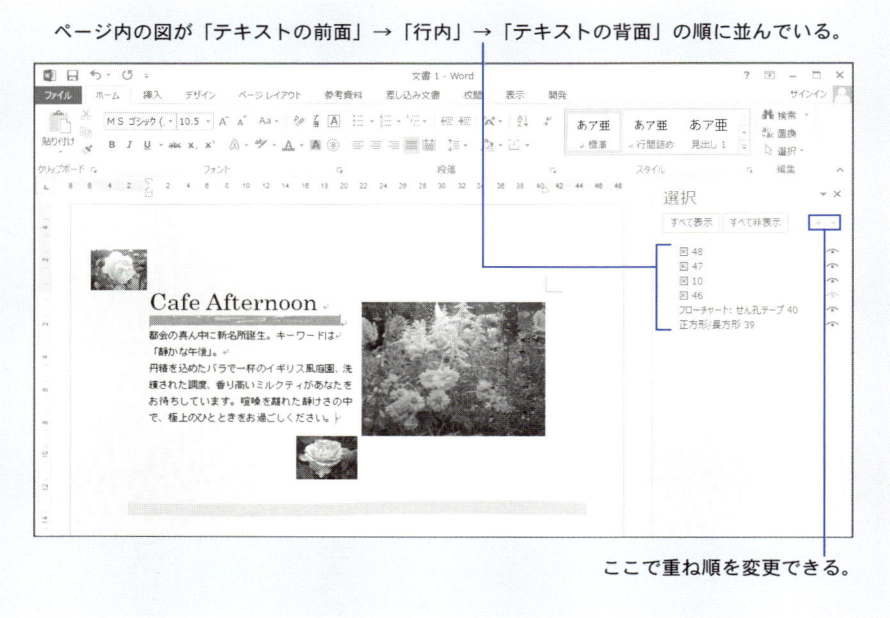

なお、前ページでふれたように Word2013 では［四角］［外周］［内部］［上下］形式の図は常にテキストの前面に表示されますが、［背面］からこれらの形式に変更した場合、そのままではテキストの背面にあるものとされ、［オブジェクトの選択と表示］ウィンドウでは規則に従って最後に表示されます。

同ウィンドウでは配置面の異なる図の重ね順を変えることはできないので、不都合であれば前ページの［書式］タブの［前面へ移動］-［テキストの前面へ移動］で配置面を変えてください。

›離れた図にも重ね順がある

浮動配置形式の図は、見た目で離れていても必ず前後に重なっています。したがって、下図のような例ではたんに前後を入れ替えるだけでは見た目の重ね順は変わりません。このような場合は［最前面に移動する］［最背面に移動する］を使えば簡単に処理できます。

▼離れた図がある場合は重ね順に注意

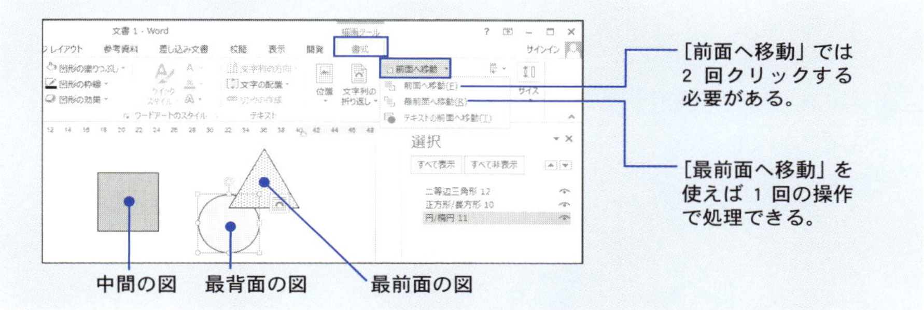
「前面へ移動」では
2 回クリックする
必要がある。
「最前面へ移動」を
使えば 1 回の操作
で処理できる。
中間の図
最背面の図
最前面の図

Column 写真挿入時の配置形式を決めるオプション

Word の最初の設定では、挿入直後の写真は［行内］形式で配置されますが、別の形式で挿入することもできます。よく使う配置形式に合わせて次のオプションを変えておけば、形式変更の手間が省けます。

▼写真挿入時の配置形式を設定する

2013/2010 ［ファイル］-［オプション］をクリック。

2007 (Office ボタン) -［Word のオプション］をクリック。

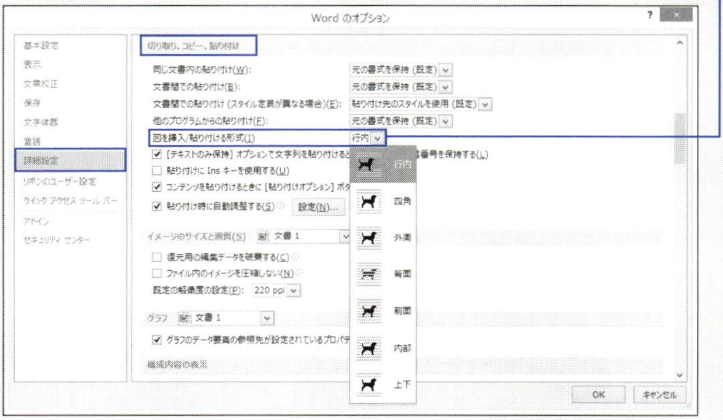
ここで配置形式を選択。

5-2 図の位置決めは配置基準がポイント

前節で解説したように、浮動配置形式の図は段落に連結され、連結先段落が別のページに移動すれば図も同じページに移動します。ただし、ページ内では段落と連動させることも、指定した位置に固定することもできます。そのポイントは「配置基準」です。

図の位置は「配置基準」で決まる

描いた直後のオートシェイプや、行内配置形式から浮動配置形式に変えた直後の写真は**最寄りの段落に連結**され、連結先段落とともに上下に動きます。

浮動配置形式の図はドラッグや → ← ↑ ↓ **キー**で自由に動かすことができ、一見その位置に固定されたように見えますが、実は最寄りの段落に連結先が変わっただけで、段落が動けば図も動きます。文章に手を入れなければ気が付きませんが、少し手を加えるとレイアウトがくずれるのはこれが原因です。

▼ドラッグで位置決めしただけでは、段落とともに図も動く

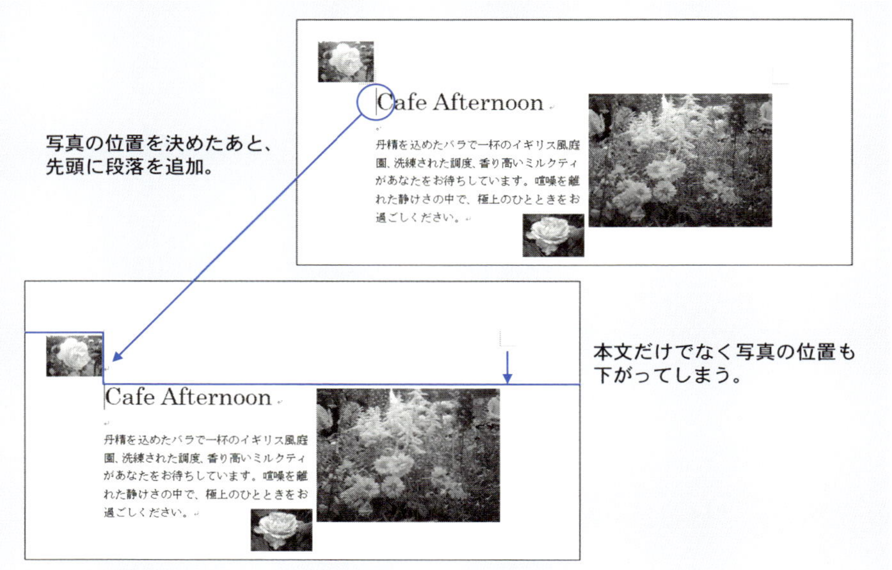
写真の位置を決めたあと、先頭に段落を追加。
Cafe Afternoon
丹精を込めたバラで一杯のイギリス風庭園、洗練された調度、香り高いミルクティがあなたをお待ちしています。喧噪を離れた静けさの中で、極上のひとときをお過ごしください。
本文だけでなく写真の位置も下がってしまう。
Cafe Afternoon
丹精を込めたバラで一杯のイギリス風庭園、洗練された調度、香り高いミルクティがあなたをお待ちしています。喧噪を離れた静けさの中で、極上のひとときをお過ごしください。

➤ページ内で図の位置を決めるにはダイアログボックスを使う

連結先段落の上下の動きに影響されず、ページ内の決まった位置に配置するには、次のダイアログボックスを呼び出し、「**配置基準**」を［ページ］または［余白］に変える必要があります。

▼浮動配置形式の図の位置を決める

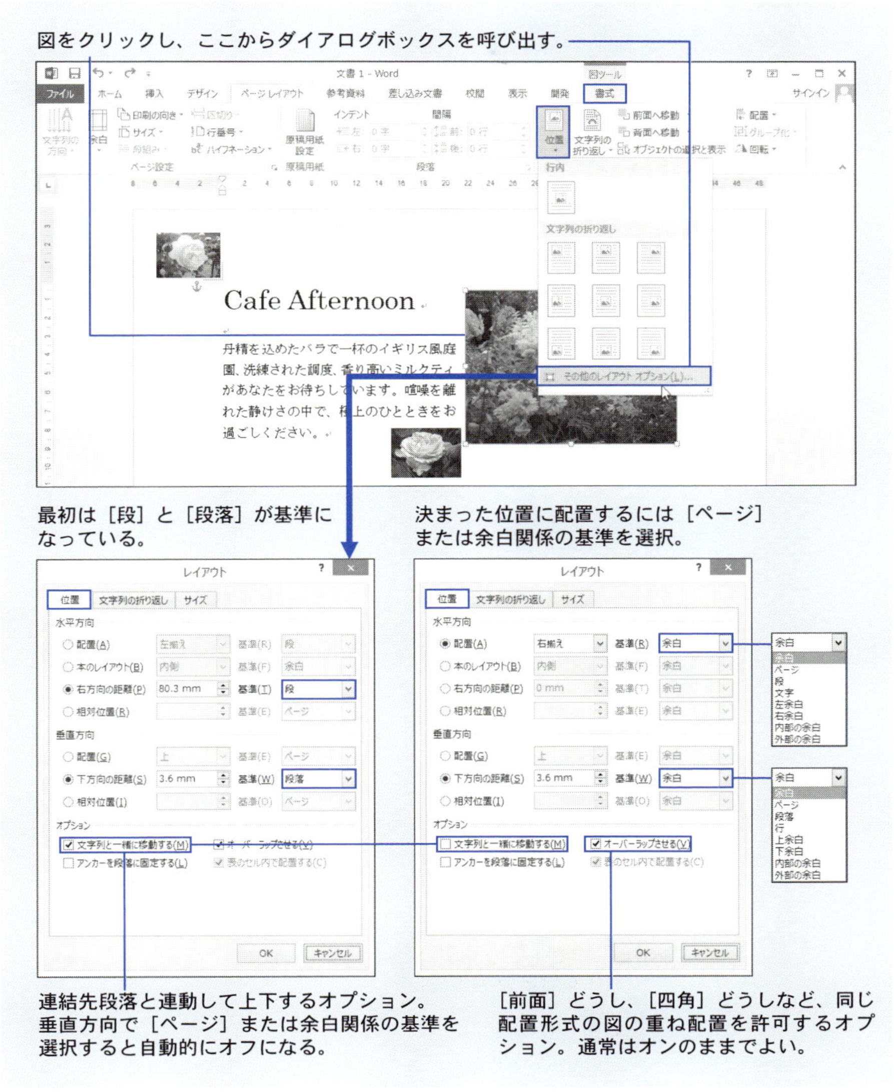
図をクリックし、ここからダイアログボックスを呼び出す。
最初は［段］と［段落］が基準になっている。
決まった位置に配置するには［ページ］または余白関係の基準を選択。
連結先段落と連動して上下するオプション。垂直方向で［ページ］または余白関係の基準を選択すると自動的にオフになる。
［前面］どうし、［四角］どうしなど、同じ配置形式の図の重ね配置を許可するオプション。通常はオンのままでよい。

前ページの図のダイアログボックス名は、Word2007では［レイアウトの詳細設定］ですが、内容は同じです。図の位置を決めるには、まずダイアログボックスの左側でオプションを選択します。

［配置］は基準に対して「上中下」「左中央右」のような定位置に配置します。

水平方向の［本のレイアウト］は、印刷形式で［見開きページ］などを選択した場合に、奇数・偶数で位置を自動的に振り分けるオプションです。

［右方向の距離］［下方向の距離］は基準からの寸法を設定します。

［相対位置］は基準に対する比率を設定します。たとえば［ページ］を基準として相対位置「30％」にすると、図の左端が「ページ幅×30％」の位置に調整されます。

図の例では、水平方向は［余白］を基準に右揃え、垂直方向は［余白］を基準に上からの寸法を設定しました。その結果、本文が動いても図の位置は動かなくなりました。

［レイアウト］ダイアログボックスで設定した配置基準は、図をドラッグしても変わりません。したがって、いったん［ページ］や［余白］を基準にすれば、あとはドラッグにより見た目で調整することもできます。

▼［余白］を基準に位置を設定した例

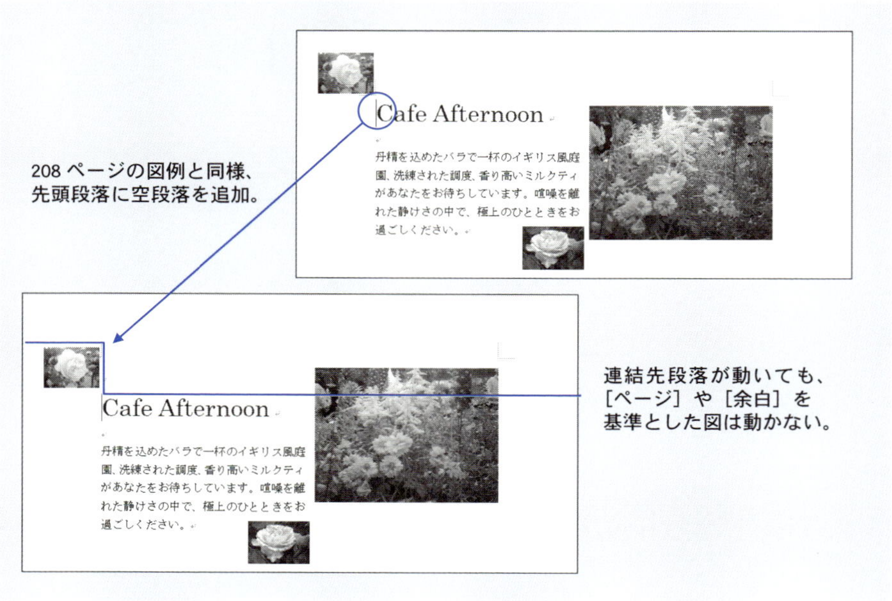
Cafe Afternoon
丹精を込めたバラで一杯のイギリス風庭園, 洗練された調度, 香り高いミルクティがあなたをお待ちしています。喧噪を離れた静けさの中で、極上のひとときをお過ごしください。
208ページの図例と同様、
先頭段落に空段落を追加。
Cafe Afternoon
丹精を込めたバラで一杯のイギリス風庭園, 洗練された調度, 香り高いミルクティがあなたをお待ちしています。喧噪を離れた静けさの中で、極上のひとときをお過ごしください。
連結先段落が動いても、
［ページ］や［余白］を
基準とした図は動かない。

➤[位置] ボタンを使うと基準が [余白] に変わる

配置基準を変える標準的な方法は [レイアウト] ダイアログボックスですが、もっと簡単な方法もあります。それは 204 ページの図「[行内] の図の位置を [位置] ボタンで変更」で紹介した [位置] ボタンを使うことです。

この場合、図の配置形式は自動的に [四角] に変わり、配置基準は水平方向・垂直方向ともに [余白] に変わります。ただし、[四角] 形式でドラッグすると本文の折り返しが随時変わり、レイアウトがくずれて位置決めが難しくなります。その場合はあらかじめ [前面] などに変えてからドラッグしてください。

▼ [位置] ボタンを利用して配置基準を [余白] に変える

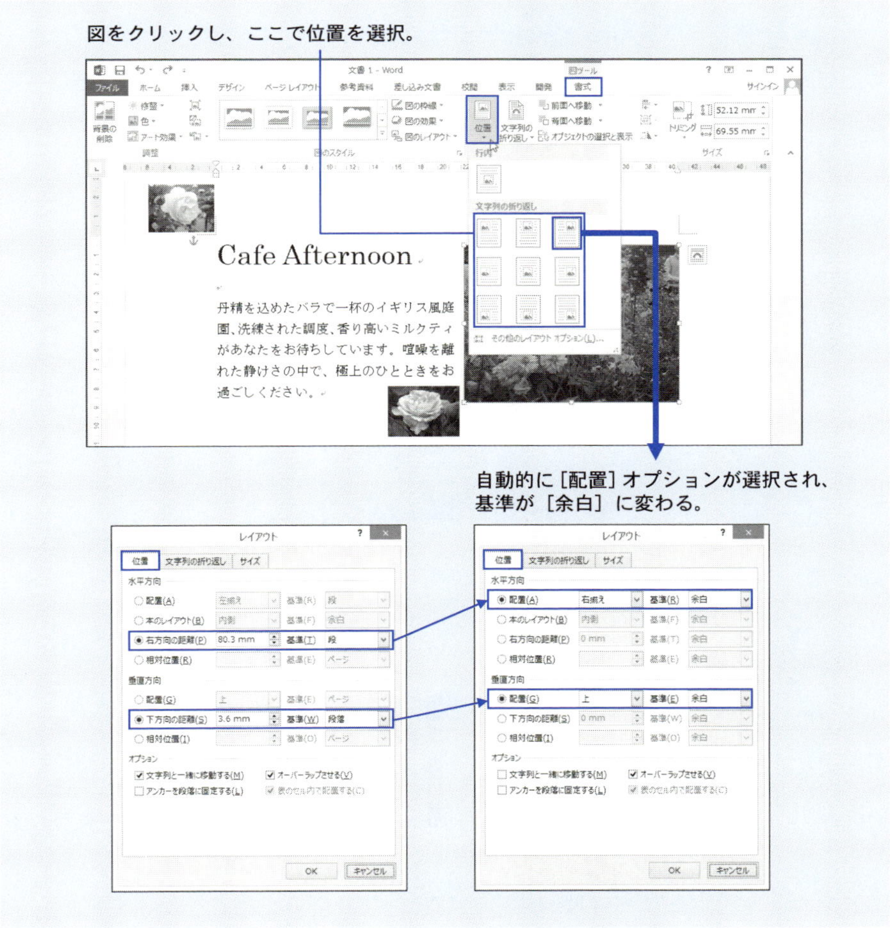
図をクリックし、ここで位置を選択。
自動的に [配置] オプションが選択され、基準が [余白] に変わる。
Cafe Afternoon
丹精を込めたバラで一杯のイギリス風庭園、洗練された調度、香り高いミルクティがあなたをお待ちしています。喧噪を離れた静けさの中で、極上のひとときをお過ごしください。
レイアウト
位置
文字列の折り返し
サイズ
水平方向
垂直方向
オプション

図のページ移動を避けるには「連結先」の固定が効果的

すでにふれたように、浮動配置形式の図は連結先段落が別のページに移動すれば、図もそのページに移動します。このページ移動を防ぐ方法はありませんが、できるだけ避けることは可能です。

浮動配置形式の図をドラッグすると、最寄りの段落に連結されます。そのため、ページの下方にドラッグした図は下方の段落に連結されることになり、ページ内に加筆するとすぐに次ページへ送り出されてしまいます。

そこで、できるだけ**ページの上方の段落に連結先を固定**すれば、ページ移動を避けやすくなります。固定した連結先は、図をドラッグしても変わりません。

連結先を変えるには、図をクリックし、そのアンカー記号⚓をドラッグします。連結先を固定するには［レイアウト］ダイアログボックスを呼び出し、［アンカーを段落に固定する］をオンにします。これで、アンカー記号に鍵マークが付き、⚓（鍵付き）に変わります。

▼連結先（アンカー記号）を固定する

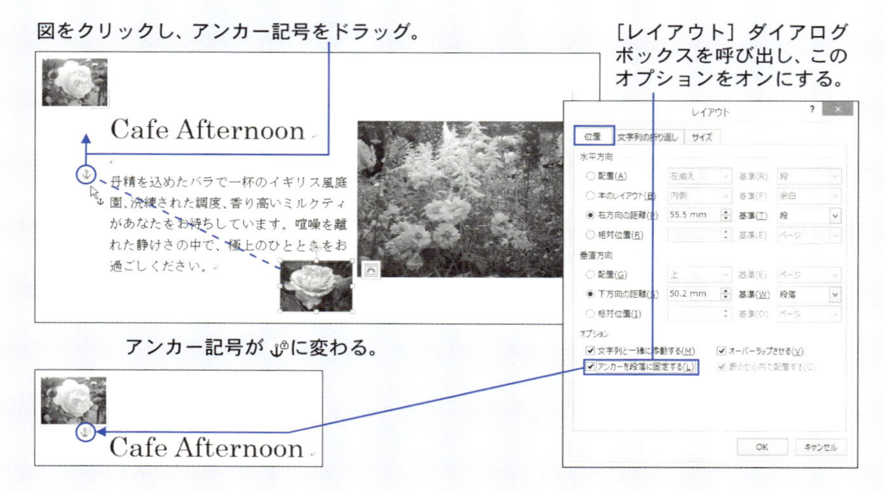

図をクリックし、アンカー記号をドラッグ。
［レイアウト］ダイアログボックスを呼び出し、このオプションをオンにする。
Cafe Afternoon
丹精を込めたバラで一杯のイギリス風庭園、洗練された調度、香り高いミルクティがあなたをお待ちしています。喧噪を離れた静けさの中で、極上のひとときをお過ごしください。
レイアウト
位置
文字列の折り返し
サイズ
水平方向
右方向の距離
55.5 mm
垂直方向
下方向の距離
50.2 mm
オプション
文字列と一緒に移動する(M)
オーバーラップさせる(V)
アンカーを段落に固定する(L)
OK
キャンセル
アンカー記号が⚓（鍵付き）に変わる。
Cafe Afternoon

ちなみに、同ダイアログボックスの［基準］には［行］と［文字］という選択肢があります。図を行や文字に連結するには、まずこれらの基準を選択した上で、アンカー記号⚓を行や文字にドラッグします。この場合も、ドラッグ後にアンカーを固定しておけば、連結先が変わるのを防ぐことができます。

試してみよう～ワンポイントレッスン

☑タイトルの下に写真を配置し、横に文章を入力してみよう

適当な文書に写真を挿入し、下図のような体裁に仕上げてみてください。Wordの最初の設定では［行内］形式で挿入されますが、そのままでは写真の横に複数行を入力することはできないので、適切な配置形式に変える必要があります（ヒントは202ページ）

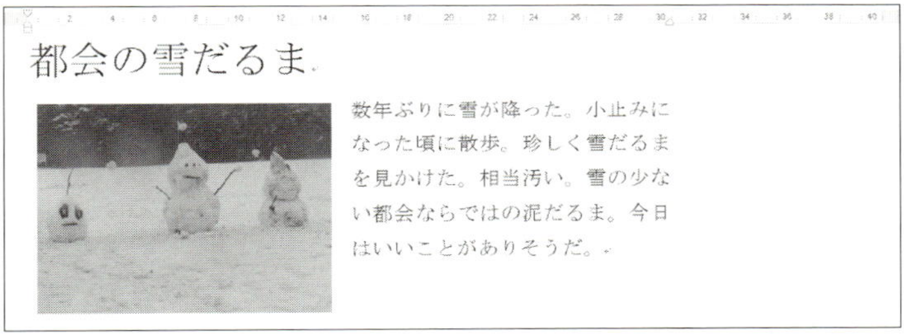
都会の雪だるま
数年ぶりに雪が降った。小止みになった頃に散歩。珍しく雪だるまを見かけた。相当汚い。雪の少ない都会ならではの泥だるま。今日はいいことがありそうだ。

タイトル段落の下に写真を配置し、その横に文章を入力。

解説

例題のように本文を写真の横で折り返すには［四角］形式で配置します。［書式］タブの［文字列の折り返し］ボタンで［行内］から［四角］に変えると、［段］と［段落］を基準に配置されます。あとはドラッグや→ ← ↑ ↓キーで位置を調整できます。なお、例題の本文の右端は右インデントで調整しています。左側は写真によって強制されるので、あえて左インデントを調整する必要はありません。

☑写真の近くの段落を削除し、写真がどうなるかを確かめよう

例題では写真の上端を右側の本文の上端に合わせています。この場合は本文が連結先段落になります。ここで、タイトルの末尾から本文の先頭語句までを選択し、Deleteキーを押すとどうなるか試してみてください。結果を確かめたら［元に戻す］ボタンで元の状態に戻し、今度はタイトルの段落全体を選択し、Deleteキーを押してみてください。

連結先段落にまたがる文字範囲を選択。

都会の雪だるま
数年ぶりに雪が降った。小止みになった頃に散歩。珍しく雪だるまを見かけた。相当汚い。雪の少ない都会ならではの泥だるま。今日はいいことがありそうだ。

選択範囲に含まれる図のアンカー記号⚓が表示されるのはWord2013だけ。

連結先段落全体を選択。

都会の雪だるま
数年ぶりに雪が降った。小止みになった頃に散歩。珍しく雪だるまを見かけた。相当汚い。雪の少ない都会ならではの泥だるま。今日はいいことがありそうだ。

Word2007では、選択範囲に図が含まれているかどうかはわからない。

解説

例題では、図の連結先は本文段落の先頭です。この場合、例題のように範囲を選択して削除すると図も削除されます。範囲を選択せずに Delete キーや Back Space キーを使った場合は、連結された図は削除されません。

なお、Word2013/2010 では選択範囲に図が含まれていれば図も選択表示されます。Word2013 ではさらにアンカー記号 ⚓ も表示されるようになりました。悪名高い図の消失問題は、このように少しずつ改良されているようです。

☑写真の連結先をタイトルの段落に固定してみよう

浮動配置形式の図をドラッグすると、最寄りの段落に連結されます。例題では、図が本文段落に連結されていると、文章の加筆によって写真が動いたり、削除されるかもしれません。このような場合は、図の連結先をタイトル段落に固定しておけば安心です（ヒントは 212 ページ）。タイトル段落を基準に位置を決めれば、本文段落が動いてもタイトルと図の位置関係は変わりません。先のレッスンで図を削除している場合は [元に戻す] ボタンで削除前の状態に戻してから試してください。

アンカー記号をタイトル段落に連結し、連結先が変わらないように固定する。

都会の雪だるま
年ぶりに雪が降った。
小止みになった頃に散歩。珍しく
雪だるまを見かけた。相当汚い。雪
の少ない都会ならではの泥だるま。
今日はいいことがありそうだ。

解説

図をクリックしてもアンカー記号 ⚓ が表示されない場合は 30 ページの図「編集記号の表示オプション」と 201 ページの本文をご参照ください。

例題のように写真を常にタイトルの下に配置したいという場合は、連結先をタイトル段落に固定するだけで解決できます。ドラッグして位置を調整すれば、その位置でタイトルとの関係が保たれます。また、たとえばページの右下に配置したいという場合は、タイトルが動かないことがわかっていれば、タイトル段落を配置基準にしてもかまいませんが、そうでなければページあるいは余白を基準に位置を設定します。その方法については 209 ページ「ページ内で図の位置を決めるにはダイアログボックスを使う」をご参照ください。

テンプレートは「もらい物」と思っていませんか？

～自分で作ればもっと便利

Part 6

「白紙の文書」ばかり使っていると、テンプレートなど知らなくてもよさそうに思えます。しかし、もしかしたらとんでもなく時間をムダにしているかもしれません。テンプレート作りはとても簡単です。自分で作って活用しない手はありません。

6-1 知っておきたい文書とテンプレートの関係

テンプレートにはいろいろな機能があります。高度な使い方もできます。しかし、文書の「ひな形」として使うだけであれば、決して難しいものではありません。まずは文書とテンプレートの関係と、テンプレートのスタイルの扱い方について解説します。

すべての文書はテンプレートから作られる

Wordで文書を作成するには、そのひな形となる「テンプレート」を選択する必要があります。Word2010以前では、起動すると「文書1」が表示されますが、この文書は「白紙の文書」という名前のテンプレートから作成されています。

テンプレートは独自の機能を持っていますが、中身は普通の文書とまったく同じです。新しい文書を作ると、テンプレートの中身がそのままコピーされます。また、テンプレートにスタイルを保存していれば、スタイルも文書にコピーされます。

➤文書とテンプレートはたがいに独立している

作成された文書は元のテンプレートとは別の独立したファイルなので、中身を自由に変えることができ、変えてもテンプレートには影響を与えることはありません。そのおかげで、元は同じ「白紙の文書」テンプレートでも、手紙や報告書、帳票のたぐいまで、何でも作ることができます。

➤テンプレートと文書は背後で連携している

文書とテンプレートは独立していますが、背後で関係が保たれています。このようなテンプレートを文書の「添付テンプレート」と呼びます。

たとえば［ページ設定］ダイアログボックスの［既定値として設定...］ボタンをクリックすると、現在の設定内容が添付テンプレートに反映され、以降に作る文書にも反映されます。このようなしくみは［フォント］ダイアログボックスや［段落］ダイアログボックスにもあります。

なお、「添付」といっても文字どおり添付されているわけではありません。したがって、たとえば文書をメールで送信しても、送られるのは文書だけです。それでも、送信先では文書に自由に手を加えることができます。

テンプレートを使って文書のスタイルを統一する

文書を作るとテンプレートに保存されているスタイルがコピーされますが、スタイルの内容は文書側で独自にアレンジでき、新しいスタイルを作ることもできます。また、文書側の変更内容をテンプレートに反映させることもできます（134 ページ「スタイルの変更結果をテンプレートに保存する」参照）。

テンプレート側のスタイル内容が変わった場合、以降に作る文書にはそのまま反映されますが、作成済みの文書に反映させるには、下図のオプションをオンにして、文書側のスタイルを「更新」する必要があります。更新を終えたら、無用の更新を防ぐためにオフに戻すことをお忘れなく。

なお、更新に使う［開発］タブを表示するには、Word2013/2010 では［Wordのオプション］ダイアログボックスの［リボンのユーザー設定］で画面右側の［開発］をオンにします。Word2007 では同ダイアログボックスの［基本設定］の［開発タブをリボンに表示する］をオンにします。

▼文書側のスタイル内容をテンプレートのスタイルで更新する

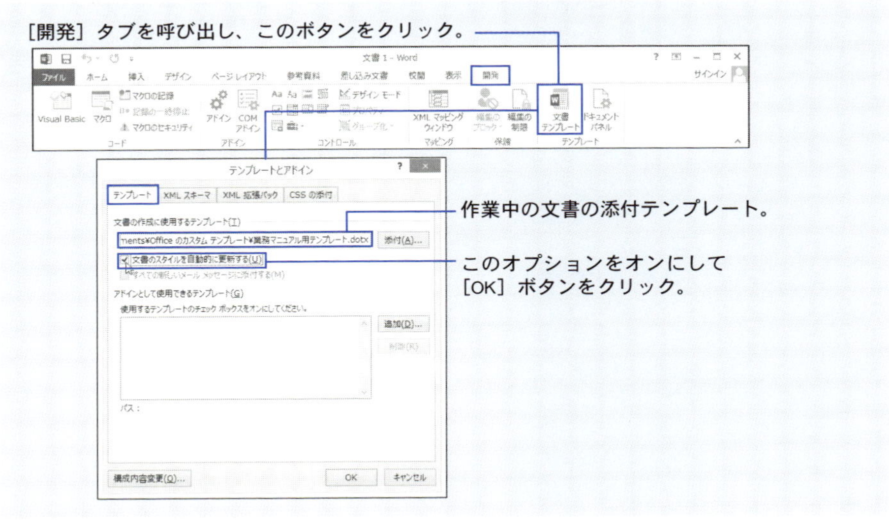

6-2 独自のテンプレートを作ってみる

「手紙はいつもB5判」「帳票は既存の文書を使い回し」……新しい文書を作るたびにこんな手間を掛けているとしたら、いかにも時間のムダ遣いです。文書の種類に応じたテンプレートを用意すれば、手間も時間も省くことができ、快適に作業を進めることができます。

テンプレート作成はとても簡単

テンプレートの作り方はあっけないほど簡単です。新しい文書でひな形を作り、テンプレートとして保存するだけです。

たとえば「手紙はいつもB5判」という場合は、新しい文書の用紙サイズや余白などを変えて保存するだけでも十分役に立ちます。ついでに、23ページでふれた［日付］スタイルの内容を「右揃え」に変更するのもよいでしょう。

報告書のように［見出し］スタイルを活用する文書では、必要なスタイルの書式内容を整えた上で保存します。帳票類のテンプレートを作る場合は、帳票の基本形と項目名だけで仕上げて保存します。

なお、Word2007以降のテンプレートには、マクロプログラムを保存できる形式と保存できない形式があります。マクロを作成する予定がなければ、後者の形式で保存してください。

▼新しい文書をテンプレートとして保存する

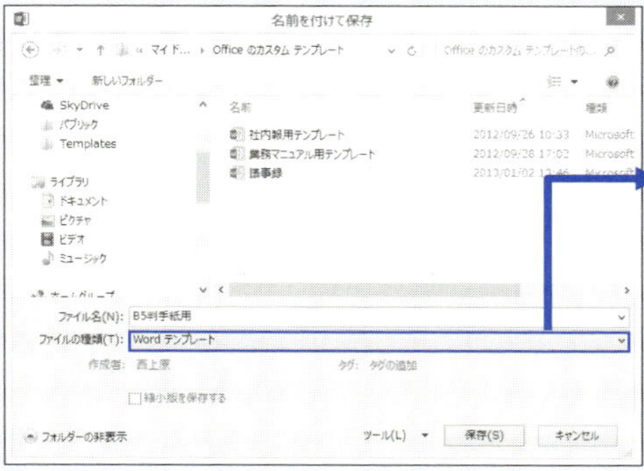

［名前を付けて保存］ダイアログボックスを呼び出し、［ファイルの種類：］で［Word テンプレート］を選択して保存。

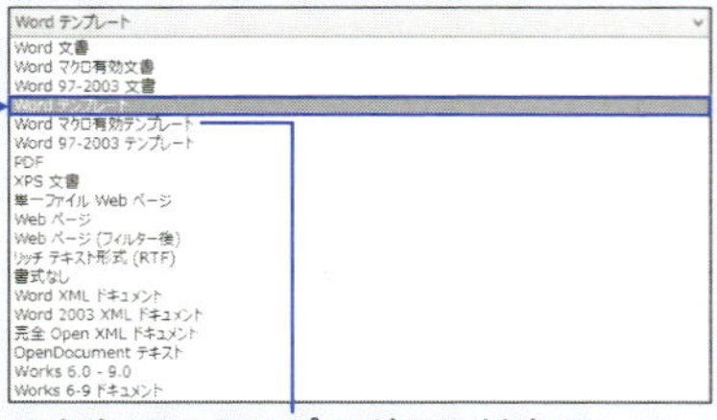

こちらはマクロプログラム対応のテンプレート。

テンプレートは保存場所がポイント

テンプレートを保存するさいに注意したいのは保存場所です。Word2013では前ページの図に示した［ファイルの種類：］でテンプレートを選択すると、自動的に次のフォルダーが開かれます。これがWord2013の「既定のテンプレート」フォルダーです。

C:¥Users¥(ユーザー名)¥Documents¥Officeのカスタムテンプレート

Word2010/2007では［ファイルの種類：］でテンプレートを選択して左側のフォルダー一覧で［Templates］をクリックし、次のフォルダーを開く必要があります。これがWord2010/2007の「既定のテンプレート」フォルダーです。

C:¥Users¥(ユーザー名)¥AppData¥Roaming¥Microsoft¥Templates

保存済みのテンプレートを修正する場合は、これらのフォルダーからテンプレートを直接開いてください。

既定のテンプレートフォルダーに保存したテンプレートから新しい文書を作るには、新規作成時のテンプレートの一覧で、Word2013では［個人用］、Word2010/2007では［マイテンプレート］を開きます。

▼独自に作ったテンプレートから新しい文書を作る

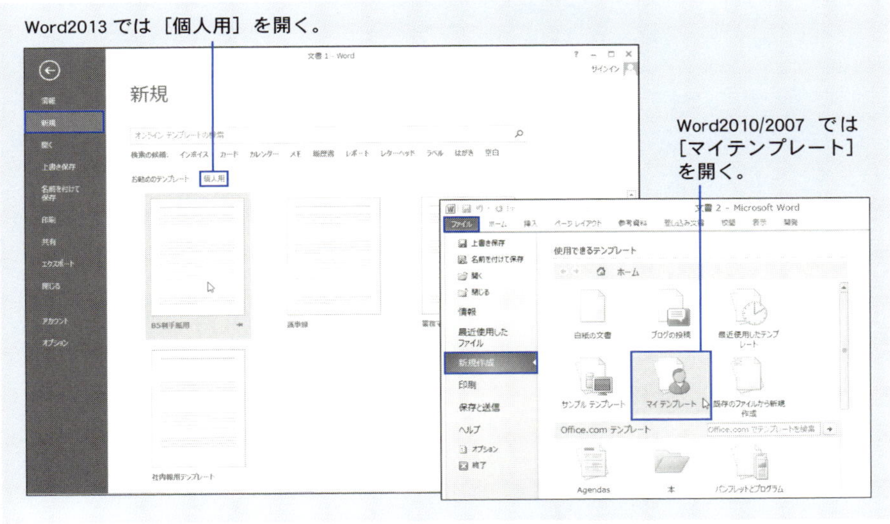

索引

【英数記号】

Meiryo UI ……47,88
OpenType ……128
1行の文字数を指定時に右のインデント幅を自動調整する-オプション ……144
1冊あたりの枚数-オプション ……43
1ページの行数を指定時に文字を行グリッド線に合わせる-オプション ……86,89
*（入力オートフォーマット）……21
_（入力オートフォーマット）……21

【ア】

アウトラインレベル ……156
値の繰り上げ ……98
新しいアウトラインの定義ダイアログボックス ……154,158
網かけ ……101,106
　解除 ……107
　幅と高さ ……107
アンカー記号 ……31,201,212
アンカーを段落に固定する-オプション ……212
一括オートフォーマット ……26
移動ハンドル ……193
印刷形式 ……41
印刷の向き ……42
インデント ……70,91
　入力オートフォーマット ……24
インデントボタン ……71
インデントマーカー ……72,79,95
引用符（入力オートフォーマット）……21
英単語の途中で改行する-オプション ……146
欧文フォント ……138
オートコレクト ……27
オートコレクトダイアログボックス ……27
オートコレクトのオプションボタン ……25
同じスタイルの場合は段落間にスペースを追加しない-オプション ……100
オブジェクトの選択と表示ウィンドウ ……206
オブジェクトの選択モード ……203

【カ】

カーニング-オプション ……145
外周（浮動配置形式）……202,205
開発タブ ……217
改ページオプション ……156
改ページ記号 ……53
改ページ時1行残して段落を区切らない-オプション ……157
囲み線 ……68
重ね順 ……205,206
　離れた図 ……207
箇条書き ……94,95
　アウトライン形式 ……151
　インデント調整 ……96
　書式変更 ……153
　前後だけ空ける ……100
　段落スタイル ……148,150
　入力オートフォーマット ……22
　レベル変更 ……152
　連番設定 ……97
記書き（入力オートフォーマット）……24
基準にするスタイル ……126
奇数／偶数ページ別指定-オプション ……53
既定の書式 ……188
既定のセルの余白-オプション ……168,170
既定のタブ位置 ……80
　変更 ……82
既定の見出しスタイル（入力オートフォーマット）……23
基本行高 ……47,48,85,143
基本フォントサイズ ……38
基本文字間隔 ……48,143
行送り ……47,49,84～86
行間 ……84～86,89
行高 ……84,89
行高（表）……170
　揃える ……171
　ドラッグ ……171
行数 ……49
行数だけを指定する-オプション ……46,47,49
行頭の記号を1/2の幅にする-オプション ……146
行内配置形式 ……200
　浮動配置に変更 ……201
禁則処理を行う-オプション ……145
均等割り付け ……68
クイックスタイルギャラリー ……124,134
句読点のぶら下げを行う-オプション ……146
グリッド線 ……72
　表示切り替え ……49

罫線の書式設定モード……181
罫線モード
　セルの分割・結合……174
　表の配置形式……192
結語（入力オートフォーマット）……23,25
原稿用紙の設定にする-オプション……48
固定ピッチフォント……74
このテンプレートを使用した新規文書-オプション……134

【サ】

サイズハンドル……172
字送り……48,144
四角（浮動配置形式）……202,204,205,211
字下げインデント……74,75,146
　入力オートフォーマット……22,77
自動的に更新する-オプション……132
自動的にセルのサイズを変更する-オプション……169
縞模様ダイアログボックス……186
斜体（入力オートフォーマット）……21
上下（浮動配置形式）……202,205
使用単位のオプション……78
ショートカットキー
　繰り返し……71,91
　書式の解除……118
　スタイル適用……124,130
　スタイルへの割り当て……129
　文書全体を選択……119
書式……17
書式から新しいスタイルを作成ダイアログボックス……139,183
書式コピー……92,93
書式の解除ショートカットキー……118
書式のクリアボタン……119
書式の履歴……123
序数（入力オートフォーマット）……21
図（図形）
　重ね順……205～207
　行内配置形式……200
　配置基準……208
　配置基準変更……211
　配置形式オプション……207
　配置形式の変更……201
　浮動配置形式……201,208
　連結先の固定……212
推奨されたスタイル……122
水平線……103
スタイル
　基準にするスタイル……126
　更新……135
　削除……140
　自動更新オプション……132
　ショートカットキー……124,130
　ショートカットキーの割り当て……129
　適用方法……124
　テンプレートから更新……217
　テンプレートに保存……134
スタイルウィンドウ……121
　表示オプション……122
スタイルギャラリー……124,134
スタイル作成……139
スタイルの変更ダイアログボックス……125,157,182
スペース文字……29
　行端調整……73
整列タブ……59,60
セクション……50
　ヘッダー・フッター……55
セクション区切り……50
　変更……51
セル
　結合……172,174
　分割……173,174
　文字位置……175,187
セルの間隔を指定する-オプション……169
線種とページ罫線と網かけの設定ダイアログボックス……104,106,185
先頭ページのみ別指定-オプション……53
前面（浮動配置形式）……202,203,205

【タ】

ダッシュ（入力オートフォーマット）……21
縦棒タブ……81,83
タブ位置……91
　解除……82
　設定……80
タブとリーダーダイアログボックス……82
タブマーカー……79
タブ文字……29,79
段落間罫線……102
段落記号……29,67
　自動選択機能……31
　表示切り替え……31
段落罫線……17,101
　高さ……105

入力オートフォーマット……22
幅……105
段落書式……66
レベル……126
段落スタイル……114,123
箇条書き……148,150
箇条書きのインデント変更……149
既定の書式……188
再適用……120
書式解除……132
表専用スタイルの作成……189
表内での扱い……188
段落ダイアログボックス……75,85,89,144,145
段落配置……69
段落フォント……127
段落前で改ページする-オプション……157
段落を分割しない-オプション……157
長音（入力オートフォーマット）……21
直前の段落……193
次の段落と分離しない-オプション……157
次の段落のスタイル-オプション……128
添付テンプレート……216
テンプレート……216
作成……218
スタイルの更新……217
スタイルの保存……134
保存場所……219
頭語（入力オートフォーマット）……25
綴じしろ……45
ドラッグ選択オプション……31

【ナ】

内部（浮動配置形式）……202,205
日本語と英字の間隔を自動調整する-オプション……147
日本語と数字の間隔を自動調整する-オプション……147
入力オートフォーマット……19
オプション……21
字下げインデント……73,76,77
設定確認……20
取り消し……25
ネットワークのアドレス（入力オートフォーマット）……21

【ハ】

バージョン……18
ハイパーリンク（入力オートフォーマット）……21
ハイフン（入力オートフォーマット）……21
背面（浮動配置形式）……202,205,206
白紙の文書……216
範囲選択オプション……32
半角スペース（入力オートフォーマット）……24
左揃え……69
左揃えタブ（入力オートフォーマット）……24
日付スタイル（入力オートフォーマット）……23
表
移動ハンドル……193
既定のセルの余白……168
行高……170,171
行高を揃える……171
罫線の書式設定モード……181
罫線モード……174,192
サイズハンドル……172
左右配置……190
書式設定……178,180
書式部位……183
セル間隔……169
セル内の文字位置……175,187
セルの結合……172
セルの分割……173
段落スタイル……188,189
直前の段落……193
入力オートフォーマット……22
左インデント……191
表幅の設定……167
ページ別れの防ぎ方……176
本文横の配置……193
列幅の固定……166
列幅の調整……164～166
標準スタイル……114,142,143
既定の書式との関係……189
基本フォントサイズ……38
フォントサイズ設定……39
標準の字送りを使用する-オプション……48
標準の文字数を使う-オプション……47
表スタイル……177
加工……182
既定……178
罫線の太さ……185
作成……183
縞模様……186
表のオプションダイアログボックス……168
表のプロパティダイアログボックス……167,170
フォントダイアログボックス……133,136,144

袋とじ……41
フチ……37
フッタースタイル……58
浮動配置形式……201,208
　行内配置に変更……201
　連結先の固定……212
太字……91
　入力オートフォーマット……21
ぶら下げインデント……94
　入力オートフォーマット……77
プリンター……37
分数（入力オートフォーマット）……21
ページ設定ダイアログボックス
　行送り……85
　正しい設定手順……40
ページ設定で指定した１行の文字数を使用する-オプション……144
ページ番号……55
　起番設定……57
　振り分け……53,54
ヘッダー・フッター……52
　セクションとの関係……55
　引き継ぎ……56
　文書パーツ……61
　文字揃え……59
ヘッダースタイル……58
編集記号……29
　表示オプション……29
　表示切り替え……29
変動ピッチフォント……74
本（縦方向に谷折り）-オプション……42
本（縦方向に山折り）-オプション……42
本文スタイル……147
本文のフォント……137

【マ】

見出しスタイル……155,156
　番号付け……158
見出しのフォント……137
見開きページ……41
メイリオ……47,88
文字間隔の調整-オプション……145
文字書式……66
文字数と行数を指定する-オプション……48,49
文字スタイル……114,123,127
　書式解除……130

【ヤ】

用紙サイズ……41
用紙トレイ……41,51
余白……43

【ラ】

リーダー罫……82
リストスタイル……154
リスト段落スタイル……99,148
リストのインデントの調整ダイアログボックス……96,149
リストの始まりの書式（入力オートフォーマット）……23
両端揃え……69
リンクスタイル……123
類似書式の一括選択……141
ルーラーの目盛り……78
ルビ……90
レイアウトダイアログボックス……209,210
レイアウトの詳細設定ダイアログボックス……210
レイアウト枠……128
列幅の調整……166
　キーボードとドラッグの併用……165
　自動調整……166
　ドラッグ……164
　列幅の固定……166
レベルと対応付ける見出しスタイル-オプション……154

【ワ】

和文フォント……133,138
　適用オプション……138

著者■西上原裕明

最近の著書：「Word2007 レイアウトでこうしたい 事例事典」
「これで完璧！Word で作る縦書き文書 2007/2003/2002 対応」
「Word のストレス解消読本 2007/2003/2002 対応」
「仕事に差が出る Word 快速活用術 2007/2003/2002 対応」
「Word2010 全機能 Bible」
「Word のマクロ実践サンプル集 2010/2007/2003/2002 対応」
「Word のエッセンス速習読本 2010/2007/2003/2002 対応」
「Word のスタイル活用読本 2010/2007/2003/2002 対応」
「Word の 何でこうなるの？ 解消事典 2010/2007/2003/2002 対応」
「Word で作る長文ドキュメント 2010/2007/2003/2002 対応」
「Word の速効お役立ちテクニックレシピ集 2010/2007 対応」
「Word に強くなる！ 身につく知識と実用「技」読本 2010/2007 対応」
「Word でハガキ宛名印刷・差し込み印刷 2010/2007/2003/2002 対応」
「Word2013 全機能 Bible」など
以上、技術評論社刊

カバーデザイン ◆花本浩一（麒麟三隻館）
本文デザイン・DTP ◆西上原裕明
編集担当 ◆熊谷裕美子

Wordで作ったWordの本
疑問解消！
しくみからよくわかるWord再入門
[Word2013/2010/2007 対応]

2013 年 10 月 25 日 初 版 第 1 刷発行
2019 年 8 月 8 日 初 版 第 3 刷発行

著 者 西上原 裕明
発行者 片岡 巌
発行所 株式会社技術評論社
東京都新宿区市谷左内町 21-13
電話 03-3513-6150 販売促進部
03-3513-6166 書籍編集部

印刷／製本 昭和情報プロセス株式会社

ISBN978-4-7741-5972-0 C0004
Printed in Japan

■問い合わせについて

本書に関するご質問は、FAX や書面でお願いいたします。電話での直接のお問い合わせにはいっさいお答えできませんのであらかじめご了承ください。また、以下に示す弊社の Web サイトでも質問用フォームを用意しておりますのでご利用ください。

ご質問の際には、書籍名と質問される該当ページ、返信先を明記してください。e-mail をお使いになれる方は、メールアドレスの併記をお願いいたします。

なお、ご質問は「解説の文意がわからない」「解説どおりに操作してもうまくいかない」といった本書に記載されている内容に関するもののみとさせていただきます。本書の内容を超えた Word の操作方法にはお答えできかねます。

お送りいただいたご質問には、できる限り迅速にお答えできるよう努力いたしておりますが、場合によってはお答えするまでに時間がかかることがあります。また、回答の期日をご指定なさっても、ご希望にお応えできるとは限りません。あらかじめご了承くださいますよう、お願いいたします。

なお、ご質問の際に記載いただいた個人情報は質問の返答以外の目的には使用いたしません。質問の返答後は速やかに削除させていただきます。

■問い合わせ先
〒162-0846
東京都新宿区市谷左内町 21-13
株式会社技術評論社 書籍編集部
『しくみからよくわかるWord再入門』係
FAX 番号：03-3513-6183
技術評論社 Web：http://gihyo.jp/book